全国高等院校航空运输类专业教材精品系列

民航安检理论与实务

MINHANG ANJIAN LILUN YU SHIWU

第 2 版

主　编◎鲁洋静

副主编◎张　玉　陆筑平

主　审◎史金鑫

人民交通出版社

北京

内 容 提 要

本书系在广泛吸收民用航空安全检查相关法规、经验和做法的基础上,结合教学实际编写而成。全书分为八篇,共十七章,具体包括:基础篇(总论、民航安检部门);法规篇(民航安检法规、物品检查相关规定);勤务篇(安检现场勤务、安检监护工作);服务篇(旅客服务与心理学知识、涉外安全检查);检查篇[证件检查、人身检查的实施、X射线安检仪检查、开箱(包)检查];处置篇(特殊旅客及特殊情况处置、爆炸物品基础知识、安检紧急情况处置方案);英语篇(安检人员常用英语知识);技能篇(安检技能操作)。

本书可作为高等院校空中乘务、交通运输管理、民航安全技术管理等相关专业教材,也可供行业相关从业人员学习使用。

图书在版编目(CIP)数据

民航安检理论与实务 / 鲁洋静主编. — 2版.
北京 : 人民交通出版社股份有限公司, 2025.1.
ISBN 978-7-114-19931-8

Ⅰ. F560.81

中国国家版本馆 CIP 数据核字第 2024MB0500 号

Minhang Anjian Lilun yu Shiwu

书　　名:**民航安检理论与实务**(第2版)
著 作 者:鲁洋静
责任编辑:李　娜
责任校对:赵媛媛　魏佳宁
责任印制:张　凯
出版发行:人民交通出版社
地　　址:(100011)北京市朝阳区安定门外外馆斜街3号
网　　址:http://www.ccpcl.com.cn
销售电话:(010)85285857
总 经 销:人民交通出版社发行部
经　　销:各地新华书店
印　　刷:北京印匠彩色印刷有限公司
开　　本:787×1092　1/16
印　　张:14.75
字　　数:339 千
版　　次:2020 年 9 月　第 1 版
　　　　　2025 年 1 月　第 2 版
印　　次:2025 年 1 月　第 2 版　第 1 次印刷
书　　号:ISBN 978-7-114-19931-8
定　　价:43.00 元
(有印刷、装订质量问题的图书,由本社负责调换)

民用航空安全是世界各国普遍关注的问题,从1963年开始,为了维护民用航空安全,国际民用航空组织先后制定了《东京公约》《海牙公约》和《蒙特利尔公约》,对制止危害国际民用航空安全的犯罪行为起到了重要作用。与此同时,国际民用航空组织与各国政府又制定了一系列的措施与法规,指导世界各国开展机场安全检查工作。目前,世界性的安全问题呈现复杂性与多样性特征,给民用航空安全检查提出了更加严格的要求。

自2000年以来,我国民航业快速发展,运行规模已居世界前列。在机场安全检查工作中,我国不断研究国内外各种先进管理经验及做法,在安全管理及民用航空安全方面取得了突出成绩。

本教材广泛吸收了民用航空安全检查的相关法规、经验和做法,以《中华人民共和国民用航空法》《中华人民共和国民用航空安全保卫条例》《民用航空安全检查规则》为依据,参考民航安检从业人员岗位要求,以模块化的形式进行编写。教材编写采用理论与技能两条主线,在阐述民航安检基本概念、方法的基础上,重点对安检从业人员必备的法规、服务、语言等知识予以介绍;教材编排循序渐进,紧扣当前行业发展最新需求特点,内容实用、适用,取材新颖,契合高等院校学生的认知与学习特点。教材中有机融入了民航精神,系统设计了思政案例与思政目标,以落实立德树人的根本任务,体现教书育人的理念。

本教材由海口经济学院鲁洋静担任主编,中国民航大学史金鑫担任主审。教材编写分工为:鲁洋静编写基础篇、勤务篇、检查篇和技能篇,张玉编写服务篇和英语篇,陆筑平编写法规篇和处置篇。感谢主审史金鑫老师和人民交通出版社编辑对本书出版的大力支持。

由于编者水平有限,书中难免有不到之处,恳请读者批评指正。

编　者
2024 年 5 月

目录

基 础 篇

法 规 篇

处　置　篇

基础篇

第一章　总论

◎ 掌握民用航空安全检查基础知识;
◎ 了解国内外劫持、破坏飞机的基本情况;
◎ 掌握安全技术检查工作的任务和基本原则;
◎ 熟悉安全技术检查的产生和发展历程。

党的二十大报告指出:"国家安全是民族复兴的根基,社会稳定是国家强盛的前提。必须坚定不移贯彻总体国家安全观,把维护国家安全贯穿党和国家工作各方面全过程,确保国家安全和社会稳定。"

民用航空安全检查(以下简称"民航安检")是民用航空安全工作的重要组成部分,是预防民航安全事故的重要环节。做好民航安全检查工作,对于维护国家政治安定和旅客生命财产安全具有重大意义。

第一节　民航安检基础知识

一、安全技术检查的概念

安全技术检查简称安全检查或安检,是指在特定的区域内,为保证广大人民、公共设施的安全所采取的一种强制性的技术性检查。

安全检查分布在各个特定的区域内,常见的有:民航安检、客运安检(火车、汽车)、港口安检、地铁安检、出入特定区域或重要设施安检等。本书所说的安全检查,即民用航空安全检查,特指在民用机场实施的,以防止劫持、破坏飞机和其他危害航空安全的事件发生,为保障旅客、机组人员和飞机安全所采取的一种强制性的技术性检查。安全检查是反劫机斗争的产物,它的产生与劫持、破坏飞机等活动密切相关。当前,劫、炸机事件较少,但世界范围内仍存在复杂多样的社会矛盾和问题,且随着科技的发展,新型违禁物品不断涌现,对民航安检工作带来挑战。因此,安检工作只能加强,不能削弱。

安全检查是世界性的航空安全措施。任何一个国家的任何一个机场的安全检查,都是国际航空安全系统的组成部分,不论是哪一个机场出现安全问题,都绝不仅仅是这个国家、这个机场的内部事务,而必然会受到国际舆论的关注,承受国际责任的压力。因此,不管哪一个国家,要想在民用航空方面与世界各国保持正常往来,都必须解决好安全检查问题。安全检查涉及每一位乘机旅客,旅客在乘坐飞机前必须接受安全检查,这已经成为国际惯例。

安全检查是以预防为主的航空安全保卫措施,必须严格实施,才能发挥作用,否则就失去了安全检查的意义。乘机的每一位旅客不可能都是预谋劫机者,但在没有通过安全检查之前,不能排除旅客中存在着预谋劫机者;旅客所携带的行李物品及其他空运货物、邮件不可能每件都有违禁物品,但在通过安全检查之前,不能排除其中隐藏有违禁物品。因此,安全检查的对象是所有乘坐民航班机的旅客及其携带或托运的行李物品和空运货物、邮件。目前,世界上少数国家对重要人物和特殊物品有免检的规定,我国也有免检规定,但任何人都不能随意扩大免检范围。

安全检查的目标是发现一切可用危害航空安全的危险品和违禁物品,将其消除或控制在地面。安全检查所指的危险、违禁物品的含义是指可以用作劫、炸机的物品以及其他危害航空安全的物品,主要是指枪支、子弹、炸药、爆炸装置、各种刀具、工具和其他易燃易爆、腐蚀性、放射性物品。在安全检查中,一旦发现上述物品,必须区分不同情况,严格按照有关规定处理,对于被认为有劫机或炸机嫌疑的,应将人和物一同交由公安机关审查处理。

二、安全检查的性质

从特定意义上讲,民航安全检查队伍是民航空防安全保卫工作的重要组成部分,是国家授权的专业安检队伍。为保障航空安全和旅客生命财产安全,民航安全检查队伍依照国家法律、法规,对乘坐民航班机的中、外籍旅客及所携物品进行公开的安全检查,防范劫持、爆炸民航班机和其他危害航空安全的行为。

安全检查具有强制性和专业技术性。为了完整、准确地把握安全检查的性质,必须深刻理解以下几个要点:

(1)安全检查是民航空防安全保卫工作的重要组成部分。

民用航空运输的安全,主要指飞行安全和空防安全,这是民航需要承担的最大的风险。这里讲的"空防"从词义上讲,就是"空中防线"(犹如陆地有"边防",海上有"海防")。空防的实际含义有一个演变的过程。20世纪50—60年代,空防一词指的是防止内部个别蜕化变质的飞行人员(空勤人员)驾机外逃。此后,由于国际、国内对敌斗争形势的变化,民用航空安全工作中空防的含义主要是指防止社会上的恐怖组织和不法分子劫持、爆炸飞机。现在空防指防止航空器在飞行过程中发生劫机、炸机、机械事故等威胁。

安全检查是我国反劫、炸机工作中最重要的环节,是航空安全保卫工作的重要组成部分。

(2)安全检查是由专业安检队伍在特定的环境、特定的条件下,依照国家法律、法规授权进行的强制性行为。

(3)安全检查的管理体制和组织形式,在不同国家的不同时期有所不同。目前世界上有三种形式:第一种是由警察或宪兵承担安全检查,如瑞士的日内瓦机场是由宪兵负责安全检查工作;第二种是由机场当局雇请安全公司或保安公司来进行安全检查;第三种是专业队伍担负安全检查。我国民航安全检查在不同时期,组织形式不尽相同:安全检查工作实施初期阶段,是由边防武警在重点机场对国际航班的乘客进行安全检查;第二阶段是由民航保卫部门实施;第三阶段是由武装警察部队负责实施;第四阶段是民航组建的专业队伍担负安全检查工作。

三、安全检查工作的任务

安全检查工作包括：对乘坐民用航空器的旅客及其行李物品实施安全检查；对进入候机楼隔离区的其他人员及其物品，以及空运货物、邮件实施安全检查；对候机楼隔离区内的人员、物品进行安全监控；对执行飞行任务的民用航空器实施监护。

安检执行人员包括安检员和监护员。安检员按照岗位又分为验证员、前传引导员、人身检查员、X射线安检仪操作员、开箱包检查员。监护员按照工作区域分为隔离区监护员和飞机监护员。其中，安检员对乘坐民用航空器的旅客及其行李物品实施安全检查；对进入候机楼隔离区的其他人员及其物品以及空运货物、邮件实施安全检查；监护员对候机楼隔离区内的人员、物品进行安全监控，对执行飞行任务的民用航空器实施监护。

四、安全检查工作的原则

安全检查工作应当坚持的原则是：安全第一，严格检查；坚持制度，区别对待；内紧外松，机智灵活；文明执勤，优质服务。

（1）安全第一，严格检查。确保安全是安全检查的宗旨和根本目的，而严格检查则是实现这个目的的手段和对安检人员的要求。所谓严格检查，就是要严密地组织勤务，执行各项规定，落实各项措施，以对国家和乘客高度负责的精神，牢牢把好安全检查、飞机监护等关口，切实做到证件不符不放过、安全门报警不排除疑点不放过、X射线安检仪图像判断不清不放过、开箱包检查不彻底不放过，以确保飞机和旅客的安全。

（2）坚持制度，区别对待。国家有关法律、法规以及有关安全检查的各项规章制度和规定，是指导安全检查工作实施和处理各类问题的依据，必须认真贯彻执行，决不能有法不依、有章不循。同时，还应根据特殊情况和不同对象在不违背原则和确保安全的前提下，掌握灵活处置各类问题的方法，对各种旅客实施检查既要一视同仁，又要注意特殊情况检查的侧重点。

（3）内紧外松，机智灵活。内紧是指检查人员要有敌情观念，要有高度的警惕性、责任心和紧张的工作作风、严密的检查程序，要有处置突发事件的应急措施等，使犯罪分子无空可钻。外松是指检查时要做到态度自然，沉着冷静，语言文明，讲究方式，按步骤、有秩序地工作。机智灵活是指面对错综复杂的情况，检查人员要有敏锐的观察能力和准确的判断能力，善于分析问题，从受检人员的言谈举止、行装打扮和神态表情中，察言观色，发现蛛丝马迹，不漏掉任何可疑人员和物品。

（4）文明执勤，优质服务。机场是地区和国家的窗口，安全检查是机场管理和服务工作的一部分。安检人员要树立全心全意为旅客服务的思想，要做到检查规范，文明礼貌；要着装整洁，仪表端庄，举止大方，说话和气，语言文明，"请"字当头，"谢"字结尾；要尊重不同地区、不同民族的风俗习惯，同时，要在确保安全、不影响正常工作的前提下，尽量为旅客排忧解难。对伤、残、病旅客予以优先照顾，不能伤害旅客的自尊心，对孕妇、幼童、老年旅客要尽量提供方便，给予特殊照顾。

第二节　民用航空安全概述

民航安全检查是民航运输安全工作最重要的组成部分。做好安检工作对于维护国家政治安定和旅客生命财产安全具有重大意义。

一、危害民用航空安全的主要形式

第二次世界大战以后,随着民用航空业的蓬勃发展,国内外针对民航运输业的非法干扰与破坏活动也不断增加,主要表现为劫持飞机、破坏飞机、破坏机场及航行设施、在机场内制造恐怖活动和其他手段的非法干扰。这里所说的飞机即指民用航空法律法规中的航空器。

(一)劫持飞机

劫持飞机是指以暴力、胁迫或其他方法劫持航空器,危害航空运输安全的行为。劫持飞机通常有暴力劫持、威胁劫持两种。

暴力劫持主要是指劫机分子通过各种手段将枪支、弹药或其他危险品带上飞机,直接对驾驶员、服务人员实施武力打击或身体强制,使其不能反抗而达到劫机目的。暴力劫持的特点是手段残忍,直接对驾驶、服务人员施以暴力,使劫持得逞,以至人员伤亡、飞机损坏甚至机毁人亡。如1983年的"5·5"劫机事件中的卓长仁直接使用手枪打伤机组成员后劫机得逞。

威胁劫持有两个含义:一是以暴力相威胁;二是精神胁迫相威胁。两种方式均使机组人员和旅客不敢反抗,以达到劫机的目的。暴力威胁主要是歹徒身上带有爆炸物或歹徒控制了人质,如不满足其要求,则以引爆爆炸物或杀死人质相威胁。精神胁迫主要是借助于精神威胁,以暴露机组人员的严重犯罪事实或个人隐私相威胁,给机组人员制造强大的精神压力,以达到控制、劫持飞机的目的。

在劫机过程中,如能准确判断、果断处置,进行反劫机斗争,可有效制止劫机事件。反劫机的主要难点是难以判断劫机者所称爆炸物的真假、不便下决心实施反劫持行动。

(二)破坏飞机

破坏飞机是指故意在使用中的航空器上放置危险品或者唆使他人放置危险品,以毁坏航空器,危及飞行安全的行为。破坏飞机的主要作案手段是爆炸飞机。而爆炸飞机大体分为两种方式:一种是劫机分子在劫机失败后采取的自杀式的绝望行为,这种爆炸方式一般是由劫机分子直接实施参与。另一种是定时爆炸,这种爆炸方式是犯罪嫌疑人通过各种手段把定时炸弹藏匿在托运行李中,或事先把定时炸弹放上飞机等,而本人并不乘坐该班飞机。定时爆炸一般都有明显的目的性,或者是为了报复,或者是为了警告,或者是故意制造恐怖活动。爆炸航空器的危害性较劫持航空器更大,处置过程中稍有不慎就会造成机毁人亡。

(三)破坏机场及航行设施

破坏航行设施是指盗窃或者故意损毁、移动使用中的航行设施,危害飞行安全,足以使航空器发生坠落、毁坏危险的行为。这种行为大多数发生在航空器起降的机场,为了达到目的,通常也会破坏机场的设备设施。破坏机场设备设施的主要手段之一是选择目标定时爆炸。由于各国都加强了机场的安全保卫工作,组建专门的机场安全保卫机构,增派警察巡逻,修建围墙,安装监控器、电网等,使恐怖分子在机场内作案难度增加。于是,他们把目标转向机场附近的建筑物或机场所属的服务设施上,如停车场、售票处、候机厅、值机室、餐厅、商店等。他们通常的做法是把爆炸物放在手提包、衣服或其他物品内,在购飞机票或到厕所时故意放在比较隐蔽的,尤其是旅客集中的地点,进行定时爆炸;或者把炸弹放置在汽车上,制造汽车炸弹爆炸。另一种破坏手段是通过电子仪器,用电波干扰机场的通信导航系统,破坏机场电脑网络,或袭击供电设施,切断供水系统等。破坏机场的特点是没有固定的目标,范围比较广,防范难度大。危害是一旦破坏得逞,影响面大,有的会在一定范围内造成人员伤亡,因设施设备被破坏,可能造成机场关闭、航班延误等。

（四）在机场内制造恐怖活动

在机场内制造恐怖活动是指在机场内以武力杀害旅客和其他人员,袭击飞机或机场设施,造成严重影响和后果的一种犯罪行为,其特点为武装袭击。

（1）贝鲁特机场恐怖袭击事件。1983 年 10 月 23 日,美军海军陆战队在黎巴嫩贝鲁特机场执行维和任务,突然遭到汽车炸弹爆炸的袭击,近 200 人死亡,100 多人受伤。这是美国海军陆战队越战结束以来最大的一次伤亡事件,也是和平时期美军陆战队最大伤亡事件。

（2）"6·8"巴基斯坦真纳国际机场遇袭事件。多名武装人员携带枪支和爆炸物于当地时间 2014 年 6 月 8 日晚上约 11 时 20 分袭击了巴基斯坦最大城市卡拉奇真纳国际机场,与安全部队交火持续至 9 日凌晨。在与巴军警的交火中,8 名武装分子被击毙,2 名武装分子引爆了身上的炸药。袭击发生后,卡拉奇真纳国际机场宣布暂时关闭,进入紧急状态。关闭期间有包括 7 架国际航班在内的约 20 架航班受到影响。

（五）其他手段的非法干扰

其他手段是指用匿名电话、匿名信、电子邮件以及故意传递虚假情报、口头威胁等方式对机场、航空公司进行威胁恐吓,声称或暗示机场、飞机上、航空设施或人员等处在爆炸物的危险之中,或是声称、暗示机场某航班、某公司的飞机处于或将被劫持等非法干扰行为。

匿名电话和信件的情况有三种:一是事件的知情人直接参与、谋划了爆炸和劫持;二是针对某个人或某个航空公司的报复行为;三是精神不正常者所为。对待匿名恐吓,真假难辨。它造成的危害是:干扰了航空运输的正常营运,构成对飞机安全的威胁,造成航班延误、飞机停航,甚至疏散旅客和关闭机场,动用大量的人力来核实情况或进行搜查,造成财产上的损失。

2012 年 8 月 30 日晚,深圳航空公司 ZH9706 航班执行襄阳—深圳航班任务,从襄阳刘集机场起飞后不久收到匿名电话威胁信息,飞机紧急备降武汉天河国际机场。湖北机场集团有限公司立即按照预案启动Ⅱ级应急响应进行了处理,但没有发现危险物品。初步判断,该事件是一起由匿名电话威胁引发的航空器非法干扰事件。

二、国际劫、炸机事件简况

(一)国际事件劫机的五个阶段

国际上第一起劫机事件于1931年2月发生在南美洲的秘鲁。相隔16年后的1947年,一架罗马尼亚航空公司的飞机被劫持到土耳其。此后劫机事件不断发生。从整体上看,国际上劫机事件的发生、发展大体可分以下五个阶段:

第一阶段,1947—1953年。这一阶段共发生劫机事件22起,平均每年3.2起,得逞21起,得逞率高达95%。

第二阶段,1954—1967年。这一阶段共发生劫机事件58起,平均每年4.1起,得逞39起,得逞率为68%。

第三阶段,1968—1972年。这一阶段是国际劫机史上的高潮。5年内共发生劫机事件325起,平均每年65起,得逞201起,占比61.8%。其中,1969年就发生87起,平均每4天一起,得逞70起,得逞率高达80.5%,达到了劫机事件的最高峰。

第四阶段,1973—2000年。这一阶段共发生劫机事件543起,平均每年19.4起,其中得逞297起,得逞率54.7%,与过去相比呈下降趋势。

第五阶段,2001年至今。随着安检技术的不断改进,这一时期发生的劫机事件数量呈明显下降趋势。其中发生的重大劫机事件主要有:2001年美国"9·11"事件,4架民航客机同时被劫持,造成了机上及地面共3000多人遇难;2012年天津航空公司的"6·29"劫机事件,6名歹徒暴力冲击驾驶舱,最后,在机组成员及乘客的共同努力下,歹徒被制服。

(二)国际劫机事件的特点

国际上发生劫机事件的原因很多,主要受政治形势和经济状况的影响,同时与国际局势的变化和各国国内社会状况的变化有着密切的联系。从历史发展的情况看,各个时期犯罪分子劫机的目的、方式、手段不尽相同,呈现出多样化、智能化、隐蔽化的特点。

1. 劫机的目的多样化

20世纪40—50年代,一些东欧国家的年轻人因羡慕和追求西方的生活方式,把劫持飞机这一快速交通工具作为外逃的途径。1947—1953年间发生22起劫机事件,其中就有20起是飞机由东欧国家被劫持到西方国家,这占同时期劫机数的87%。

随着国际形势的变化,20世纪50年代后期到60年代,劫机成为一种达到某种政治目的而采用的重要手段,劫机背后的政治色彩浓厚。政治原因的劫机事件,又可分为两类:一类是国际的相互报复。劫机分子以劫持飞机的方式使对方国家在政治上遭受打击,经济上遭受损失。这种情况具体表现在古巴和美国之间,如1968年和1969年两年间,在发生的122起劫机事件中,就有100起飞机被劫往古巴。另一类是因对本国政治不满而劫机,持不同政见者因遭受打击或为了逃避本国法律制裁而采取劫机行动,这类劫机数量较多,共有561起,占政治原因劫机总数(661起)的85.8%。1981年到1982年,荷兰有14架飞机被本国人员劫持外逃;苏联在1989年到1990年间发生此类劫机事件15起。

20世纪70年代以后,以经济为目的和以制造恐怖活动为目的劫机事件不断发生。以经济为目的的劫机事件多发生在西方国家,尤以美国为甚。1970年6月,一架美国环球航空公司的波音727飞机从菲尼克斯起飞后被劫,劫机者提出索要十万美元的赎金。1974年3月,一架日本航空公司的飞机被劫,劫机者索要5500万美元和两亿日元,创下了以经济为目的劫机要价的最高纪录。要价最低的一次劫机发生于1983年1月的泰国,当时三名劫机者竟为勒索12000美元而劫持了一架泰国航空公司的飞机。

以制造恐怖活动为目的的劫机事件,一类由极端民族主义、宗教主义组织策划,以报复某个国家或政党为目的;另一类由恐怖集团策划,以制造影响、要挟政府、报复社会为目的。

2.劫机的方式多样化

一是由个人劫机向团伙劫机发展。从结果看,团伙劫机比个人劫机危害大,难以实施反劫持行动,劫机得逞率高。从已明确劫机方式的836起劫机事件中看:个人作案465起,占55.6%,得逞191起,占41%;团伙作案371起,占44.4%,得逞283起,占76%。可见团伙作案比例虽少,但得逞率却高出将近1倍。近20年来,团伙劫机所占比例呈上升趋势,20世纪70年代所占比例为38.2%,80年代上升到56.1%。在团伙犯罪的371起劫机事件中,5人以上团伙劫机高达88次,其中最多的一次发生在美国。1980年8月29日,168名古巴难民登上了准备由利马飞往洛杉矶的飞机,劫机犯要求改飞迈阿密,否则就烧毁飞机。

二是劫机者使用的工具从武器、刀具,向易燃、易爆物品发展,动机方式也向讹诈劫机方向发展。20世纪70年代以前,劫机者多是使用武器、刀具等作为劫机工具。20世纪70年代后,由于各国加强了对乘机旅客和行李物品的安全检查,使用了较先进的检查仪器,使得武器、刀具和金属性爆炸物容易被检查出来。劫机者随之改变了手段,有的使用隐蔽性较强、不易被检查出来的非金属性易燃、易爆物品和危险溶液劫机;有的甚至没有带任何危险品,谎称携带炸药,或用假武器讹诈进行劫机。这类劫机案例数量增加较快,20世纪70年代占同期的31%,20世纪80年代增加到了38%。

三是地面劫机呈上升趋势。从劫机总数看,地面劫机所占比例不足10%。但自1985年以来逐渐上升,以1986年和1987年两年间发生的17起劫机事件看,地面劫机6起,占这一阶段的35.3%。

3.劫机的手段智能化、隐蔽化

随着先进的、多功能的X射线安检仪等仪器在世界各机场的广泛使用,使用金属武器、刀具,采用一般手段劫机越来越困难,劫机者随之相应改变了携带违禁物品的方法和劫机的手段。一方面,采用各种隐蔽的手法来藏匿危险物品,逃避安检;另一方面,采用隐蔽性较强的非金属性的易燃、易爆物品,塑料炸弹等实施劫机。劫机者藏匿、携带违禁物品的方法、手段变化多端,智能化成分增加,如将炸药伪装在牙膏里,把雷管等爆炸装置藏在圆珠笔等日常生活用品中。常见有以下手段:

(1)把手枪藏匿在照相机、录音机或某种仪器中。

(2)把钢笔、圆珠笔改装成微型手枪或催泪瓦斯攻击器等。把导爆索、导爆管藏匿在行李推车钢管内。

(3)将武器藏入不引人注意的打火机、口红、手电筒、拐杖等。

(4)制造可以发射小型火箭弹的公文包。

（5）将手枪藏匿于箱子底夹层。

（6）将武器藏在小孩身上。

（7）将武器或炸药隐藏在空心书里。

（8）将武器藏在石膏绷带或厚绷带中。

（9）将武器和弹药藏在自称是孕妇而出于"医疗原因"不能接受磁性仪器检查的妇女身上。

（10）把液体炸药装在标有允许携带物品的容器里。

（三）国际爆炸飞机事件简况

爆炸民用航空飞机,严重威胁着航空运输的安全,给航空器登记国、航空公司和旅客的生命财产造成惨重的损失。因此,爆炸飞机造成的后果远比劫机严重得多。

1945 年 5 月,菲律宾航空公司一架 DC-3 飞机在飞行中被炸坠入海中。1985 年发生爆炸飞机事件 13 起,死亡 473 人。1986 年的 3 起炸机事件造成 112 人死亡。1987 年的 3 起炸机事件使 333 人死于非命。1989 年共发生 5 起炸机事件,其中 4 起造成 428 人死亡,26 人受伤。从以上数字可以看出,爆炸飞机事件的次数虽有减少,但死亡的人数却有增无减,这是由于飞机机型更新、载客量增大。

在屡屡发生的炸机事件中,政府要员乘坐的飞机甚至专机被炸引起了国际社会的严重关注。1988 年 8 月,巴基斯坦总统齐亚·哈克的专机在返回伊斯兰堡途中爆炸坠毁,齐亚·哈克、随行的 6 名高级官员以及 13 名机组人员无一生还。1989 年 10 月 21 日,洪都拉斯一架波音 727 飞机在降落前 2min 发生爆炸,造成 132 人死亡,5 人受重伤,死亡者中有哥斯达黎加的总统顾问和 17 名联合国的官员。

爆炸飞机事件的不断发生和造成的极为严重的后果,威胁着民用航空的安全,成为飞行安全的最大隐患。2009 年 12 月,一名 23 岁的尼日利亚男子企图炸毁美国达美航空公司一架飞往底特律的航班,因爆炸装置失灵,同时该男子被警觉的同机乘客制服,278 名乘客和 11 名机组人员逃过一劫。

✈ 三、我国劫、炸机事件简况

（一）我国劫、炸机事件的简况

自 1977 年 6 月 16 日发生乌鲁木齐—哈密的班机被歹徒张楚云劫持事件,到 2012 年 6 月止,我国共发生劫机事件 47 起,其中得逞的数量占总数的 32.6%。在所有劫机事件中,1983 年的"5·5"劫机事件,是我国民航班机第一次被劫持到国外的劫机事件;1988 年的"5·12"劫机事件,是我国大陆飞机第一次被劫持到我国台湾地区的劫机事件。2012 年以后,由于安检技术的不断进步,劫机事件较少发生。

炸机事件在我国共发生 3 起,其中得逞的有一起。1983 年 4 月 9 日,长沙—广州航班起飞约 10min 后,歹徒张某引爆炸药,飞机被炸开一个 1.5m×1.2m 的大洞。1998 年 12 月 28 日,歹徒路某因个人私欲得不到满足,指使他人将由 16 个烟花组成的爆燃装置放在食品盒内,企图装上执行天津—香港航班任务的飞机并进行破坏。2008 年 3 月 7 日,中国南方航空股份有限公司新疆分公司一架乌鲁木齐飞往北京的 CZ6901 航班发生险情,一名歹徒携带汽油登机,欲控制飞机制造空难,该歹徒被制止,飞机紧急降落兰州,全部机组人员和乘客无恙。

此外,我国还发生过一起破坏飞机部件的案件。1997年6月14日,四川航空公司安检队职工严某因对工作调整不满,利用工作之便,将2629号飞机技术舱内8处23根电缆线剪断,幸被及时发现,否则后果不堪设想。劫、炸机事件的发生通常与国际、国内的政治、经济形势,国内治安状况及劫机事件本身所具有的诱发作用等诸多因素密切相关,且炸机(破坏飞机)事件造成的危害结果较一般劫机事件要大得多。

(二)我国劫机事件的主要特点

发生在我国的劫机事件主要有以下特点:

(1)劫机事件曾集中发生在沿海航线上。

劫机歹徒为了达到劫持飞机的目的,对怎样实施劫机会进行周密策划。从所发生的劫机事件看,多数选择厦门、福州、广州、深圳等沿海航线。1977—2012年的47起劫机事件中,发生在飞往厦门或厦门起飞的航班上的劫机事件就有15起,占总数的31.9%。1999年以后,形势有所变化。

(2)劫机目的地曾多选择我国台湾地区。

1977—2012年7月的47起劫机事件中,劫机犯胁迫机组飞往我国台湾地区的占32起,占总数的68%。劫机分子有的是对现实不满,为满足个人欲望不惜以身试法;有的是刑事犯罪分子,为逃避法律制裁,铤而走险。

(3)劫机歹徒中男性中青年居多。

1977—2012年,我国发生的47起劫机事件涉及犯罪嫌疑人57人,这些人中男性51人,占总数的89.4%,除一人50岁(精神病)以外,其他人年龄都在45岁以下,占总数的98.2%,年龄最小的17岁,最大的44岁。这些人大部分文化层次低,好逸恶劳,贪图享受。

(4)有内部人员参与劫机犯罪。

随着地面和机上安全保卫措施日趋完善,劫机的难度增加了,于是犯罪分子就想方设法同民航内部人员拉关系,探听安全保卫方面的情况,寻觅可乘之机。1983年的"5·5"劫机事件前,沈阳机场值班室主任刘某向卓某泄露X射线安检仪已运到,近期将安装使用。卓某一伙得到这个消息后,就趁安检仪器安装之前,将枪支藏在仪表中,混过了安全检查,使劫机阴谋得逞。劫机犯金某利用飞行员身份和在民航内部熟人多、关系广的便利条件,事先将隐藏手枪的包放在隔离区内来逃避安全检查,后又托机组人员将该包带上飞机,在飞行过程中金某随意进出驾驶舱,打死机长,其劫机阴谋险些得逞。1998年10月28日,中国国际航空公司执行北京—昆明—仰光航班任务的飞机,被带队机长袁某及其妻徐某以造成机毁人亡相威胁劫持到我国台湾地区,影响极坏。

(5)劫机者阴险狡诈,手段凶恶残忍。

劫机者多是亡命之徒,为了达到劫机目的,劫机者事前都要进行精心准备,劫机手段极其狡诈且不计后果。如1993年"4·6"劫机事件的黄某和刘某,劫机前多次对安检现场及流程进行窥视;通过安检时将防暴手枪放在一个盒子的夹层里,将另外两支玩具手枪和防暴手枪重叠,放置于盒子上,致使防暴手枪混上飞机,劫机得逞。又如本身是飞行员的劫机犯金某,为实现自己的劫机图谋,残忍杀害作为自己同事的机长。

四、国内外反劫、炸机的主要措施

（一）国际反劫、炸机的主要措施

自 20 世纪 60 年代以来，国际民用航空组织（简称"国际民航组织"）多次通过决议，谴责以暴力劫持飞机、干扰民用航空活动的非法行为，呼吁各国加强合作，采取措施，制止恐怖活动。对此，各国政府航空当局以及各国航空公司通过法律和相关技术，防范和打击劫、炸机犯罪，收到了积极的效果。首先是采取法律措施，制定保障航空公司安全的法律、法规。国际民航组织先后在 1963 年 9 月、1970 年 11 月、1971 年 9 月制定了《东京公约》《海牙公约》和《蒙特利尔公约》三个关于防止劫机的国际公约。国际民航组织一方面敦促没有加入三个公约的国家尽早加入；另一方面还专门制定了安全保卫的规定建议和手册，并要求缔约成员采取防止劫机的有效措施。美国、英国、日本等国还根据本国的情况，制定了航空安全法，使得机场安全工作有法可依，保证了机场安全管理制度得以严格执行。同时，一些国家为了惩罚以暴力干扰、破坏飞机和机场设施的行为，制定了相应的法令，严厉制裁劫机者，按情节轻重，分别判处没收财产、有期徒刑或死刑，使劫机案件有所减少。其次是采取技术措施，实行严格的安全检查。自 1970 年开始，世界各国加强了反劫机的斗争，开始实行安全检查，初期都是手工检查。美国从 1973 年、日本从 1974 年开始使用仪器检查，当时也只限于几个大机场，之后逐渐发展到全部使用仪器，但同时均辅以手工检查。由于加强了安全检查技术，世界民航的航空运输飞机被劫持的现象有所减少。国际民航组织在集中做好反劫机的同时，开始重视研究如何严防炸机这一新课题。1989 年，联合国安全理事会和国际民航组织相继通过决议，呼吁各国加强合作，保证国际民航的安全，特别要防范使用可塑性炸药或薄片炸药炸飞机的恐怖主义活动。1991 年 2 月，国际民航组织在加拿大蒙特利尔召开会议，通过了《在可塑炸药中添加识别剂以便侦测的公约》。这个公约实施后，就可以采用技术手段侦测可塑性炸药，从而使防炸机工作得到加强。

（二）国内反劫、炸机的主要措施

（1）建立健全的保障民用航空安全的法律和规章制度。除了国际上三个有关航空安全的公约之外，各国都会根据本国情况制定自己的航空安全法规。我国已于 1996 年 3 月 1 日、7 月 6 日分别颁布实施了《中华人民共和国民用航空法》《中华人民共和国民用航空安全保卫条例》，于 1999 年 6 月 1 日正式实施《民用航空安全检查规则》。除此之外，我国还先后颁发了一系列有关民用航空安全的规范性文件，各机场也相继制订了行之有效的具体的安全规章制度。

（2）建立航空安全保卫机构。为了保障民用航空及其设施的安全，中国民用航空局设立专门的公安部门，按照《中华人民共和国民用航空安全保卫条例》的规定，统一领导全国的民用航空安全保卫工作；国家和各省、自治区、直辖市都成立了紧急处理劫机事件的领导小组、航空安全办公室。

（3）完善机场安全保障设施，加强机场安全管理。为了有效地加强机场的安全管理，各机场均采取了相应的安全防范措施。如安装防护设施、划分控制区、候机隔离区，实施严格的安全管理，安装监控设备，对重要区域进行不间断的监控，设立瞭望哨，由公安人员进行日夜巡视;对进入控制区、候机隔离区的人员和车辆,严格执行发证管理,有的机场安装了轻便式电感应装置和小型地面雷达,用来监视停放的飞机,如有人接近飞机,即自动报警。

(4)实行严格的安全检查。安全检查是航空安全保卫工作的重要组成部分,是确保民航空防安全的关键环节。目前包括我国在内的大多数国家规定:对乘坐民航班机(专机除外)的旅客及其行李物品(按规定免于检查者除外)一律实行严格的安全检查。我国所有的机场都安装配备了 X 射线安检仪。为加强交运行李的安全管理,在具备条件的机场还进行了交运行李的安检流程改造,使安全检查工作得到了进一步加强。

(5)加强情报信息和侦查工作,及时发现和侦破预谋劫机事件。依靠群众和专门工作相结合,严密掌握敌情动态,控制疑点嫌疑对象,加强对可疑情况的审查处置,同时密切注视国际恐怖组织和恐怖分子劫机动向,并严加防范。

(6)加强空中安全保卫和地面处置。一是加强对空中保安人员的专业培训;二是制定反劫、炸机预案,在实际工作中加强演练;三是组建反劫机专业队伍,大力加强专业技能训练,提高处理突发事件的能力,我国空中安全员队伍已逐步强大,并在反劫机斗争中多次发挥作用。

第三节 民航安检的产生和发展

一、国际上民航安检的产生和发展

(一)国际上民航安检的产生

20 世纪 60 年代末期,劫、炸机事件数量直线上升,范围迅速扩大。1968 年以前,世界发生劫机事件平均每年不超过 6 起,1968 年达到 30 起,1969 年直线上升为 90 起,1970 年 88起。劫、炸机事件的频繁发生,严重影响航空业的正常运输和经营,严重危及旅客、机组人员的生命财产安全,成为一个严重的国际性问题。据国际航空运输协会的不完全统计,1969—1979 年的 10 年间,在劫机事件中被扣作人质的达 37756 人,死亡 1600 人,受伤 1045 人。在这些死伤人员中,有的是惨遭杀害的,有的是空中爆炸或人为破坏致使飞机失事造成机毁人亡的。劫机事件的不断发生,引起了国际社会的高度重视。联合国和国际民航组织多次通过决议,严厉谴责劫持和其他危害民航安全的非法行为,呼吁加强国际合作,积极采取有效措施,制止这类事件的发生。为确保乘客和机组人员的安全,维护国家声望和航空公司的声誉,安全检查作为一项非常重要的工作便应运而生。

(二)国际上民航安检的发展概况

国际上民航安检的发展经历了一个由点到面、由手工检查到仪器检查的过程,从检查的方式手段看大体可分为五个阶段:

第一阶段,手工检查阶段。从 1970 年开始,安全检查工作首先在美国、日本等国的主要机场开始实施,检查的方式是用双手触摸旅客的身体,手工开箱开包检查旅客的行李,整个检查全部用手工,没有任何仪器的参与。

第二阶段,从手工检查到仪器检查的过渡阶段。1973 年,美国率先在主要国际机场使用仪器检查,次年日本也在一些大的机场安装了检查仪器,紧接着法国、瑞士、英国等国也积极效仿开始使用仪器配合安全检查。这一阶段的主要特点是仪器检查和手工检查并用,仪器检查只是在几个先进的资本主义国家的一些繁忙的大机场使用,至于旅客流量不大的中小机场,大多还是靠手工进行检查。

第三阶段,仪器检查普及阶段。随着科学技术的发展,安全检查仪器质量的不断提高,X射线安检仪从单能量逐步发展成为多能量,反映在监视器荧光屏上的图像越来越清晰,并且有立体感,较容易辨别行李中的各种物品。检查仪器质量的提高使仪器的使用逐渐普及,并很快成为机场安全检查的主要手段。与此同时,安全检查的组织机构也日趋严密和完善,美国的机场设置了"安全公司"作为专门机构,日本以"保安事业总局"专门负责安全检查,法国、瑞士等国的安全检查则由内务部和国防部共同负责。

第四阶段,从一般仪器检查到新型多功能检查仪过渡阶段。开始,世界各国使用的X射线安检仪等仪器,主要用于检查旅客身上和行李物品中藏匿的枪支、子弹、匕首、炸弹等金属性的危险物品。近年来,劫机者、恐怖分子为了逃避检查,改用非金属性危险物,特别是塑胶性炸药进行劫炸机活动。国际民航组织越来越重视"防炸机"这个新课题,目前已有多种能探测出非金属爆炸物的化学分析仪器研制成功,并在一些机场投入使用。

第五阶段,高科技"毫米波全身扫描成像"系统——也被戏称为"裸体安检"。这种高科技安检设备能"透视"乘客衣服,并能扫描出三维人体图像(图1-1)。目前,包括美国、荷兰、英国等7个国家的某些机场都开始采用类似的"裸体安检"设备。可以肯定的是,类似高科技的安检设备必将被越来越多的机场采用。

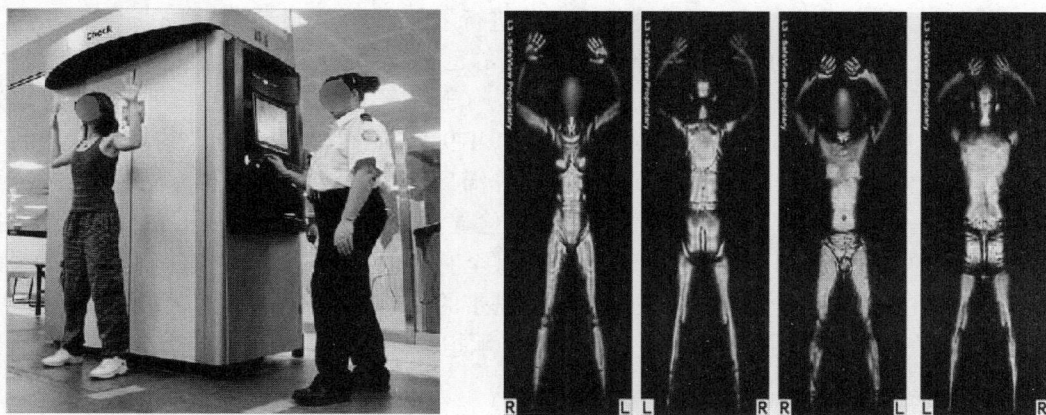

图1-1 毫米波全身成像人体扫描示意图

二、我国民航安检的产生和发展

(一)我国民航安检的产生

早在20世纪50年代,周恩来总理就指示民航要"保证安全第一,改善服务工作,争取飞行正常"。长期以来,民航部门始终坚持把安全工作放在首位。因此,自20世纪50年代以来,我国民航在国际航线上从未发生过等级飞行事故,飞行安全纪录在国际上处于先进行列。20世纪70年代初期,国际上连续发生劫机事件,一些国家在机场开始使用安全检查仪器。我国当时尚无劫持民航飞机的事件发生,但我国政府已意识到预防劫机事件发生的重要性和紧迫性,开始提出机场安全检查的问题,并着手进行思想上和物资上的准备。1974年4月22日,周恩来总理在中国民用航空总局《关于民航国际通航准备情况的报告》上批示:"要保证东通日本、加拿大;西通卡拉奇、罗马尼亚和法国不发生安全事故。"随后公安部下发了《关于对外开放机场实施安全检查的通知》,指出:"关于在开放机场设置技术器材,加强安全检查工作,目前正在以北京、上海两机场为重点,逐步安装、建设、实施安全检查的原则,已经国务院批准。"为落实这一通知,公安部从北京的机场入手,首先安装了金属探测器,之后陆续安装了X射线安检仪和监控设备。我国的安全检查的产生,从文件规定上讲,应该从1974年公安部上述文件算起,但当时由于种种原因,未能付诸实施,这样就使我国民航的安全检查工作比国际上滞后了近10年。

我国安全检查产生的国内因素是:20世纪70年代末,我国的航空事业已经发展到一定规模,国内航线形成网络,在此期间,劫机活动也殃及我国国内航线。1977—1979年,我国国内航线上连续发生2起劫机(未遂)事件和2起预谋劫机事件。上述4起事件虽然均未得逞,但引起了全国的震动,对我国尽快建立安检制度起了推动作用。为适应我国民航事业发展的形势,1979年5月,我国政府派出由公安部和中国民用航空总局联合组成的"机场安全检查设施考察团"赴法国、瑞士等国,对检查技术、仪器制造、管理制度等方面进行了全面考察。考察团回国后,向国务院提交了两份考察报告,就建立我国安检指导思想、检查规定、队伍建设、仪器设备及落实措施等提出设想和方案。1980年9月,国务院批准了这两份报告。同年10月,公安部边防总局在北京召开了全国10个空港检查站(北京、上海、广州、杭州、贵阳、南京、昆明、南宁、乌鲁木齐、沈阳)会议,对建立安全检查工作进行了部署,从人员、物资等方面做了准备。

我国安全检查产生的国际因素是:航空事业的迅速发展,使我国的国际航线不断增加,同时与我国通航的外国航空公司也不断增加。为了适应不断发展的航空事业需要,我国先后于1978年11月4日加入《东京公约》、于1980年9月10日加入《海牙公约》和《蒙特利尔公约》。在这种情况下,当时我国的安全检查工作滞后,使不少外国航空旅客感到不安,纷纷向我国政府提出意见和要求,希望尽快实施安全检查。日本航空公司、法国航空公司要求我国实行严格的安全检查,以防止恐怖分子破坏;甚至有的国家向我国使领馆提出允许其国家派人在北京机场检查乘坐该国航班的旅客及其携带的行李物品,以确保该航班的安全,否则就要求我国政府做出书面保证,一旦发生事件要承担一切责任。泛美航空公司也提出了类似的要求。

根据我国民用航空安全工作的需要及我国对国际反劫机工作应承担的义务,1981年3月15日,我国以公安部的名义发布通告,为了确保国际民用航空班机的安全,决定从1981年4月1日起在中华人民共和国境内各民用机场,对乘坐国际航班的中、外籍旅客及其携带的行李物品实行安全检查。至此,我国民航机场安全检查制度正式宣告建立。

(二)我国民航安检的发展概况

我国民航安检的发展从其体制变化和发展过程来看,大致可分为四个阶段。

第一阶段,从1981年4月到1981年11月。这一阶段只在部分国际机场由武警边防检查部门负责对乘坐国际航班的中、外籍旅客及其携带的行李物品实施安全检查。为了做好这项工作,公安部于1981年3月15日发布了通告,外交部礼宾司于同日照会了各国驻华使馆。通告和照会的主要内容是:规定了乘坐国际航班的中外籍旅客及携带的手提行李必须经过仪器检查或手工检查,对拒绝检查者,不准登机,由此引起的一切损失由其本人负责;乘机旅客不得携带武器、弹药、易燃易爆物品及其他危害飞行安全的物品,发现携带上述物品且有劫机嫌疑的,交公安机关处理等。照会中还规定了对来访各国元首等高级别的领导人可免于检查以及对大使夫妇等外交人员的检查方法等。

这一阶段的安全检查工作时间不长,涉及面不广,只是在有国际航班的少数几个机场执行,检查的对象也只是国际航班的乘客。

第二阶段,从 1981 年 11 月到 1983 年 7 月。依据公安部 1981 年 10 月 15 日发布的通告:"为确保民航国内班机的运输安全,决定从 1981 年 11 月 1 日起,在中华人民共和国境内各民用机场,对乘坐民航国内班机的中、外籍旅客及其携带的行李物品,实行安全检查。"该通告第一条在 1981 年 3 月 15 日"通告"的基础上增加了"严禁将武器、凶器、弹药和易燃、易爆、剧毒等物品夹在行李、货物中托运"的内容。这一阶段安全检查工作已全面展开,而且涉及面较广,包括了所有国内机场的乘机旅客及其手提行李物品。但仪器设备、规章制度、队伍管理等都处在初级阶段,尚不完备,有许多漏洞。如 1982 年的"7·25"劫机事件,五名歹徒就是利用有机场只查行李不查人身的漏洞,将刀具、手枪、炸药随身带上飞机的。这一阶段的安全检查工作由民航公安保卫部门负责组织实施。

第三阶段,从 1983 年 7 月至 1992 年 4 月。针对 1983 年"5·5"劫机事件的发生,国务院于 1983 年 5 月 8 日发布了《国务院关于加强防止劫机的安全保卫工作的命令》。根据这一命令,1983 年 7—9 月,中国人民武装警察部队在全国 56 个民用机场设立安全检查站,由其承担民航安全检查任务。这一阶段,进一步完善了空防安全措施,建立了飞机监护制度,形成了含安全检查、隔离区管理、飞机监护、旅客登机管理等较完整的机场管理体系,从而使我国的安全检查工作进入了一个新阶段,武装警察部队以武装警卫的形式对所有乘坐飞机的旅客及其行李物品进行安全检查。

第四阶段,1992 年 4 月至今。随着改革开放的进一步发展,为对航空安全工作进行统一管理,自 1992 年 4 月 1 日起,民航机场国内、国际航班的安全检查工作任务(含隔离区管理、飞机监护)由人民武装警察部队移交民航部门,由民航部门安全检查机构承担。

这一阶段,安检设施设备建设得到了加强,具备条件的机场对交运检查进行了流程改造,减少了漏洞;引进了一批性能较好的德国、意大利安检仪器;配备了中控定时装置探测器和防爆罐;一部分机场在现场安装了监控设备;进一步完善了对交运行李和货物邮寄安全检查。同时,安全检查人员队伍的业务建设上了一个新台阶。随着运输事业的发展,安检队伍不断扩大,并根据任务的需要实行半军事化管理。在业务建设上,实行了安检人员岗位证书制度,制订了全行业的培训大纲,各地开展了一系列行之有效的岗位培训和考核工作,有力地促进了安检队伍整体素质的提高。与此同时,航空安全保卫法规体系日趋完善,安检队伍管理、业务管理逐步走上了规范化、法治化的轨道。随着《中华人民共和国民用航空法》《中华人民共和国民用航空安全保卫条例》《民用航空安全检查规则》《民用航空安全检查工作手册》等一系列法律、法规及规范性文件的颁布实施和对安检人员进行定员、定编以及职业技能等级考核等措施的出台,安检工作得到了全方位的细化、量化,使安检工作有统一的操作程序、标准,有法可依、有章可循,从而使安检队伍、业务建设越来越规范化和科学化。

三、民航安检工作的地位和作用

(一)民航安检工作的地位

安全是民航工作永恒的主题。安全检查工作是空防安全的基础,是反劫机斗争的关键性环节,在整个民航安全工作中占有重要地位。

第一,安全检查与空防安全的关系。"安全第一,预防为主"是民航工作的总方针。这里所说的安全,主要指飞行安全和空防安全。就民航空防工作本身而言,主要包括四个系统的工作:一是平时的安全保卫系统;二是旅客登机前的安全检查系统;三是飞行中的安全保卫系统;四是发生突发事件时的紧急处置系统。做好登机前的安全检查,可以弥补第一系统的不足,减轻第三、第四系统的负担。因此,登机前的安全检查对能否减少或杜绝劫炸机事件所起的作用最关键,所处地位最重要。

第二,安全检查工作与优质服务的关系。安全、正常、服务是一个统一的有机整体。安全检查是民航运输生产过程中必要的、与其他工作紧密联系的重要环节。安全检查与优质服务是对立的统一。安全检查部门是保障航空安全的职能部门,是为旅客提供安全保证的服务部门,安检人员在确保安全的前提下,应当努力提高安检工作质量和服务质量。在安检与服务的关系上,安全是矛盾的主要方面,安全压倒一切,没有安全就谈不上正常和服务,保证安全就是最好的服务,同时优质服务也是安检工作的宗旨,寓安全于服务之中。

第三,安全检查工作与效益的关系。这里说的效益包括社会效益和经济效益。安全检查工作具有最大的社会效益,又具有最佳的经济效益。首先,应当从政治的高度,从维护社会稳定的高度看待效益。安检工作保一方平安,保飞机与旅客的生命财产安全,安全就是最佳的效益。其次,安检工作是一种有偿服务,与运输、油料等部门一样,为民航机场创造经济效益。

(二)民航安检工作的作用

民航安检工作,它不仅仅是防止劫、炸机的地面把关措施中的最关键的环节,而且还直接影响到民航的航班正常和整体服务质量。安全检查工作的作用可具体归纳为保证作用、防范作用和促进作用。

1. 保证作用

严格的地面安全检查是空中反劫、炸机的有力保证。立足地面、预防为主是民航空防工作的基本原则,其出发点就是把问题发现在地面,把事故消灭在萌芽状态,将安全防范的关口前移。严格的安全检查是空防安全的基础,只有实施严格的安全检查,将危害空中安全的各种因素消除或堵截在地面,空中安全才能得到保证。所以,加强地面安全检查是保证空中安全最直接、最重要的措施。

2. 防范作用

严格的安全检查,不仅能查堵违禁危险物品,防止劫、炸机和其他危害空防安全事故的发生,而且能有效地遏制和打击不法分子利用空中交通渠道进行走私贩毒和潜逃等犯罪活动,对维护社会稳定、防范和打击各种犯罪活动意义重大。

3. 促进作用

严格、细致的安全检查,是保护国家财产和旅客及机组人员生命安全的需要,可以给乘客一种安全感,从而使广大中、外籍旅客愿意选乘我国民航的班机,可促进我国与世界各国的友好往来,加快我国对外开放和社会主义现代化建设的步伐。

练 习 题

1. 国际上第一起劫机事件发生于南美洲的_____。

2. 我国民航工作的总方针是_____、_____。

3. 我国是从_____年开始实施安全检查的。

4. 危害民用航空安全的主要形式有_____、_____、_____、_____、_____。

第二章 民航安检部门

学习目标

◎ 熟悉安检人员职业道德规范;

◎ 了解民航安检组织机构与职责;

◎ 掌握安检人员执勤规范;

◎ 了解安检人员相关劳动保护。

民航安检部门是在保证安全的前提下,为航空消费者提供优质、高效、快捷服务的机构。

第一节 民航安检组织机构与职责

一、民航安检部门的运营条件

(1)设立民航安检部门应当经中国民用航空局审核同意并颁发《民用航空安全检查许可证》,民航地区管理局在中国民用航空局授权范围内行使审核权。未取得《民用航空安全检查许可证》,任何部门或者个人不得从事安检工作。

(2)申请设立民航安检部门应当向中国民用航空局提出书面申请,并附书面材料,证明具有下列条件:

①符合民用航空安全保卫设施行业标准要求的工作场地、设施设备和民航安检信息管理系统。

②符合民用航空安全检查设备管理要求的民航安检设备。

③符合民用航空安全检查员定员定额等标准要求的民航安全检查员。

④符合《民用航空安全检查规则》和《民用航空安全检查工作手册》要求的民航安检工作运行管理文件。

⑤符合中国民用航空局规定的其他条件。

二、民航安检部门的多层次结构及其职责

就我国现行安检部门的设置情况看,呈多层次结构。

一是中国民用航空局公安局及其安全检查处。它是全国民航安全检查部门的最高领导机关。其主要职责是:制定全国性安全检查的指令性文件和各项规章;对全国民航安全检查工作进行监督和指导;对民航安检部门使用的设备仪器进行考察和认证;配备和调节各安检部门所需装备、仪器、设备等。

二是民航各地区管理局公安局及其空防科。其主要职责是:在中国民用航空局公安局

的领导下,负责对所辖地区各安检部门进行业务方面的检查、监督、指导工作;指导本地区安检部门贯彻落实中国民用航空局有关安全检查方面的规定;负责组织指导本地区安检人员岗位证书的考核颁发和审核工作。

三是民航各省(区、市)管理局和机场安全检查部门[有航站的省(区、市)管理局安检站同时又叫安检处]。其主要职责是:依照有关法律法规,在中国民用航空局公安局和省(区、市)管理局、机场领导下,贯彻落实上级有关安全检查的指令;负责本机场的安全检查和飞机的监护工作,同时对本省(区、市)所属各航站安全检查部门实行业务指导。

四是各航站安全检查部门。其主要职责是:认真落实上级有关安全检查的指令,在航站的领导和上级业务部门的指导下,负责本航站的安全检查和飞机监护工作。各安检部门的人员编制应根据所在机场旅客流量而定。

目前,安检部门存在着几种模式:有的安检部门与监护分开,成为两个相对独立的单位,同属于机场的二级机构;有的属公安编制,着公安制服;但大多数还是安检、监护为一个大的单位,监护为安检的一部分。从领导关系来看:有的直属于省(区、市)管理局,有的隶属于机场当局,也有的属于地方航站等。从安检部门的规模来看,由于存在大型机场、中型机场和小型机场的区别,加之旅客流量不一,安检部门的规模大小也存有一定差异。

三、民航安检部门内部机构设置及其职责

民航安检部门的内部机构设置由所在省(区、市)管理局、机场确定,可根据人员多少和所承担任务的需要设置若干部门。一般省(区、市)管理局安检部门可设办公室、安检科、监护科、设备维修科等。办公室主要负责安检勤务的保障性工作,上报各种情况和传达上级各项指示;安检科主要负责各勤务组的编成、组织勤务实施以及对旅客及其行李物品的检查等各项工作,及时处理或上报勤务中发生的各类问题;监护科主要负责组织对候机隔离区、航空器的监护、清查等各项工作,及时解决或上报监护勤务中发生的各类问题;设备维修科主要负责安全检查设备、仪器的维修和保养工作,及时排除故障,使其经常处于良好状态。

四、安全检查的法律特征及特点

安全检查的法律特征:只有行政法规的执行权,而没有处罚权。

安全检查部门的权限包括以下四种。

(1)行政法规的执行权。

安检员根据国家法律法规行使执行权,要做到人人平等,既要有法可依,又要优质服务,使旅客对安检既有敬畏感,又能积极配合。

(2)检查权。

①对乘机旅客身份证件的查验权,通过对旅客身份证件核查,防止旅客用假身份证或冒用他人身份证件乘机,发现和查控通缉人犯。

②对乘机旅客的人身检查权,包括使用仪器检查、手工检查和搜身检查。

③对行李物品的检查权,包括使用仪器检查和手工开箱(包)检查。

④对货物邮件的检查权。

⑤对进入候机隔离区和登机人员身份证件的核查和人身检查权。

(3)拒绝登机权。

①在安全检查中,当发现有故意隐藏枪支、弹药、管制刀具、易燃易爆等危险品的旅客时,安检部门有权不让其登机,并将人与物一并移交机场公安机关审查处理。

②在安全检查过程中,对手续不符合、拒绝接受检查的旅客,安检部门有权不准其登机。

(4)候机隔离区、航空器监护权。

①安检部门应在工作人员通道和候机隔离区各通道派专人看守,并派员在候机隔离区内巡视。

②因故离开隔离区的旅客再次进入时,必须重新进行检查。

③对设在候机隔离区内的商店进行管理,不得出售可能危害航空安全的商品,所设商店需进商品时,必须经过安全检查。

④当天航班结束后,应对候机隔离区内进行清场,并将所有通道及门窗锁闭。

⑤对出、过港航空器实施监护,必要时可以清舱。

五、安检部门工作制度

(一)安全目标责任制度

(1)安检部门每年都会制定年度安全目标和实现安全目标的具体工作方案。

(2)安全目标定人、定位、定任务,做到分工清楚,任务明确,各负其责,奖罚分明。

(二)领导值班制度

(1)安检部门实行领导分级制度。一般可分为安检部门、安检科队、安检班组三级领导值班。

(2)安检部门值班领导应当坚持现场值班,指导、监督、检查、协调现场安全检查工作,解决安检工作中发生的重大问题。

(3)安检科队值班领导应当坚持跟班,具体组织、实施、指挥安全检查工作。

(4)安检班组值班领导应坚持在第一线带班,按照上级的要求,同本班组安检人员一起做好各项勤务工作。

(三)请示报告制度

(1)安检人员在一般情况下遇到超越处理权限的问题时,必须及时向上级领导请示后方可处理。

(2)通常情况下,请示应逐级进行;遇有重要情况和重大涉外问题以及突发情况可越级报告,但事后应当报告直接领导。

(四)会议制度

(1)安检部门应当定期召开业务会、总结会、研讨会,必要时随时召开。

(2)业务会主要是讲评上一周工作,布置本周工作。

(3)总结会主要是总结阶段性的工作,分析存在的问题及原因,提出解决办法。

(4)研讨会主要是围绕安全检查工作中的某个方面或根据当时工作中发现的新情况,就加强工作进行深入研讨。

（五）交接班制度

（1）交接班应该同级对口书面交接。

（2）交班的主要内容：上级的文件、指示；执勤中遇到的问题和处理结果；设备使用情况；遗留问题；需要注意的事项。

（3）接班人员应提前到达现场，办理接班手续。交班人员在接班人员到达执勤岗位后方可离去。

（六）点名、讲评制度

（1）安检部门实行上班点名和下班讲评制度。

（2）点名和讲评由安检科队值班领导组织实施。

（3）点名的内容包括：检查安检人员到岗情况；检查安检人员着装情况；传达上级文件和指示；按照航班预报合理安排勤务，提出工作要求。

（4）讲评的内容包括：检查安检人员在岗情况；小结当天执勤情况；表扬好人好事，批评不良现象；对下一班勤务提出具体要求，对工作中发现的问题及时上报。

（七）物品管理制度

（1）物品管理包括对旅客、货主暂存、自弃和遗留物品的管理。

（2）物品管理应由专人管理，并建立明细记录表。

（3）禁止旅客随身携带但可作为行李托运的物品以及限量携带物品的超量部分，在来不及办理托运手续或移交机组时，可作暂存处理。安检人员应给物主开具"暂存物品凭单"，并及时交专人统一保管。

（4）对旅客、货主自动放弃的物品应当统一登记造册，记录收到的时间、地点、数量及型号。

（5）发现旅客、货主遗留在安检现场的物品，应当由两名以上安检人员共同清点和登记，并及时交给专人保管。贵重物品要及时报告值班领导，尽可能地寻找失主。

（6）对旅客暂存、遗留的物品，在30天内无人认领的，应当统一登记造册，交民航公安机关处理。

第二节 安检人员职业道德规范

党的二十大报告指出："实施科教兴国战略，强化现代化建设人才支撑。深入实施人才强国战略。培养造就大批德才兼备的高素质人才，是国家和民族长远发展大计。"安检工作离不开高素质且具备良好职业道德的安检人员，离不开有责任心的民航人的共同努力。

一、职业道德的含义

职业道德是人们在职业活动中应遵循的特定职业规范和行为准则，即正确处理职业内部、职业之间、职业与社会之间，人与人之间关系应当遵循的思想和行为的规范。它是一般社会道德在不同职业中的特殊表现形式。职业道德是在相应的职业环境和职业实践中形成和发展的。职业道德不仅是从业人员在职业活动中的行为准则和要求，而且是本行业对社会所承担的道德责任和义务。职业道德是社会道德在职业生活中的具体化。

二、安检职业道德的特点

安检职业道德的特点主要表现在四个方面。

（一）工作范围的特殊性

职业道德是调整职业活动中各种关系的行为规范。社会职业千差万别，职业道德因行业而异，个性特征鲜明。每种职业道德在特定的职业范围内具有特殊的职业道德规范，各个具体职业道德都从自己的职业要求出发，规范本职业人员的职业行为。从民航系统看，安检人员的职业道德，主要是调节安检人员与旅客、货主之间的职业道德关系。

（二）岗位技能的专业性

安检岗位具有较强的专业技能，从证件检查、人身检查到开箱（包）检查、X射线安检仪检查，都需要对专业技能进行考核，考取由中国民用航空局颁发的安检员资格证，取得资格证后持证上岗。

（三）工作形式上的具体性

职业道德的内容千差万别，各行各业从突出自身特点出发，采取具体、灵活、多样的表现形式，将职业道德的内容具体化、规范化、通俗化。安检工作的内容既有规范性，又具有灵活性，在工作中要根据相关政策，在不同的岗位上具体运用。

（四）强烈的纪律性

纪律也是一种行为规范，但它是介于道德和法律之间的一种特殊的规范。它既要求人们能自觉遵守，又带有一定的强制性。就前者而言，它具有道德色彩；就后者而言，又带有一定的法律的色彩。就是说，一方面遵守纪律是一种美德，另一方面遵守纪律又带有强制性，具有法律的要求。安检岗位纪律严明，要求安检员遵纪守法，严格检查，以法规为依据，以职业道德为载体，严格要求自己。

三、安检人员职业道德的基本要求

职业道德规范是职业道德的基本内容，它是人们在长期的职业劳动中反复积累、逐步形成的，也是社会对人们在职业劳动中必须遵守的基本行为准则的概括和提炼。

安检职业道德规范是职业道德在民航安检职业活动中的具体体现，既是安检人员处理好职业活动中各种关系的行为准则，也是评价安检人员职业行为好坏的标准。鉴于安检工作的特殊性，安检人员职业道德规范应从观念上解决好四个方面的问题。

（一）树立风险忧患意识

忧患意识是一种危机感、责任感、使命感。居安思危、增强忧患意识，是民航安检人员每天应对各种风险考验的重要保证。每一位安检人员必须牢牢树立风险忧患意识，坚决克服松懈、麻痹等思想，保持高度警惕的精神状态，将各种不安全的隐患及时消灭在萌芽状态。

（二）强化安全责任意识

任何职业都承担着一定的职业责任，职业道德把忠实履行职业责任作为一条重要的规范，坚决谴责任何不负责任、玩忽职守的态度和行为，对无视职业责任、造成严重损失的，将受到法律制裁。安检的每一个岗位,都与旅客生命和财产的安全紧密相连。空防安全无小事,失之毫厘,差之千里,安全责任重如泰山。我们必须时刻保持清醒的头脑,正确分析安全形势,明确肩负的安全责任,做到人在岗位,心系安全,坚持空防安全的操作规程一点不松懈,执行空防安全的指令规定一字不变,履行空防安全的职责一寸不退,确保空防安全万无一失,让党和人民放心。

(三)培养文明服务意识

文明服务,是社会主义精神文明和职业道德的重要内容,也是社会主义人与人之间平等团结、互助、和谐的新型人际关系的体现。安检工作既有检查的严肃性,又有服务的文明性。安检人员的一言一行影响着中国民航的形象,也影响国家和民族的声誉。每个员工都要自觉摆正安全检查与文明执勤服务的关系,摆正个人形象与国家民族声誉的关系,纠正粗鲁、生硬等不文明的检查行为,做到执勤姿态美、执勤行为美、执勤语言美,规范文明执勤管理,塑造安检队伍良好的文明形象。

(四)确立敬业奉献意识

安检职业的特点,要求安检人员必须把确保空防安全放在职业道德规范的首位,要求安检战线广大干部职工有强烈的事业心、高度的责任感和精湛的技术技能,具有严格的组织纪律观念和高效率、快节奏的工作作风,具有良好的思想修养和服务态度。从安检岗位所处的环境看,安检人员要确立敬业奉献意识,必须正确对待三个考验:一是严峻的空防形势考验。安检队伍是在严峻的空防形势中产生和发展的,安检人员年复一年、日复一日地闯过一道道艰难险阻,消除了一次次的劫炸机隐患。天下并不安宁,必须忘我地工作,高度警惕,守好岗位。二是繁重风险的岗位考验。安检人员长年累月起五更睡半夜,连续作战,艰苦奋战在一线岗位。三是个人利益得失的考验。在繁重的安检岗位,个人家庭生活、经济收入相应会受到不同的程度影响,紧张艰苦的工作环境也容易引起思想波动。为了民航全局的整体利益,为了空防安全的万无一失,每个安检人员要在其位、尽其职,正确经受考验,视空防安全为自己的生命,热爱安检岗位,乐于无私奉献,立足安检岗位建功立业。

四、安检人员职业道德规范的基本内容

安检职业道德规范,要在确保安全的前提下,以全心全意为人民服务和集体主义为道德原则,把"保证安全第一,改善服务工作,争取飞行正常"落实在安检人员的职业行为中,树立敬业、勤业、乐业的良好道德风尚。根据民航安检工作的行业特点,安检人员职业道德规范的基本内容有:

(一)爱岗敬业,忠于职守

爱岗敬业、忠于职守就是热爱本职工作,忠实地履行职业责任。要求安检人员对本职工作恪尽职守,诚实劳动,在任何时候、任何情况下都能坚守岗位。

热爱本职、爱岗敬业是一种崇高的职业情感。所谓职业情感,就是人们对所从事的职业的好恶、倾慕或鄙夷的情绪和态度。爱岗敬业,就是职业工作者以正确的态度对待各种职业劳动,努力培养热爱自己所从事的职业的幸福感、荣誉感。爱岗敬业是为人民服务的基本要求。一个人,一旦爱上自己的职业,他的身心就会融合在职业活动中,就能在平凡的岗位做

出不平凡的事迹。

爱岗敬业、忠于职守是社会主义国家对每一个从业人员的起码要求。任何一种职业,都是社会主义建设和人民生活所不可缺少的,都是为人民服务,为社会作贡献的岗位。无论做什么工作,也无论你是否满意这一职业,定岗以后,都必须尽职尽责地做好本职工作,因为,任何一种职业都承担着一定的职业责任,只有每一个职业劳动者履行职业责任,整个社会生活才能有条不紊地进行。因此,安检人员应当培养高度的职业责任感,以主人翁的态度对待自己的工作,从认识上、情感上、信念上、意志上,乃至习惯上养成"忠于职守"的自觉性。

爱岗敬业、忠于职守是安检人员最基本的职业道德。它的基本要求是:一要忠实履行岗位职责,认真做好本职工作,安检人员要以忠诚于国家和人民为己任,认真履行自己的职业责任和职业义务。不论是查验证件,进行旅客人身和行李物品检查,还是监护飞机,都要做到兢兢业业、忠于职守。二要以主人翁的态度对待本职工作,树立事业心和责任感。每一名安检人员都是民航的主人,是民航事业发展的创造者。安检工作是民航整体的重要组成部分,大家要自觉摆正个人与民航整体的关系,树立"民航发展我发展,民航兴旺我兴旺,民航安全我安全"的整体观念,热情为民航腾飞献计,主动为空防安全分忧,自觉为安检岗位操心,牢记全心全意为人民服务的宗旨,一言一行向人民负责,为祖国争光。三要树立以苦为乐的幸福感。正确对待个人的物质利益和劳动报酬等问题。克服拜金主义、享乐主义和极端个人主义的倾向,乐于岗位奉献。四要反对玩忽职守的渎职行为。安检人员在职业活动中是否尽职尽责,不仅直接关系到自身的利益,而且关系到国家和人民生命财产的安全。玩忽职守、渎职失职的行为,不仅会影响民航运输的正常活动,还会使公共财产、国家和人民利益遭受损失,严重的将构成渎职罪、玩忽职守罪、重大责任事故罪,将会受到法律的制裁。

(二)钻研业务,提高技能

职业技能也可称为职业能力,是人们在职业活动中实现职业责任的能力手段。它包括实际操作能力、处理业务的能力、技术能力以及有关的理论知识等。

钻研业务、提高技能是安检职业道德规范的重要内容。掌握职业技能,是完成工作任务为人民服务的基本手段,不仅关系到个人能力大小,知识水平高低,也直接关系到安检工作质量和服务质量,关系到人民群众的切身利益。安检工作是一项政策性、专业性与技术性很强的工作。一方面,从安全检查的内容来看,包括验证、操机、设备维修等技术性工作。另一方面,从安全检查的对象来看,旅客携带的行李物品各种各样:有的是一般生活用品;有的则可能是武器,管制刀具,炸药,易燃易爆物品,传染性、腐蚀性物品,以及一些高科技产品如精密仪器等。如何准确无误地从各色各样的物品中查出危险物品和违禁物品,仅靠责任心是不够的,还需要有较强的业务技能。安检人员刻苦钻研业务知识,精通业务技能,已成为迫在眉睫的紧迫任务。

安检人员提高业务技能应下功夫抓好三个基本功的教育训练:一是系统的安检基础理论的学习。如安检政策法规理论、防爆排爆基础理论、民航运输基础理论、飞机构造基础知识、电脑基础知识、法律基础知识、常用英语基础知识、心理学基础知识、外事知识、世界各国风土人情和礼节礼仪知识等。二是精湛的业务操作技能。无论是证件检查、X射线安检仪检查、人身检查,还是开箱(包)检查、机器故障的检测维修、飞机监护与清查,实质上都是技术较密集型的岗位,每个安检人员应努力做到一专多能,技能上精益求精,人人成为合格的岗位技术能手。三是灵活的现场应急处置技能。安检现场是成千上万旅客流动的场所,各种情况复杂多变,意想不到的突发问题随时可见,提高现场灵活的处置能力显得尤为重要。

(三)遵纪守法,严格检查

遵纪守法是指每个职业劳动者要遵守职业纪律与职业活动相关的法律、法规。严格检查、确保安全是安检人员的基本职责和行为准则。遵纪守法、严格检查的基本要求:一是要求安检人员在安检过程中,必须做到依法检查和按照规定的程序进行检查。《中华人民共和国民用航空法》和《中华人民共和国民用航空安全保卫条例》以及中国民用航空局有关空防工作的指令和规定,为安全检查提供了法律依据,也是安检工作步入法治化的新时机。每一位安检人员要克服盲目性和随意性的不良习惯,强化法律意识,吃透法律精神,严格依法实施安全检查,学会运用法律武器处理问题,依照法律办事。二是安检人员要自觉遵守党和国家的各项法律法规和政策规定,自觉学法、用法、守法,严格遵守外事纪律、保密纪律、安检岗位纪律,自觉把控好权力观、金钱观、人情观,严禁参与社会"六害"等不法行为活动,做遵纪守法的模范。三是在实施检查工作中,在执行每次任务中,每一道工序、每一个环节,安检人员都要做到一丝不苟、全神贯注,严把签证检查、人身检查、行李物品检查,飞机监护几道关口,各个关口要层层设防、层层把关,做到万无一失,把隐患消灭在地面上,让每一个航班平安起降。

(四)文明执勤,优质服务

文明执勤,优质服务,是安检人员职业道德规范的重要内容,也是民航安检职业性质的具体体现,充分反映了"人民航空为人民"的宗旨。安全检查的根本目的任务,就是为人民服务,为旅客安全服务,我们应通过文明的执勤方法、优质的服务形式,来实现这个根本目的。要真正做到文明执勤,必须从以下三方面着手:一是文明执勤必须要端正服务态度。安检人员要以满腔热情对待工作,以主动、热情、诚恳、周到、宽容、耐心的服务态度对待旅客,反对冷漠、麻木、高傲、粗鲁、野蛮的恶劣态度。二是文明执勤必须要规范化服务。安检人员在执勤时仪容整洁,举止端庄,站有站相,坐有坐相,说话办事要想旅客所想,忧旅客所忧,树立起旅客至上的助人为乐的行业新风。三是必须摆正严格检查与文明服务的辩证统一关系,两者是互相紧密联系的整体。要用文明执勤姿态、文明执勤举止、文明执勤语言和行为,努力塑造民航安检的文明形象,赢得社会的信赖和支持。

(五)团结友爱,协作配合

团结友爱,协作配合,是处理职业团体内部人与人之间以及协作单位之间关系的职业道德规范,是社会主义职业道德集体主义原则的具体体现,是建立平等友爱、互助协作新型人际关系,增强整体合力的重要保证。

对安全检查这一特定的职业来说,只有搞好个人与个人之间的团结协作,加强安检队伍与外部友邻单位的密切联系,促进纵向系统与横向系统的广泛交往,形成紧密联系、互相团结协作的纽带,空防安全才能建成坚不可摧的钢铁防线。我们讲团结协作,不是无原则的团结,而是真诚的团结,按照社会主义职业道德规范要求,应划清几个界限:一是顾全大局与本位主义的界限。要反对本位主义不良倾向,不能遇事只从本位主义利益出发,而应站在全局利益和整体利益上认识和处理问题,这样才能求得真正的长远的团结。二是集体主义与小团体主义的界限。表面上看小团体主义也是为了集体,但本质上与集体主义有着原则上的区别,集体主义是国家、集体、个人三者利益的统一,小团体主义是不顾三者利益而只求单位团伙的狭隘利益,甚至牺牲别人利益而满足自己利益,是本位主义的延伸和发展。三是互相尊重协作与互相推诿扯皮的界限。互相尊重协作是团结的基础,是建立在平等信任的关系之上,而互相推诿扯皮是典型的个人主义和自由主义的反映,只能分裂团结,造成大家离心离德。四是团结奋进与嫉贤妒能的界限。团结奋进不仅反映精神状态,也是团结的最终目标,通过团结形成强有力的整体而不断开拓进取。相反,嫉贤妒能是涣散斗志、涣散团结的腐蚀剂,要坚决反对这种消极无为的现象,运用种种方式形成强有力的舆论力量加以制止。全体安检人员要紧密凝聚成坚强的集体,为祖国民航事业的腾飞、为国家繁荣昌盛而贡献力量。

五、安检人员职业道德养成的基本途径

安检人员执勤时应当遵守安检职业道德规范和各项工作制度,不得从事与安检工作无关的活动。安检人员执勤时应当着制式服装,佩戴专门标志,服装样式和标志由中国民用航空局统一规定。这些行为的养成与职业道德的养成密不可分。

(一)抓好职业理想信念的培养

安检人员良好的职业理想信念和职业道德境界,是职业道德养成的思想基础。要坚持用马克思主义道德观和中国特色社会主义理论武装头脑,用科学的理论教育人,用正确的舆论引导人,用高尚的情操陶冶人,与腐朽的、消极的职业道德观划清界限,自觉抵制错误的职业道德影响,树立正确的职业理想和人生信念,把个人的人生观、价值观、幸福观与民航安检事业统一起来,立志为空防安全而奋斗。

(二)注重职业道德责任的锻炼

所谓职业道德资格,就是从事职业的个人对社会、集体和服务对象所应承担的社会责任和义务。对安检职业忠于职守、尽职尽责与麻木不仁、玩忽职守是两种对立的职业道德责任表现。只有建立职业道德责任制,将安检人员职业道德规范责任到岗位,责任到每个员工,贯彻落实到安检工作全过程,形成层层落实的责任机制,职业道德规范才能逐步变成每个员工的自觉习惯,高度的职业道德责任才能在每个员工的心灵中逐步扎根。

(三)加强职业纪律的培养

职业纪律是职业道德养成的必要手段,是保证职业道德成为人们行为规范的有效措施。职业道德靠社会舆论、内心信念、传统习惯来调整人与人、人与社会的关系,而职业纪律靠强制性手段让人们服从,具有一定的强制约束力。建立一套严明的安检职业纪律约束机制,培养令行禁止的职业纪律,是加强安检人员职业道德养成的重要途径。对自觉遵守职业道德成效显著的要着重地给予表彰宣扬;对职业道德严重错位、情节影响严重的,除进行必要教育引导外,应视情节给予纪律处罚,以充分发挥职业纪律的惩戒教育和强制约束的作用。

(四)强化职业道德行为的修养

职业道德行为的修养,就是指安检人员在安检实践活动中,按照职业道德基本原则和规范的内容,在个人道德品质方面自我锻炼、自我改造,形成高尚的道德品质和崇高的思想境界,将职业道德规范自觉转化为个人内心要求和坚定的信念,形成良好的行为和习惯。

周恩来总理在抗日战争紧张的战斗生活中,亲自制定的"自我修养要则"七条,成为他一生中始终如一严格自律的标准,为我们道德修养树立了光辉典范。每一位安检人员应自觉以职业道德规范来规范自身言行,尤其是在别人看不到、听不到,无人监督的情况下,独立严格约束自己,自觉成为职业道德的模范,即"慎独"。

第三节 安检人员执勤规范

党的二十大报告指出,"在全社会弘扬劳动精神、奋斗精神、奉献精神、创造精神、勤俭节约精神,培育时代新风新貌"。"增强中华文明传播力、影响力。坚守中华文化立场,提炼展示中华文明的精神标识和文化精髓,加快构建中国话语和中国叙事体系,讲好中国故事、传播好中国声音,展现可信、可爱、可敬的中国形象。加强国际传播能力建设,全面提升国际传播效能,形成同我国综合国力和国际地位相匹配的国际话语权。深化文明交流互鉴,推动中华文化更好走向世界。"

民航机场服务来自世界各地的旅客,工作人员的一言一行,行为规范,执勤规范等都代表我们国家的形象。因此,民航机场安检人员在执勤规范的养成中必须坚持中国文化自信,以社会主义核心价值观为引领,发展社会主义先进文化,弘扬革命文化,传承中华优秀传统文化。

一、安检人员执勤规范

安检人员在执勤时,应当遵守下列规定:

(1)执勤前不吃有异味食品、不喝酒,执勤期间应举止端庄,不吸烟、不吃零食。

(2)尊重旅客的风俗习惯,对旅客的穿着打扮不取笑、不评头论足,遇事不围观。

(3)态度和蔼,检查动作规范,不推拉旅客。

(4)自觉使用安全检查文明执勤用语,热情有礼,不说服务忌语。

(5)爱护旅客的行李物品,检查时轻拿轻放,不乱翻、乱扔,检查完后主动协助旅客整理好被检物品。

(6)按章办事,耐心解释旅客提出的问题,不得借故训斥、刁难旅客。

二、仪容仪表规范

安检人员在执勤中,应仪容整洁,仪表端正:

(1)男女发型自然大方,不留奇特发型,男安检员不准留长发、胡须、大鬓角,女安检员在工作期间不得披发过肩。

(2)面部不得浓妆艳抹,不戴奇异饰品。

(3)讲究卫生,仪容整洁,指甲不准过长或藏有污垢,严禁在手背或身上文身。

三、着装规范

安检人员执勤时必须穿安检制服,并遵守下列规定:

(1)按规定缀钉、佩戴安检标志、领带(领结)、帽徽、肩章。

（2）按规定配套着装，冬、夏制服不得混穿。

（3）换季时应统一换装，换装时间由各安检部门自行规定。

（4）应当着黑色、深棕色皮鞋。

（5）着装应当整洁，不准披衣、敞怀、挽袖、卷裤腿、歪戴帽子，不准在安检制服外罩便服、戴围巾等。

（6）只能佩戴国家和上级部门统一制发的证章、证件和工号。

四、语言行为规范

在执勤中应自觉使用文明执勤用语，热情有礼，不说服务忌语。不对旅客外貌举止进行议论，不准与旅客发生冲突。

在执勤中禁止使用服务忌语，主要的服务忌语有：

（1）冷漠、不耐烦、推脱的语句。

如：①不知道。②不清楚。③没时间。④没办法。⑤自己看，自己听。⑥不归我管，我不管。⑦少啰唆，少废话。⑧别问我，去问服务员。⑨没看见我正忙着吗？⑩机票上写着呢，不会看呀？

（2）不正当称呼。

如：①喂。②老头。③大兵。④当兵的。

（3）斥责、责问的语句。

如：①急什么？②真讨厌，真烦人。③叫（嚷）什么？④没长眼呀？⑤你聋了，叫你怎么不听？⑥说过多少遍了，怎么不听？⑦为什么不把证件（物品）拿出来？⑧叫你拿出来，为什么不拿？⑨叫你站住，怎么不站住？⑩急什么，早干啥去了？

（4）讥讽、轻视的语句。

如：①你坐过飞机吗？②你出过门吗？③土老帽。④看你就不是个好人。

（5）生硬、蛮横的语句。

如：①我说不行就不行。②找别人去，我不管。③不让带就是不让带。④就是这样规定的，不清楚看公告去。⑤你算什么东西。⑥不检查就给我出去，不要坐飞机，又没有人请你。⑦我就这样，有本事你告我好了。

（6）催促、命令式的语句。

如：①快点。②回来。③过去。④转身。⑤站上去。⑥走吧。

（7）随意下定论和吓唬的语句。

如：①证件是假的，没收。②不老实就送你到派出所。③带这个东西要判刑的。④这个东西不能带。⑤带这些东西要罚款。

五、礼节礼貌规范

安检人员在安检现场工作中应注意礼节礼貌，以表达对旅客的敬意。礼仪礼貌形式多样，一般来讲，安检现场常见的有问候礼、称谓礼和迎送礼。

（一）问候礼

问候时要力戒刻板，应根据不同国家、不同地区、不同民族风俗习惯而定。

（二）称谓礼

称谓要切合实际，对不同性别、不同年龄身份、不同地位职务的对象要有不同内容的称呼。

（三）迎送礼

迎送外宾及重要旅客时，要热情得体，落落大方，通常用握手、鞠躬、微笑、注目礼迎送。

礼仪礼节在不同国家、不同民族表现形式不同，实施原则应区别对待，各有侧重。如有的见面时点头、鞠躬、握手，有的赠送鲜花、拥抱，有的行注目礼或祝颂赞誉语言；泰国表示尊敬和欢送时行合十礼；南太平洋有的地区还行碰鼻礼。在什么场合实施什么礼节，应遵循以下几条原则：一是以我为主，尊重习惯。日常接待中，要以我国的礼节方式为主，特殊情况下尊重宾客的礼节习惯。二是不卑不亢，有礼有节。在宾客面前要保持一种平和心态，不因地位高低而态度不一，应彬彬有礼而不失大度。三是不与旅客过于亲密，要内外有别，公私分明，坚持原则。四是不过分烦琐，要简洁明了，以简洁大方为适度，不要过分殷勤而有损安检形象；对老弱病残者要给予特殊照顾，使安检窗口成为文明执勤的窗口、礼节规范的窗口、旅客满意放心的窗口。

第四节　安检人员的劳动保护

《中华人民共和国劳动法》（以下简称《劳动法》）于1994年7月5日由第八届全国人民代表大会常务委员会第八次会议通过，自1995年1月1日起施行；于2009年8月27日由第十一届全国人民代表大会常务委员会第十次会议通过第一次修正；于2018年12月29日由第十三届全国人民代表大会常务委员会第七次会议通过第二次修正。

一、《劳动法》的立法目的和适用范围

《劳动法》的立法目的是：保护劳动者的合法权益，调整劳动关系，建立和维护适应社会主义市场经济的劳动制度，促进经济发展和社会进步。

《劳动法》的适用范围是：在中华人民共和国境内的企业、个体经济组织（以下统称用人单位）和与之形成劳动关系的劳动者，适用《劳动法》。国家机关、事业组织、社会团体和与之建立劳动合同关系的劳动者，依照《劳动法》执行。

二、劳动者的基本权利和义务

劳动者享有平等就业和选择职业的权利、取得劳动报酬的权利、休息休假的权利、获得劳动安全卫生保护的权利、接受职业技能培训的权利、享受社会保险和福利的权利、申请劳动争议处理的权利以及法律规定的其他劳动权利。

劳动者应当完成劳动任务,提高职业技能,执行劳动安全卫生规程,遵守劳动纪律和职业道德。

劳动者有权依法参加和组织工会。工会代表维护劳动者的合法权益,依法独立自主地开展活动。

劳动者依照法律规定,通过职工大会、职工代表大会或者其他形式,参与民主管理或者就保护劳动者合法权益与用人单位进行平等协商。

三、国家对劳动者的鼓励和保护

国家提倡劳动者参加社会义务劳动,开展劳动竞赛和合理化建议活动,鼓励和保护劳动者进行科学研究、技术革新和发明创造。表彰和奖励劳动模范和先进工作者。

四、用人单位在劳动保护方面的职责

用人单位必须建立、健全劳动安全卫生制度,严格执行国家劳动安全卫生规程和标准,对劳动者进行劳动安全卫生教育,防止劳动过程中的事故,减少职业危害。用人单位必须为劳动者提供符合国家规定的劳动安全卫生条件和必要的劳动防护用品,对从事有职业危害作业的劳动者应当定期进行健康检查。

五、劳动者在劳动保护方面的权利和义务

劳动者在劳动过程中必须严格遵守安全操作规程。劳动者对用人单位管理人员违章指挥、强令冒险作业,有权拒绝执行;对危害生命安全和身体健康的行为,有权提出批评、检举和控告。

六、关于伤亡事故和职业病

国家建立伤亡事故和职业病统计报告和处理制度。县级以上各级人民政府劳动行政部门、有关部门和用人单位应当依法对劳动者在劳动过程中发生的伤亡事故和劳动者的职业病状况,进行统计、报告和处理。

七、劳动法对女职工的特殊保护

不得安排女职工在生理期从事高处、低温、冷水作业和国家规定的第三级体力劳动强度的劳动。

不得安排女职工在怀孕期间从事国家规定的第三级体力劳动强度的劳动和孕期禁忌从事的活动。对怀孕七个月以上的女职工,不得安排其延长工作时间和夜班劳动。

女职工生育享受不少于 90 天的产假。

不得安排女职工在哺乳未满一周岁的婴儿期间,从事国家规定的第三级体力强度的劳动和哺乳期禁忌从事的其他劳动,不得安排其延长工作时间和夜班劳动。

八、违反劳动法的法律责任

用人单位的劳动安全设施和劳动卫生条件不符合国家规定或者未向劳动者提供必要的

劳动防护用品和劳动保护设施的,由劳动行政部门或者有关部门责令改正,可以处以罚款;情节严重的,提请县级以上人民政府决定责令停产整顿;对事故隐患不采取措施,致使发生重大事故,造成劳动者生命和财产损失的。对责任人员按照《中华人民共和国刑法》第一百八十七条的规定追究刑事责任。

用人单位强令劳动者违章冒险作业,发生重大伤亡事故,造成严重后果的,对责任人员依法追究刑事责任。

用人单位违反《劳动法》对女职工的保护规定,危害其合法权益的,由劳动行政部门责令改正,处以罚款;对女职工造成损害的,应当承担赔偿责任。

九、有关安检人员的劳动保护

(1)X射线安检仪操作检查员连续操机工作时间不得超过30min,再次操作X射线安检仪间隔时间不得少于30min。

(2)民航安检机构设立单位应当根据国家和民航局、地方人民政府有关规定,为民航安全检查员提供相应的岗位补助、津贴和工种补助。

(3)民航安检机构设立单位或民航安检机构应当为安全检查员提供以下健康保护:

①每年不少于一次的体检并建立健康状况档案;

②除法定假期外,每年不少于两周的带薪休假;

③为怀孕期和哺乳期的女工合理安排工作。

十、奖励与处罚

中国民用航空局在航空安全奖励基金中列出专项,用于奖励在安检工作中成绩突出的单位和个人。

(1)在安检工作中有下列表现之一的单位或个人,由安检部门或其上级主管部门给予通报表扬、嘉奖、记功、授予荣誉称号的奖励:

①模范执行国家的法律、法令,严格执行安检工作规章制度,成绩突出的。

②积极钻研业务,工作认真负责,完成安全检查任务成绩突出的。

③爱护仪器设备,遵守操作规程,认真保养维修,成绩突出的。

④执勤中检查出冒名顶替乘机或持伪造、变造身份证件的。

⑤执勤中查获预谋劫机或其他非法干扰民用航空安全的嫌疑人,以及隐匿携带危害航空安全物品的。

⑥遇有劫机或其他非法干扰民用航空安全的紧急情况,不怕牺牲、英勇顽强、机智灵活制服罪犯的。

⑦执勤中其他方面有突出表现的。

对以上受奖励者,可按照规定给予一定的物质奖励。

(2)安检人员有下列行为之一者,由安检部门或其上级主管部门根据具体情况,分别给予批评教育或警告、记过、记大过、开除的行政处分;违法或者构成犯罪的,由有关机关依法追究责任:

①在安检工作中因责任心不强、麻痹大意、不负责任,对危及空防安全的物品或伪造、变造、冒用的身份证件发生漏检,造成一定后果和影响的。

②违反安检工作制度,造成不良影响,情节严重的。

③违反操作规程,造成仪器设备损坏的。

④遇有劫机或其他非法干扰民用航空安全的紧急情况,临阵脱逃或者擅离岗位,不服从命令,造成严重后果的。

⑤其他违反本规则规定并造成不良影响的。

民 航 精 神

民航精神也称当代民航精神,是中国民航在长期发展实践中形成的优良传统和精神文化的升华,即"忠诚担当的政治品格、严谨科学的专业精神、团结协作的工作作风、敬业奉献的职业操守"。

【思政目标】通过本案例的学习,旨在使学生深入理解民航安全检查工作的重要性和意义,培养学生的安全意识和责任感。同时,结合民航安全检查员的先进事迹,激发学生对民航安检工作的尊重和热爱,引导学生树立正确的职业观念,弘扬劳动精神和工匠精神,鼓励学生将个人理想与国家发展紧密结合,为实现民航强国战略贡献自己的力量。

【思政案例】致敬劳动者|机场安检员罗晶晶:把平凡的事做好就是不平凡

2022年4月22日上午,在某机场T3航站楼,记者见到了正拿着对讲机忙着对接工作的罗晶晶。这样马不停蹄的节奏,早已成为她的工作常态。

"航空安全无小事",在罗晶晶看来,作为一名民航安全检查员,必须把思想意识提升到一个新高度,尽职尽责保护每一位旅客安全,做好空防安全的"守门人"。自2009年进入安全检查站工作以来,她扎根民航安检领域已有十几年了。

"安检工作没有豪言壮语,也没有惊天动地的大事迹,有的只是无私无畏,默默奉献的精神与实践。"罗晶晶对于能当选省第十三次党代会代表感到非常荣幸,这既是对其工作的一个肯定,也是对基层民航人的关注和鼓励。处理好安全与发展、安全与效率的关系,守坚守好两条底线,牢记初心使命,做到忠诚干净担当,助力民航高质量发展。

【教学效果预期】通过系统学习民航安全检查课程,学生们应能够深入理解民航安全的重要性,掌握安全检查的基本知识和技能。课程将引导学生们以罗晶晶等优秀安检员为榜样,树立高度的责任意识和敬业精神,将安全意识和职业道德内化于心、外化于行。通过案例分析和实践操作,学生们将能够熟练掌握安全检查的操作流程,提高安全检查的准确性和效率。同时,课程也将培养学生们的安全意识和风险防控能力,使他们在未来的工作中能够严格遵守安全规定,有效应对各种安全风险和挑战。最终,课程旨在培养出一批具备专业素养、责任意识和敬业精神的民航安全检查人才,为民航事业的发展贡献力量。

练 习 题

1. 简述安检部门内部机构设置及职责。
2. 安检人员提高业务技能应做好哪些基本功训练？
3. 安检人员应遵循哪些职业道德规范？
4. 在 X 射线区域工作的安检人员应享受哪些健康保护？

法规篇

第三章 民航安检法规

//

学习目标

◎ 掌握我国有关航空安全检查法规的主要内容;

◎ 掌握国际安全保卫国际公约;

◎ 了解《中华人民共和国民用航空法》的相关知识;

◎ 了解《中华人民共和国民用航空安全保卫条例》的相关知识。

安全技术检查法规(简称"安检法规")是民航安检部门实施安全检查的法律依据,是安检人员依法行使检查权力,保障民用航空安全的重要手段。多年来,国家立法机关、国务院以及中国民用航空局、公安部等有关部门制定了一系列保证民用航空安全检查顺利实施的法律、法规、规章、规则、规定等,使安全技术检查工作有法可依、有章可循。

第一节 民航安检法规概述

党的二十大报告指出:"坚持全面依法治国,推进法治中国建设。全面依法治国是国家治理的一场深刻革命,关系党执政兴国,关系人民幸福安康,关系党和国家长治久安。必须更好发挥法治固根本、稳预期、利长远的保障作用,在法治轨道上全面建设社会主义现代化国家。"

安检法规是我国以宪法为核心的中国特色社会主义法律体系中的一个组成部分。坚持依法治国首先要坚持依宪治国,坚持依法执政首先要坚持依宪执政,坚持宪法确定的中国共产党领导地位不动摇,坚持宪法确定的人民民主专政的国体和人民代表大会制度的政体不动摇。加强宪法实施和监督,健全保证宪法全面实施的制度体系,更好地发挥宪法在治国理政中的重要作用,维护宪法权威。加强重点领域、新兴领域、涉外领域立法,统筹推进国内法治和涉外法治,以良法促进发展、保障善治。推进科学立法、民主立法、依法立法,统筹立改废释纂,增强立法系统性、整体性、协同性、时效性。完善和加强备案审查制度。坚持科学决策、民主决策、依法决策,全面落实重大决策程序制度。

一、安检法规的概念

"法规"一词有两种含义。广义上讲是指宪法、法律、行政法规、地方性法规和国家机关制定的一切规范性文件的总称。狭义上是指国务院及其下属国家机关根据宪法和法律制定的规范性文件。

　　按照我国宪法的规定,由全国人民代表大会制定的称为基本法律,由全国人民代表大会常务委员会(简称"全国人大常委会")制定的称为一般法律,由国务院制定的称为行政法规。行政法规的名称为条例、规定和办法。对某一方面的行政工作比较全面、系统的规定称"条例";对某一方面的行政工作做部分规定,称"规定";对某一项行政工作做比较具体的规定,称"办法"。

　　"安检法规"则是从广义的"法规"含义上理解的,它的概念是指国家立法机关和国家行政机关依据宪法、法律和国家政策制定的,实施民用航空安全检查的法律、条例、规章、规定、办法、规则等规范性文件的总称。对安检法规的概念,可以从以下三个方面理解:

　　(1)"安检法规"是国家立法机关和行政管理机关制定的。安检法规包括了《中华人民共和国民用航空法》《中华人民共和国民用航空安全保卫条例》《民用航空安全检查规则》及一系列的规则、规章、通告。《中华人民共和国民用航空法》是全国人大常委会即国家立法机关制定的,《中华人民共和国民用航空安全保卫条例》是国务院即国家行政管理的最高机关颁布的,其他一系列与安检有关的规则、规章、规定、通告等是由中国民用航空局、公安部等国家行政管理机关制定的。这些法律、条例、规则、规章、规定等虽说具有不同效力,但都是出于同一个目的,即保障民用航空安全,保障民用航空运输事业的顺利发展。

　　(2)"安检法规"的制定是依据宪法、法律和国家的政策。宪法是制定国家一切法律和行政法规的依据,任何法律和行政法规的制定都不得与宪法相抵触,都必须体现宪法和现行政策的基本精神。

　　(3)"安检法规"是实施民用航空安全检查及管理的规范性文件的总称。安检法规不是一部实体法或程序法典,而是有关法律法规的总和,是涉及民用航空安全检查的法律、法规、规定、办法、命令、规则、通知、通告等规范性文件的综合概括。

二、安检法规的特点和作用

(一) 安检法规的特点

　　安检法规是保证空防安全的重要法规。它具有规范性、强制性、专业性、国际性等特点。

1. 规范性

　　规范就是标准。俗话说:"没有规矩不成方圆",任何事物都有一定的标准,没有标准,就没有规范。如道德规范、行为规范、语言规范、技术规范等都是这个意思。安检工作是一项政策性很强的工作,如何答复免检要求、如何分辨禁止或限制携带的物品和掌握好限制的数量,如何处理不许旅客携带的物品以及隔离区和停机坪的管理等,都需要有法律依据,不能随心所欲,更不能感情用事。安检法规的制定,使安检工作有法可依、有章可循。

2. 强制性

　　安检法规是国家机关制定,以国家权力为基础,凭借国家机关的强制力来保证实施的行为规则,对所有乘机旅客都有法律效力和约束力。安检法规的强制性表现在两方面:一方面是规范的强制性,应该做什么,就得做什么。应该做的,不做不行;禁止做的,做了不行。另一方面,是执行的强制性。执行法规不像签订合同那样,可以讨价还价,而是必须执行。对违反法规行为的根据情节分别追究法律责任。

3. 专业性

　　安检法规属于业务工作规则性质,它就安检专业工作规定了工作范围、方针原则、处罚处置的管理措施等,具有较强的专业性。

4.国际性

安检法规的国际性表现在它是根据国际公约及与航空安全有关的其他公约,结合国际形势,按国际标准和建议相应制定的。它的效力范围是在我国的任何机场对乘坐民航班机的中、外籍旅客都适用。

(二)安检法规的作用

安检法规除了具有一般法律的共同作用以外,还具有它自己的特殊作用。安检法规是民航安检部门实施安全检查的法律依据,是安检人员依法行使检查权利,保护乘机旅客合法权益,保障民用航空安全的重要武器。

1.法律规范作用

所谓法律规范,即国家机关制定或认可,由国家强制力保证实施的一般行为规则。法律规范是人们共同遵守的行为准则,它规定人们在一定条件下,可以做什么,禁止做什么,从而为人们提供一个标准和尺度。安检法规,就是从安全检查方面,为安检员和乘机旅客提供一个标准和尺度,从而保证空防安全和民航运输事业的发展。安检法律的规范作用:一是起指引作用。它使人们清楚地知道应该做什么,怎样做和不该做什么。二是评价作用。法规具有判断、衡量他人行为是合法还是违法,使人们明确什么是合法,什么是违法。三是教育作用。它对人今后的行为发生影响。

2.业务指导作用

任何工作都必须有一定的理论和规范作指导,否则就要偏离方向,造成失误。安检工作是民航安全工作的重要组成部分,业务性、政策性强。因此在安检过程中,要不断教育安检人员,加强对安检法规的学习,把法规作为安检工作的行为准则,严格依法进行检查,依法处理工作中的问题,这样才能促进安全检查的规范化建设。

3.惩罚约束作用

安检法规的惩罚约束作用体现在:一方面,安检法规对乘机旅客具有约束力,不管乘机旅客愿意不愿意,都必须无一例外地接受安全检查。明确禁止乘机旅客携带危险物品和违禁物品,违者将按照《中华人民共和国民用航空安全保卫条例》受到拒绝登机、没收违禁物品等相应的处罚。另一方面,安检人员在依法行使安全检查权力时,明确规定了安全检查的范围,在检查过程中查出违禁物品时,应根据有关规定分别处理。

第二节　航空安全保卫国际公约

20世纪60年代至70年代初,国际上不断发生劫持、爆炸、袭击民航飞机及设施和在民航飞机上抢劫旅客财物等案件,恐怖组织活动日益突出。为了防止恐怖活动的蔓延,联合国安理会和国际民用航空组织号召各国制止这类行为,相继通过《东京公约》《海牙公约》《蒙特利尔公约》三个航空安全的国际公约。

一、国际民用航空组织概况

国际民用航空组织(International Civil Aviation Organization,ICAO),简称"国际民航组

织",是联合国系统中负责处理国际民航事务的专门机构,是《国际民用航空公约》(通称《芝加哥公约》)的产物,是协调各国有关民航经济和法律义务,并制定各种民航技术标准和航行规则的国际组织。第二次世界大战后,为解决民用航空发展中的国际航空运输业务权等国际性问题,1944 年 11 月 1 日至 12 月 7 日在美国芝加哥召开了由 52 国参加的国际民用航空会议,签订了《国际民用航空公约》,并根据国际民用航空临时协定成立了临时国际民航组织。1947 年 4 月 4 日《国际民用航空公约》生效,国际民航组织正式成立,同年 5 月成为联合国的一个专门机构。国际民航组织的总部设在加拿大蒙特利尔市。该组织是政府间的国际组织,也是联合国组织的专门机构,其宗旨和目的在于发展国际航行的原则和技术,并促进国际运输的规划与发展。

我国是国际民航组织的创始成员之一,旧中国政府于 1944 年签署了《国际民用航空公约》,并于 1946 年正式成为会员。1971 年,国际民航组织通过决议承认中华人民共和国为唯一合法代表。1974 年我国承认《国际民用航空公约》并参加国际民航组织的活动,同年我国当选为二类理事国,至今已八次连选连任二类理事国。2004 年在国际民航组织第 35 届大会上,我国当选为一类理事国。

二、国际航空运输协会概况

国际航空运输协会(International Air Transportation Association,IATA)简称"国际航协",是全世界航空运输企业自愿联合组织的非政府性的国际组织。

凡国际民航组织成员国的任一经营定期航班的航空企业,经其政府许可都可以成为该协会的成员。协会于 1945 年 12 月 18 日在古巴哈瓦那成立,协会总部设在加拿大蒙特利尔市。

三、《国际民用航空公约》及其附件

1944 年芝加哥会议上制订的《国际民用航空公约》是国际民航界公认的"宪章",是现行航空法的基本文件。它规定了民用航空的范围、实行措施和国际民航组织等基本内容。

国际民航组织通过制订公约附件对民航领域的各个方面形成具有约束力的技术文件。公约附件的正式名称是《国际标准和建议措施》。目前已制定了 19 个附件:①人员执照的颁发;②空中规则;③国际航空气象服务;④航图;⑤空中和地面运行中使用的计量单位;⑥航空器的运行;⑦航空器登记和国籍标志;⑧航空器的适航性;⑨简化手续;⑩航空通信;⑪空中交通服务;⑫搜寻和救援;⑬航空器失事调查;⑭机场;⑮航行情报服务;⑯航空器噪声;⑰防止对国际民用航空进行非法干扰行为的安全保卫;⑱危险品的安全航空运输;⑲安全管理。

四、《东京公约》

《东京公约》即《关于在航空器内犯罪和犯有某些行为的公约》。

(一)《东京公约》产生的历史背景

国际上 1947—1957 年间发生劫机事件 23 起。进入 20 世纪 60 年代后,劫机次数逐渐增加,1960 年,仅发生在古巴和美国之间的劫机事件就有 23 起。同时,在飞机上犯罪的其他案件也不断出现,鉴于这种情况,国际民航组织于1963年9月在日本东京召开国际航空法会议,有60个国家参加、签订了《东京公约》,目的主要是确立机长对航空器内犯罪的管辖权。该公约签订后直到1969年12月才生效。这是因为按国际惯例,国际公约只有在批准国超过12个才能生效,而东京公约1963年时的批准国还不足12个。《东京公约》签订生效后,到1992年12月14日,已有143个国家加入。我国于1978年加入该公约。

(二)《东京公约》产生的原因

世界上大多数国家的法律,实行的是域内管辖原则,尤其是刑事法律,只有在本国的领土、领海和空域内才会发生效力。民用航空从它诞生之时起,就具备了两个显著的特征:一是它的活动领域,是一个独立的空气空间;二是它的活动领域范围,具有跨国飞行国际性。当航空器进入他国领空,或在公海上空飞行时,如果发生机上犯罪行为,就将出现以下三种情况:一是没有可适用的刑法来管辖。例如,当航空器飞行在不属于任何一个特定国家管辖的上空时,机上发生了犯罪行为。二是无法管辖。例如,当航空器飞越一国领空时,机上发生犯罪行为,犯罪发生地在该国,但该国无法确认也无法管辖。三是管辖冲突。当航空器登记国因发生的机上犯罪行为受到侵害时,要求行使管辖权,而犯罪行为发生在他国领空,他国也要求行使管辖权;当航空器降落在另一个国家领土上,航空器降落地国也要求行使管辖权。

《东京公约》的一项重要内容是对机长赋予的特别权力,以便对犯有罪行或做某种行为的人采取必要的看管措施,以维护航空器的安全和良好秩序。

(三)《东京公约》的主要内容

(1)规定了飞机的登记国有权管辖飞机上的"犯罪"行为。也规定了非登记国有权阻止飞机的几种情况。

(2)机长有权对"犯罪"者采取措施,包括强制性措施,并在为保护飞机上生命财产安全的情况下,命令"犯罪"者在飞机降落地离开飞机,或将"犯罪"者交给当地合法当局。

(3)规定了接受"犯罪"者的国家当局可以根据案情,将"犯罪"者留在国境内以便进行审讯或引渡,并应通知各有关国家。

(4)规定了各国应采取一切措施,使被劫持飞机恢复由其合法的机长控制;被劫持的飞机降落地的国家应允许旅客和空勤组尽快继续飞行。

因此,《东京公约》解决了三个方面的问题:一是明确了条约的使用范围,解决了管什么的问题;二是明确了管辖权,解决了由谁管的问题;三是明确了机长的权利和义务,解决了怎么管的问题。

(四)《东京公约》规定的机长的权力

《东京公约》规定了机长的权力。给机长的管辖提供了依据,同时也明确了管的方法。公约中规定了机长的权力有10条,可归纳为4种,也就是看管的权力、驱逐的权力、移交的权力、收集证据的权力。依据这些权力,机长在飞行中的航空器上,对非法干扰行为人行使如下权力:

(1)采取合理措施的权力。公约规定:机长在有理由认为某人在航空器上已犯或行将犯罪时,可对此人采取合理的措施,包括必要的管束措施。机长可以要求或授权机组其他成员给予协助,并请求或授权,但不能强求旅客给予协助,来管束他有权管束的任何人。机长的这一权力,主要是一种治安处罚权,根据《中华人民共和国治安管理处罚条例》,在治安权力中最严厉的措施是拘留。但机上空间有限,不可能设禁闭的处所。所以,"看管"便是实行强制的措施,暂时限制犯罪或行为个人的人身自由,以保证飞机或所载人的财务安全。维护机上良好秩序和纪律。

(2)要求犯罪行为人离机的权力。公约明确中规定机长的第二种权力是:机长在有理由认为某人在航空器内已犯或行将犯公约所指出的行为时,可在航空器降落的任何国家的领土上使该人离开航空器。这就使机长可以采取驱逐的方法,使危害航空器上的良好秩序和纪律的人远离航空器,保证航空器和所载人员的人身与财务安全。

(3)移交主管当局的权力。公约明确了机长的第三种权力:如机长有理由认为,任何人在航空器内犯了他认为按照航空器登记国的刑法是严重的罪行时,他可将该人移交给降落地国当局,由该当局按机长的权力继续管辖和处理。机长在实施移交时,既有权力又有义务。当机长认为某人在飞机上犯有严重罪行时,应该将该人移交给降落地国当局,保证继续飞行时的安全。例如,发现旅客在航空器上带有毒品,尽管没有危及航空器和机上人员财产安全,没有扰乱机上秩序和纪律,但该人已犯有走私贩卖、运输制造毒品罪,就应将该人移交给降落地国家当局。机长在行使该项权力时,也有相应的义务:移交人员时,应在降落前将移交理由通知降落地国家当局,办理移交手续时,应向降落地当局提供合法占有的证据和情况。

(4)收集证据的权力。证据是处置犯罪和行为依据。公约赋予机长收集证据的权力,为打击犯罪和制止危害航空器、人员或财产安全,或危害良好秩序和纪律的行为提供有力武器。机长所收集的证据,是为了说明自己采取的任何措施,都符合公约所规定的标准。主观标准是,机长应该是一个通情达理,而又具备法律常识的人,能正常地、合乎情理地采取行动或措施,这就是公约中所讲的"有理由",这种"有理由"就是正确的判断依据。客观标准是,一旦法院受理,机长能够提供依照登记国法律掌握的犯罪依据与材料。

五、《海牙公约》

《海牙公约》即《制止非法劫持航空器公约》。

(一)海牙公约产生的历史背景

《东京公约》制定后,劫机事件不但没减少,反而接连发生。20世纪60年代后期,多种原因使劫机事件呈直线上升趋势。1968年35起,1969年87起,1970年82起(平均每4天发生1起),劫机得逞率达81.5%。由于劫机事件日益增多,引起国际社会的高度重视和普遍关注。《东京公约》虽然提出了劫机的问题,但既未明确规定劫机是一种严重的犯罪行为,也未明确规定应如何惩处。对很多问题没有做出规定,给各国处理劫机问题带来很多麻烦和困难。为了在劫机问题上协调各国的行为,国际民航组织于1970年12月在荷兰海牙召开国际航空法外交会议,讨论有关劫持飞机问题,有76个国家参加,签订了《海牙公约》,规定了缔约国承担的责任。这是专门处理"空中劫机"问题的规定。《海牙公约》签订后到1992年12月11日,已有144个国家参加《海牙公约》。我国于1980年9月加入该公约。

(二)《海牙公约》的主要内容

(1)严厉惩罚飞机劫持者;

(2)缔约国对劫机行为的管辖范围;

(3)缔约国应承担义务。将劫机情况通知有关国家,将情况报告国际民航组织,是这次会上争论的焦点,美国和苏联一致主张应将劫机者遣送给飞机登记国,但遭到多数国的反对。持反对意见的国家认为劫机者多数是为了政治目的,不同意引渡,但同意给予惩罚。因此,公约对引渡劫机者的问题没有作硬性规定。

六、《蒙特利尔公约》

《蒙特利尔公约》即《制止危害民用航空安全的非法行为的公约》。

(一)《蒙特利尔公约》产生的历史背景

《东京公约》和《海牙公约》签订后,国际上劫机案件仍然层出不穷,而且破坏民航飞机和民航设施的情况继续不断发生,出现了爆炸飞机、破坏民航设施和用电话恐吓方式传递虚假情报,危及民航飞机的正常飞行。《海牙公约》惩治的犯罪主要针对非法劫持或控制在飞行中的航空器,但是,危害国际航空安全的犯罪无处不在,世界各地还经常发生直接破坏航空器的犯罪,甚至发生破坏机场地面上正在使用中的航空器及其航行设施等犯罪。基于犯罪行为的多样性,1971 年 9 月国际民航组织在加拿大蒙特利尔召开了国际航空法外交会议,有 61 个国家和 7 个国际组织派代表参加,签订了《蒙特利尔公约》。这是专门对危害民用航空的罪行所作的规定。至 1992 年 12 月 14 日,已有 145 个国家参加《蒙特利尔公约》。我国于 1980 年 9 月加入该公约。

(二)《蒙特利尔公约》的主要内容

缔约各国对袭击民航飞机、乘客及机组人员,爆炸民航飞机或民航设施等危及飞行安全的人,要给予严厉的惩罚。其他规定基本与《海牙公约》相似。

七、《国际民航公约》(附件 17)

《国际民航公约》(附件 17)即《防止对国际民航进行非法干扰行为的安全保卫》(简称《附件 17》)。

《附件 17》规定:在防止对国际民用航空非法干扰行为的一切有关事务中,旅客、机组、地面人员和一般公众的安全是每个缔约国的首要目的。《附件 17》于 1974 年通过生效,于 1981 年和 1987 年分别修改通过了第二版和第三版。《附件 17》中的条款是按国家标准提出的建议和措施,对我国机场、航空公司的安全保卫和安全检查有重要的指导意义。各机场当局或航空公司应根据其标准和建议及我国政府有关航空安全的法规、指令、规章,制订适合本机场和公司的安全保卫规划。

《附件 17》的主要内容有,规定了每个缔约国必须制订一个国家民用航空安全保卫规划。制订规划的目的是通过规则、措施和程序来防止非法干扰行为,保护国际民用航空的安全、正常和效率。

缔约国必须指定其管理部门中的一个适当的当局负责制定、执行和维护国家民用航空安全保卫规划,并结合国际形势,不断检查其领土内的威胁程度,相应地调整其国家民用航空安全保卫规划的有关内容。

《附件17》中有关保安方面的规定:每个缔约国必须制订措施防止未经许可的人接近航空器,并采取措施控制转机和过境旅客及他们的客舱行李,以防止把未经许可的物品带上航空器;每个缔约国必须保证在通过机场安全检查以后的旅客和未经安全检查的旅客不得有任何混合或接触的可能性。如果发生混合或接触,有关旅客和其客舱行李必须在登机前重新检查;每个缔约国必须制订程序,防止人员和车辆非法进入机场控制区和其他对机场安全来说是至关重要的区域。

八、案例分析

(一)劳文斯廷案

1928年,比利时银行家劳文斯廷乘坐私人飞机(在比利时登记),从英国的克洛伊登机场起飞,目的地是法国巴黎附近的勒波尔热机场。在飞行中,他忽然失踪了。经调查,最后在英吉利海峡发现了他的尸体,证明他是在英国领空坠机的。作为发生在英国领水上空的事件,按照属地管辖原则,英国当局有权审理此案。作为飞机降落地法国,也支持这一观点。但比利时当局也提出了管辖权利,比利时当局宣称,死者为比利时公民,只有比利时才有权审理此案,反对英国的裁决。围绕此案的管辖权问题,出现了争议。

(二)美国诉科多瓦案

1984年8月2日,美国一家航空公司的飞机从波多黎各的胡安飞往美国纽约。当飞机飞行于公海上空时,旅客科多瓦尔与桑塔诺两个人发生争吵。乘务员进行劝解,两人非但不听劝阻反而大打出手。其他旅客也纷纷涌向后机舱围观。由于中心突然后移,使飞机突然失去平衡,机长采取紧急措施,才使飞机得到控制,机长把操作飞机的权利交给另一名驾驶员,走进客舱来制止这起事件。桑塔诺听从机长劝阻罢手不打了,而科多瓦却反过来殴打机长和乘务员,并把女乘务员打成重伤。众旅客上前将其制服。飞机降落后,向纽约南区法院提起诉讼。法院虽然完全相信科多尔瓦有暴力行为的证据,应当裁定他有罪,但却做不出定罪的判决。因为该犯罪是发生在公海上空。美国法律缺乏惩治该犯罪的管辖权,根据罪刑法定原则,只好把在押的科多瓦尔释放了。

(三)英王诉马丁案

1955年,在英国登记的一架民航飞机从波斯湾的巴林飞往新加坡的途中,发现机组人员马丁携带贩运鸦片。当该飞机返回英国本土后,检察官将马丁关押并起诉,罪名是贩运鸦片违反了英国《危险毒品条例》所规定的贩运毒品罪,并根据1949年英国《民用航空法》第六十二条第一款规定:"在英国飞机上发生的任何犯罪,为赋予管辖权的目的,均应视为发生的犯罪人当时所在地的犯罪。"将其提交英国法院。被告律师抗辩称,马丁没有在英国犯罪,应该由其在飞行中被发现贩运鸦片的当地法院来判断贩运鸦片是否构成犯罪?英国公诉人依据英国《危险毒品条例》只在英国本土有效,没有域外效力。经过反复,法院不得不驳回起诉。因为英国法中成文规定的犯罪不适用于在英国境外的在英国登记的飞机上。而1949

年的英国《民用航空法》第六十二条并没有明确规定犯罪,仅对普通法或成文法规定所犯罪申明英国的管辖权。

第三节 我国有关民航安检的主要内容

实行安全检查初期,我国民航安全检查的政策依据,集中反映在《国务院关于保障民用航空安全的通告》(国发〔1982〕139 号文件)、《国务院关于加强防止劫机的安全保卫工作的命令》(国发〔1983〕79 号文件)、《中共中央办公厅、国务院办公厅关于严格遵守乘坐飞机安全检查规定的通知》(厅发〔1983〕99 号文件)、《国务院批转公安部、民航局关于民用客机安全检查工作几个问题的请示的通知》(国发〔1984〕106 号文件)等文件中。《中华人民共和国民用航空法》和《中华人民共和国民用航空安全保卫条例》颁布实施后,安全检查工作的法律依据更为充分。这些法规和文件是安全检查工作和空防工作的主要依据,也是每一个安全检查人员必须认真学习、掌握、深刻领会和贯彻执行的主要政策法规。

一、对乘机旅客及有关人员实施安全检查的规定

（一）对乘机旅客身份证件检查的规定

（1）旅客购买飞机票、办理登机手续和通过安全检查时,必须核查居民身份证。居民身份证过期 6 个月以内的,可予以放行。法定不予颁发或尚未领取居民身份证的如人民解放军、人民武装警察官兵及其文职干部、离退休干部等,可分别使用军官证、警官证、士兵证、文职干部或离退休干部证;16 岁以下未成年人购票乘机,可使用学生证、户口簿或户口所在地公安机关出具的身份证明放行。

（2）外国人、华侨、港澳同胞、台湾同胞、外籍华人和赴港澳人员在境内乘机时,必须凭有效护照、港澳居民来往内地通行证、台湾居民来往大陆通行证、海员证或按规定由公安部门出具的有效旅行证件。各国驻华使馆、联合国系统组织代表结构的成员,其有效身份证件是指本人护照或外交部签发的驻华外交人员证、外国人永久居留证;外国驻华领事馆成员的有效身份证是指本人护照或领事馆所在地的省级人民政府外事办公室颁发的领事馆证和公务人员证。中共中央台湾工作办公室接待的保密客人,凭中共中央台湾工作办公室出具的乘机介绍信,免验其身份证件办理乘机手续。

（3）凡旅客因故不能出示居民身份证者,可凭下列证件或证明予以购票、办理乘机手续。

①全国人民代表大会代表、全国政协委员,凭本届全国人民代表大会代表证,全国政协委员证。

②出席全国或省、自治区、直辖市的党代会、人代会、政协会、工代会、青代会、妇代会和劳模会的代表,凭所属县、团级(含)以上党政军主管部门出具的临时身份证明。

③中央部、局级、地方省(含副职)、直辖市级负责同志因紧急事务,未带身份证件乘坐其他交通工具外出,返回时需要乘坐飞机者,可凭有关接待单位出具证明。

④年龄已高的老人(按 60 岁掌握)乘坐飞机外出旅游、探亲,凡无身份证件者,可凭接待单位、本人原工作单位或子女工作单位出具的证明信。

⑤旅客因特殊情况(如执行紧急任务或急病、重伤患者和陪同的医护人员及家属,需乘机转赴外地治疗),因时间紧迫未带身份证或无身份证件者,凭单位介绍信和医院的转院证明,经当地航空公司、机场最高值班领导批准,予以办理乘机手续。

⑥人民解放军、人民武装警察部队院校学员凭学员证、职工凭职工证。

⑦中国人民解放军、中国人民武装警察部队的转业、退伍人员,转业、退伍半年内,凭转业证、退伍证。

⑧持有中华人民共和国公务或因公护照的公民,在护照签证有效期内或回国入境30天内,因私护照在护照有效期内凭护照。

⑨尚未领取居民身份证或士兵证的,可使用当地公安机关或所在部队出具的临时身份证明。旅客的居民身份证在户籍所在地以外被盗或丢失的,凭发案、报失地公安机关出具的临时身份证明。临时身份证明应贴有本人近期相片,写明姓名、性别、年龄、工作单位、有效日期,并在相片下方加盖公章。

以上所称公安机关是指地方政府公安派出所(含)以上各级公安机关和民航公安机关,不含企事业单位公安机关。

(二)对乘机旅客人身检查的规定主要内容

(1)乘坐国际、国内民航班机的中、外籍旅客及其携带的行李物品,除特别准许者外,登机前必须接受安全检查;旅客须通过安全检查门(又称金属探测门)。对通过安全检查门时报警的外籍旅客和中国籍老人、残疾人、小孩、妇女,原则上可使用金属探测器进行复检,其余报警的旅客采用手工人身检查办法;对经过安全检查门不报警的青年、壮年旅客,安检人员根据情况也可以对他们进行手工人身检查。对经过手工人身检查仍有疑点的旅客,须报安检值班领导批准后,带到安全检查现场值班室进行从严检查,检查应由同性检查人员执行。

(2)遇有公安、国家安全部门的敌情通报或重大节假日、重要活动期间,可以根据情况,适当扩大手工人身检查的范围。

(三)关于免检人员和要客范围的规定

(1)对已列入国家保卫对象的中共中央总书记、政治局常委、委员、候补委员、书记处书记、候补书记;国家主席、副主席;全国人大常委会委员长、副委员长;国务院总理、副总理、国务委员;中央军事委员会主席、副主席、委员;全国政协主席、副主席;最高人民法院院长;最高人民检察院检察长。上述领导人率领的出访代表团全体成员,也免于检查。我国中央各部正部长率领代表团出访时,部长本人免于检查。

(2)对应邀来访的外宾免检范围:非执政党领导人和我国按相当于正部长级以上规格接待的重要外宾,凭中共中央、国务院、中央军委有关部、委或省、自治区、直辖市党委、人民政府出具的证明免于检查;应邀来访的(包括过境、非正式访问)副总统、副总理、副议长以上领导人率领的代表团全体成员免于检查;应邀来我国访问的各国正部长级官员率领的代表团,部长本人免于检查;大使夫妇、总领事夫妇经承运的航空公司同意,并由该公司人员陪同或出具证明,可免于检查。对其余的各国外交官员,领事官员及其家属和他们携带的行李物品,也可按上述办法免于检查,但只作为内部掌握。

(3)对随同国家保卫对象乘坐民航班机的首长随行工作人员和我方接待属免检范围外

宾的陪同人员,凭中共中央、全国人大常委会、国务院、中央军委有关部、委或省、自治区、直辖市党委、人民政府出具的证明免于检查。

（4）对于重要旅客应在安检时给予礼遇。重要旅客的范围:

①省、部级(含副职)以上的负责人;

②大军区级(含副职)以上的负责人;

③公使、大使级外交使节;

④由各部、委以上单位或我驻外使馆、领馆提出要求按重要旅客接待的客人。

（5）保密客人凭中央对台领导小组办公室出具的乘机介绍信免验其身份证件。

（四）关于对迎送人员进入隔离区的安全检查规定

（1）所有迎送人员,原则上都不得越过安全检查区进入候机隔离区。如有特殊需要必须进入,应按机场规定办理通行证件,进入时应接受检查(免检对象除外)。

（2）中央各部委部长级负责同志因公务到机场迎送客人,需越过安全检查区进入候机隔离区迎送客人者,除部长级负责同志持证明,本人可免于检查外,随行人员均应持机场发给的通行证件,并接受安全检查。相当于副总理、副委员长以上的党、政、军领导人到机场迎送客人,凭有关单位出具的证明,均免于检查。

（3）迎送外国人和华侨、港澳同胞、台湾同胞、外籍华人的人员,一律不得进入候机隔离区;对副部长级以上高级官员率领的外国官方代表团以及其他身份较高的外宾,迎送人员可以进入候机隔离区,但人数要从严掌握,除迎送国家元首、政府首脑外,不得超过5人。迎送人员进入候机隔离区,应持民航发给的通行证件,并一律接受安全检查。

（五）机场工作人员、联检单位工作人员进入隔离区、停机坪及登机的管理规定

（1）严格执行免检规定。除规定的免检对象外,对所有进入候机隔离区的旅客,必须进行安全检查。民航工作人员、机场联检单位人员进入候机隔离区,须佩戴民航公安机关统一制发的通行证件并接受安全检查;以上人员作为旅客时须走安检通道接受检查。

（2）各通道口必须有专人守卫管理,出入机场控制区域的人员与车辆必须佩戴(贴挂)与所列区域相符合的通行证,并接受执勤人员的查验。

（3）工作人员携带行李物品进入候机隔离区,必须接受安全检查。

（六）跟班飞行、航线实习、紧急抢修飞机、随机执行专业航空飞行任务的乘机规定

（1）跟班飞行、航线实习、紧急抢修飞机、随机执行专业航空飞行任务等非空勤人员乘坐民航飞机,凭"中国民航公务乘机通行证"和本人工作证(或学员证)经过安全检查,准予放行登机。

（2）执行抢险救灾任务时,需乘机的人员来不及办理乘机证时,由机长或基地负责人决定是否准予乘机。

（3）通用航空用户的随机工作人员或搭乘人员的安全检查,由机长负责组织实施。除航空护林灭火队员外,任何人不得携带枪支、弹药、管制刀具等有碍航空安全的违禁品登机。

（七）对非航班飞行的安全检查规定

（1）执行训练、公务、货运任务的航空器以及其他非航班运输的各种飞行,载运的旅客和民航工作人员及其所携带的物品,均应毫无例外地接受安全检查。凡由航站起飞的,一律由

航站安检部门负责安全检查;由学校、工厂所属机场起飞的,由学校或工厂公安保卫部门负责安全检查。

(2)民航专业飞机在执行专业任务时,使用单位需要随机工作的人员和乘坐飞机执行护林灭火任务的专业灭火队员以及上下班的石油勘采人员,必须有县、团级以上单位开具盖有公章和单位主要负责人签名盖章的证明信和乘机人的身份证件,办理乘机手续后方可乘机。外国籍工作人员乘坐执行民航专业飞行任务时,由中方合作单位办理专业航空乘坐证,证件上可不贴本人照片,乘机证的有效期限,以一次连续性的作业任务期限为准。石油勘采人员乘机证的有效期限不得超过六个月。

(3)执行航空护林、人工降雨、重力联测和运送石油勘采人员任务的专业飞机,每次随机工作或乘坐飞机的人数,根据飞机实际载重确定。随机执行其他专业任务的工作人员,每次不得超过五人。在国境线附近和沿海地区执行农、林业(不含森林巡护灭火)任务时,除机组人员外,其他人员一律不准乘坐飞机。

(4)随机工作和乘坐飞机的人员,一律不准携带武器(航空护林专业灭火队员除外)和易燃、易爆物品;乘坐专业飞机,不准吸烟。

(5)航空护林专业灭火队员需要携带枪支、弹药以及其他灭火装备乘机执行任务时,必须持有县、团级以上单位开具盖有公章和单位主要负责人签名盖章的证明信和公安部门签发的持枪证。在登机前,由专业灭火队带队人员和机长共同核对枪支型号、号码和子弹数,并分别指定专人负责,实行枪弹分开的办法妥善保管,待飞机降落后再交还本人。

(6)对随机工作和乘坐飞机人员的人身和手提物品的安全检查工作,在专业飞机起降机场有安全检查站的,由安全检查站负责,在没有安全检查站的专业飞行野外基地,由民航机组负责。

(八)押解犯罪嫌疑人员乘坐班机的规定

(1)公安机关押解犯罪嫌疑人员,一般不准乘坐民航班机。

(2)押解重要犯罪嫌疑人员乘机要从严控制,确因特殊紧急情况需乘坐民航班机的,须经地、市以上(含地、市)公安机关领导批准,并向当地民航公安机关通报案犯的情况和准备采取的安全措施,经同意后,持地、市以上公安机关购票证明和押解人员身份证件办理机票和登机手续。民航部门要积极给予支持。

(3)候机和飞行过程中,犯罪嫌疑人员的安全防范工作主要由押解单位负责,民航公安机关提供协助。押解警力应至少三倍于犯罪嫌疑人员,必须落实各项安全防范措施,保证万无一失,不能确保安全的不能乘机。如因工作疏漏发生问题,要追究责任。

(4)押解人员乘机时,不得携带武器,执行押解任务应注意内紧外松,要早上机、晚下机,避免对同机旅客造成影响和不便。

二、对物品检查的有关规定

(一)对旅客携带行李的检查规定

(1)乘坐民用航空器的旅客及其携带的行李物品,必须随人逐件用仪器或手工进行检查,其中,国务院规定免检的除外。拒绝接受安全检查的,不准登机,损失自行承担。

（2）除国务院另有规定外,乘坐民用航空器禁止旅客随身携带或者托运的物品共六大类。

（3）国家法律法规规定的其他禁止携带、运输的物品。

(二)关于管制器具的检查规定

严禁所有旅客携带以下管制器具乘机:

（1）管制刀具,如匕首(带有刀柄、刀格和血槽,刀尖角度小于60°的单刃、双刃或多刃尖刀)、三棱刮刀(具有三个刀刃的机械加工用刀具)、带有自锁装置的弹簧刀或跳刀(刀身展开或弹出后可被刀柄内的弹簧或卡锁固定自锁的折叠刀具)、其他相类似的单刃、双刃、三棱尖刀(刀尖角度小于60°、刀身长度超过150mm的各类单刃、双刃、多刃刀具)以及其他刀尖角度大于60°、刀身长度超过220mm的各类单刃、双刃、多刃刀具。

（2）军警械具,如警棍、警用电击器、军用或警用的匕首、手铐、拇指铐、脚镣、催泪喷射器。

（3）其他属于国家规定的管制器具,如弩。

(三)执行国家保卫对象和重要外宾保卫任务的警卫人员携带枪支的规定

（1）对执行国家保卫对象和重要外宾保卫任务的警卫人员佩戴枪支乘坐我国民航班机时,不再交机组保管,而由警卫人员本人携带。乘机时必须持有中共中央办公厅警卫局、公安部警卫局(公安部八局)、中央军委办公厅警卫处及省、自治区、直辖市公安厅、局和大军区保卫部的持枪证明信(须详列持枪人姓名、枪型、枪号、枪支和子弹数量、往返地点、有效期限)和本人的"持枪证",机场安全检查站凭证明信予以放行。

（2）各地警卫人员为执行警卫任务单独往返乘坐民航班机时,所携带枪支、子弹亦按上述办法办理,其他物品应当经过安全检查。

(四)对特殊物品的规定

（1）机要文件:对装有机要文件的包(箱)凭中共中央办公厅机要交通局的《专用证》和铅封,不能铅封的箱、袋,凭印有黄色五角星的标志免于安全检查;对机要交通员本人及随身携带的未铅封的没有黄色五角星标志的箱、包,视为私人物品,应进行安全检查。

（2）密码(密码机):密码(密码机)列为绝密资料,精密设备,免检代号为"567"(全国通用),凭各省、自治区、直辖市公安(保卫)部门或军队军以上保卫部门开具的"567"号免检证明书免于检查。

（3）机密尖端产品:中国航空工业总公司及其下属单位使用民航客机运送机密尖端产品时,凭该总公司保卫部门出具的证明信和对机密尖端产品的铅封,免于安全检查。其他部门用民航客机运送机密尖端产品时,按上述原则到中国民用航空局公安局办理免检手续。

（4）装有外汇的箱、袋:凭中国银行、中国工商银行、中国建设银行、交通银行或中信银行保卫部签发的《押运证》和所在银行开具的证明信及专用箱(袋)并铅封,免于安全检查。

上述免检物品中严禁夹带违禁物品或私人物品,一经发现,安全检查人员有权进行检查和扣留,并追究当事人及其主管部门领导人的责任。押运人员及其随身携带的行李物品,必须接受检查。

(5)具有明显标志并加封的外交、领事邮袋凭信使护照、证件或使领馆证明,免于检查。信使本人及其私人行李物品须接受安全检查。但是,中华人民共和国缔结或者参加的国际条约另有规定的除外。

(五)对托运行李、货物、邮件的检查规定

1.交运(托运)行李的检查

要严密对旅客托运行李的安全检查。一是要组织落实,配备专职检查人员。二是要合理安排安检和值机的工作流程,使经检查后的行李物品直接办理托运手续;场地有困难,一时不能按上述要求做的,要采取贴胶封条,设专人监视等措施进行严密监控。对已办理登机手续并交运行李而未登机的旅客,其行李不得装进或留在航空器上,旅客中途中止旅行时,应将其行李卸下。

2.对货运物品的检查

凡不随乘机人登机的托运行李一律按货物承运。对所承运的货物,必须进行安全检查或采取其他安全措施。货物托运人不得伪报品名托运或者在货物中夹带危险品。

(1)除已经安全检查,确认能保证安全的货物外,必须一律存放24h以后方可启运。民航内部单位不得往飞机上装运未经安全检查和未办托运手续的货物。

(2)对承运的快件:报刊纸型、电视片、新闻稿件、急救物品等有时限的货物以及鲜活货物如鲜花、蔬菜、水果、海鲜等物品,应当及时进行安全检查,确保无任何问题后方可启运。

(3)对特殊部门交运的保密货物、不宜安全检查的精密仪器和其他物品,按规定凭免检证明予以免检。

(4)成批货物必须凭交运单位出具的安全保证函,方可办理承运手续。

3.对邮件的安全检查

(1)航空邮件必须经过安全检查,发现可疑邮件时,安全检查部门应当会同邮政部门开包检验处理,由此引起迟运,不由航方负责。

(2)邮方必须对收寄邮件进行严格检查,不得邮寄属于国家、航方禁运、限运的物品和危险品。

三、隔离区通行证件的管理规定

(一)机场通行证

由民航公安机关统一制发。工作人员使用的长期有效通行证,贴有持证人近期免冠照片。

(二)中国民用航空局特别工作证

中国民用航空局特别工作证由中国民用航空局公安局制发,特别工作证持有者可免检进入全国各民用机场控制区、隔离区或登机(不代替机票乘机)检查工作,本证持有者在进入

上述区域时应主动出示证件。本证持有者工作变动时,要及时将证件交回颁证机关。如有丢失,必须立即报告中国民用航空局公安局。

(三)中国民航空勤登机证

《中国民航空勤登机证》的制发:中国民用航空局公安局负责民航局机关空勤人员证件的制发;地区管理局公安局负责本管理局机关和辖区内地方航空公司空勤人员证件的制发;中国国际航空公司、中国东方航空公司、中国南方航空公司、中国西南航空公司、中国西北航空公司、中国东方航空云南有限公司、厦门航空有限公司、中国民用航空飞行学院的公安保卫部门负责本单位空勤人员证件的制发。非空勤人员未经中国民用航空局批准,不得办理空勤登机证。

《中国民航空勤登机证》的适用范围:《中国民航空勤登机证》适用于全国各民用机场(含军民合用机场民用部分),按证件中限定的适用范围,只准登本航空公司所属飞机;注有"民航"二字的适用于登各航空公司的飞机。

因临时租用航空器或借调人员等客观原因,空勤人员登机执行任务的航空公司、飞机标志与其《中国民航空勤登机证》适用范围不一致时,机长应主动通报机场安检监护人员。各机场公安、安检人员必须按规定严格检查证件,对带《中国民航空勤登机证》但所持《中国民航空勤登机证》的适用范围与欲登上的航空公司飞机标志不相符的(机长又未事先通报的)人员,应拒绝其通行或登机。如有证件丢失,应立即报告中国民用航空局公安局通报各机场公安、安检部门。

四、民用航空器监护工作的规定

依据《民用航空安全保卫条例》和《民用航空安全检查规则》,民用航空器监护应遵守以下规定:

(1)航空器的监护是指对执行航班飞行任务的民用航空器在客机坪短暂停留期间进行监护。对出港航空器的监护,从机务人员移交监护人员时开始,至旅客登机后滑行时止;对过港民用航空器的监护从其到达机坪时开始,到滑离(或拖离)客机坪时止;对执行国际、地区及特殊管理的国内航线飞行任务的进港民用航空器的监护,从其到达机坪时开始至旅客下机完毕机务人员开始工作为止。

(2)监护人员应当根据航班动态,按时进入监护岗位,做好对民用航空器监护的准备工作。民用航空器监护人员应当坚守岗位,严格检查登机工作人员的通行证件,密切注视周围动态,防止无关人员和车辆进入监护区。在旅客登机时,协助维持秩序,防止未经安全检查的人员或物品进入航空器。

(3)空勤人员登机时,民用航空器监护人员应查验其《中国民航空勤登机证》。加入机组执行任务的非空勤人员,应当持有《中国民航公务乘机通行证》和本人工作证(或学员证)。对上述人员携带的物品,应当查验是否经过安全检查;未经安全检查的,不得带上民用航空器。

(4)在出、过港民用航空器关闭舱门准备滑行时,监护人员应当退至安全线以外,记载飞机号和起飞时间后,方可撤离现场。

(5)民用航空器监护人员接受和移交航空器监护任务时,应当与机务人员办理交接手续,填写记录,双方签字。

(6)民用航空器、货舱装载前的清舱工作由航空器经营人负责。必要时,经民航公安机关或安检部门负责人批准,公安民警、安检人员可以进行清舱。

五、实施特别安全措施的内容和要求

(一)特别安全措施的实施

为了确保党和国家领导人及来访的重要外宾乘坐民航班机时的安全,对已列入国家保卫对象的党和国家领导人、应邀来访的外国国家元首、政府首脑以及按副总理以上规格接待的重要外宾,在乘坐民航班机时,应当采取特别安全措施。

为了保障航空安全,按照《民用航空安全检查工作手册》第八十三条规定,在必要时,机场安检部门有权决定采取特别安全检查措施。

(二)特别安全检查措施的内容主要

(1)视情况对旅客及其手提物品适当提高开箱(包)率。

(2)在候机厅、停机坪、隔离区增派武装警卫。

(3)对客机严密监护,不准无关人员接近飞机。

(4)必要时,掌握旅客名单并对托运行李实行重点检查,条件具备时使用警犬。

(5)对航空供应品应派专人检查并监装。

(三)实施特别安全措施的要求

(1)采取特别安全措施、部署工作时,一律使用保密线路电话,不通报领导人姓名,只通知对某航班采取特别措施。

(2)严格控制保密范围,不得向无关人员泄露任务内容。民航公安保卫部门要对执行航班任务的各项勤务保障人员,特别是接触保卫对象的人员,进行严格的政治审查,确保纯洁可靠。

(3)要严密组织勤务。有关领导要在执勤现场值班,发现问题及时处理。

(4)机场公安人员要按照分工,对保卫对象休息场所和通行线路加强安全保卫工作。

六、中国民用航空局关于严格审查处理劫持、爆炸飞机嫌疑人员通知的主要内容

根据《民用机场运营管理暂行办法》(中国民用航空总局令第 34 号)精神,审查处理劫炸机嫌疑人员的主要内容可归纳为:

(1)各机场安全检查部门要严格执行中国民用航空总局关于加强空防工作的《决定》《指令》和《中国民用航空总局　中华人民共和国公安部、中国民用航空局关于民航安全的通告》,严格安全检查。对未经特许、企图将枪支(含各种仿真枪、枪式打火机)及其他各种类型的带有攻击性的武器、弹药、军械、管制刀具、易燃易爆物品、腐蚀性物品、危险溶液及国家规定的其他禁运物品带上飞机或夹在行李、货物中托运的人员。一经查出,必须交由机场公安机关审查,不得擅自放行。

(2)各机场公安机关对安全检查部门送交的上述人员,必须严格审查其身份、现实表现、乘机事由、违禁物品的来源等。通过严格的审查,对无劫(炸)机嫌疑的,可按相关规定没收非法携带的物品;对有预谋劫(炸)机嫌疑的,应当立即采取强制性措施并尽快查明有无同伙乘机,以便对本次航班采取相应措施;对一时无法查清、又难以排除嫌疑的,应依法认真审查。

第四节 《中华人民共和国民用航空法》的相关知识

《中华人民共和国民用航空法》(以下简称《民用航空法》)于1995年10月30日由第八届全国人民代表大会常务委员会第十六次会议通过,于1996年3月1日实施。《中华人民共和国民用航空法》共有十六章,二百一十四个条款。

一、《民用航空法》关于公共运输企业的规定

关于公共航空运输企业的规定:

第一百条 公共航空运输企业不得运输法律、行政法规规定的禁运物品。公共航空运输企业未经国务院民用航空主管部门批准,不得运输作战军火、作战物资。禁止旅客随身携带法律、行政法规规定的禁运物品乘坐民用航空器。

第一百零一条 公共航空运输企业运输危险品,应当遵守国家有关规定。禁止以非危险品品名托运危险品。禁止旅客随身携带危险品乘坐民用航空器。除因执行公务并按照国家规定经过批准外,禁止旅客携带枪支、管制刀具乘坐民用航空器。禁止违反国务院民用航空主管部门的规定将危险品作为行李托运。危险品品名由国务院民用航空主管部门规定并公布。

第一百零二条 公共航空运输企业不得运输拒绝接受安全检查的旅客,不得违反国家规定运输未经安全检查的行李。公共航空运输企业必须按照国务院民用航空主管部门的规定,对承运的货物进行安全检查或者采取其他保证安全的措施。

第一百零三条 公共航空运输企业从事国际航空运输的民用航空器及其所载人员、行李、货物应当接受边防、海关等主管部门的检查;但是,检查时应当避免不必要的延误。

二、危害民航安全的犯罪与刑罚

(一)劫持航空器罪

劫持航空器罪,是指行为人以暴力、暴力相威胁或者其他恐吓方式,非法劫持或者控制飞行中的民用航空器的行为。《中华人民共和国刑法》(以下简称《刑法》)第一百二十一条规定,以暴力、胁迫或者其他方法劫持航空器的,处十年以上有期徒刑或者无期徒刑;致重伤、死亡或者使航空器遭受严重破坏的,处死刑。本罪的主要特征是:犯罪主体为一般主体,既可以由中国人构成,也可以由外国人或者无国籍人构成,也就是处在飞行中的航空器内的任何人。主观方面是直接故意,即明知是劫持航空器的行为会引起危害民用航空安全的严重后果,仍不顾后果积极施行,不论行为人出于什么目的、动机劫持航空器,都不影响本罪的成立。客观方面表现为:①用暴力、暴力威胁或任何其他恐吓方式,对航空器上的人员实施殴打、伤害、恐吓等行为,控制该航空器或者迫使其改变预定航向;②上述犯罪的预备行为或未遂行为;③帮助他人从事或准备上述犯罪的行为。

(二)暴力危及飞行安全罪

暴力危及飞行安全罪,指对飞行中的民用航空器上的人员使用暴力,危及飞行安全的行

为。《刑法》第一百二十三条规定:对飞行中的航空器上的人员使用暴力,危及飞行安全,尚未造成严重后果的,处五年以下有期徒刑或者拘役;造成严重后果的,处五年以上有期徒刑。其主要特征是:主观方面是故意;客观方面对飞行中的航空器内的人实施可能危及航空器安全的暴力行为;犯罪主体为一般机飞主体。犯罪者只要危及飞行安全,不论后果如何,即构成本罪。

(三)破坏航空器罪

破坏航空器罪,指故意在使用中的民用航空器上放置或唆使他人放置危险品,足以毁坏该民用航空器,危及飞行安全的行为。《刑法》第一百一十六条规定,破坏航空器,足以使航空器发生倾覆、损坏危险,尚未造成严重后果的,处三年以上十年以下有期徒刑。其主要特征是:犯罪主体是一般主体;客观方面是在使用中的航空器内放置破坏或损坏该航空器而使其无法飞行或危及其飞行安全的行为;主观方面是直接故意。

(四)破坏航空设施罪

破坏航空设施罪,指盗窃或故意损坏、移动航行设施,危及飞行安全,足以使民用航空器发生坠落、损坏危险的行为。《刑法》第一百一十七条规定,破坏机场、航道、灯塔、标志或者进行其他破坏活动,足以使航空器发生颠覆、损坏危险,尚未造成严重后果的,处三年以上十年以下有期徒刑。其主要特征是:犯罪主体是一般主体;主观方面只能是故意的,过失损毁移动航行设施不构成本罪;客观方面是破坏或损坏航行设备或妨碍其操作以及危及飞行中的航空器安全的行为,只要危及飞行安全,足以造成上述可能的危险,即构成本罪。

(五)非法携带或运输违禁物品罪

非法携带或运输违禁物品罪,是指旅客非法携带违禁物品乘坐航空器或旅客、企事业单位以非危险品名义托运危险品的行为。《刑法》第一百三十条规定,非法携带枪支、弹药、管制刀具或者爆炸性、易燃性、放射性、毒害性、腐蚀性物品,进入公共场所或者公共交通工具,危及公共安全,情节严重的,处三年以下有期徒刑、拘役或者管制。其主要特征是:主观方面是故意;客观方面是违反了民用航空法的规定,一般包括三种情况:①隐匿携带炸药、雷管或者其他危险品乘坐民用航空器;②以非危险品品名托运危险品;③隐匿携带枪支子弹、枪支道具乘坐民航飞机。

三、《民用航空法》关于危害民航安全的处罚规定

第一百九十三条　违反本法规定,藏匿携带炸药、雷管或者其他危险品乘坐民用航空器,或者以非危险品品名托运危险品的,依照刑法有关规定追究刑事责任。

隐匿携带枪支子弹、管制刀具乘坐民用航空器的,依照刑法有关规定追究刑事责任。

四、《刑法》关于危害民航安全的处罚规定

第一百一十六条　破坏火车、汽车、电车、船只、航空器,足以使火车、汽车、电车、船只、航空器发生倾覆、毁坏危险,尚未造成严重后果的,处三年以上十年以下有期徒刑。

第一百一十七条　破坏轨道、桥梁、隧道、公路、机场、航道、灯塔、标志或者进行其他破坏活动,足以使火车、汽车、电车、船只、航空器发生颠覆、毁坏危险,尚未造成严重后果的,处三年以上十年以下有期徒刑。

第一百二十一条　以暴力、胁迫或者其他方法劫持航空器的,处十年以上有期徒刑或者无期徒刑;致人重伤、死亡或者使航空器遭受严重破坏的,处死刑。

第一百二十三条　对飞行中的航空器上的人员使用暴力,危及飞行安全,尚未造成严重后果的,处五年以下有期徒刑或者拘役;造成严重后果的,处五年以上有期徒刑。

第一百二十五条　非法制造、买卖、运输、邮寄、储存枪支、弹药、爆炸物的,处三年以上十年以下有期徒刑;情节严重的,处十年以上有期徒刑、无期徒刑或者死刑。

第一百三十条　非法携带枪支、弹药、管制刀具或者爆炸性、易燃性、放射性、毒害性、腐蚀性物品,进入公共场所或者公共交通工具,危及公共安全,情节严重的,处三年以下有期徒刑、拘役或者管制。

第五节　《中华人民共和国民用航空安全保卫条例》的相关知识

《中华人民共和国民用航空安全保卫条例》(以下简称《民用航空安全保卫条例》)于1996年7月6日由国务院发布,共有六章、四十条款。

《民用航空安全保卫条例》的立法目的是为了防止对民用航空活动的非法干扰,维护民用航空秩序,保障民用航空安全。

一、《民用航空安全保卫条例》对乘机旅客证件检查的规定

安全检查人员应当检验旅客客票、身份证件和登机牌。

二、《民用航空安全保卫条例》对乘机旅客实施人身检查的规定

安全检查人员应当使用仪器或者手工对旅客进行安全检查,必要时可以从严检查。

三、《民用航空安全保卫条例》关于严禁旅客携带违禁物品的规定

除国务院另有规定的外,乘坐民用航空器的,禁止随身携带或者托运下列物品:枪支、弹药、军械、警械;管制刀具;易燃易爆、有毒、腐蚀性、放射性物品;国家规定的其他禁运物品。

四、《民用航空安全保卫条例》对进入候机隔离区工作人员安全检查的规定

进入候机隔离区的工作人员(包括机组人员)及其携带的物品,应当接受安全检查。接送旅客的人员和其他人员不得进入候机隔离区。

五、《民用航空安全保卫条例》关于货物检查的规定

空运的货物必须经过安全检查或者对其采取其他安全措施。货物托运人不得伪报品名托运或者在货物中夹带危险物品。

六、《民用航空安全保卫条例》关于邮件检查的规定

航空邮件必须经过安全检查。发现可疑邮件时,安全检查部门应当会同邮政部门开包查验处理。

七、违反《民用航空安全保卫条例》的处罚机关

违反《民用航空安全保卫条例》的处罚机关是机场公安机关。

八、《民用航空安全保卫条例》关于在航空器活动区和维修区内人员、车辆的规定

在航空器活动区和维修区内的人员、车辆必须按照规定路线行进,车辆、设备必须在指定位置停放,一切人员、车辆必须避让航空器。

九、《民用航空安全保卫条例》关于机场控制区的划分

机场控制区应当根据安全保卫的需要,划定为候机隔离区、行李分拣装卸区、航空器活动区和维修区、货物存放区等,并分别设置安全防护设施和明显标志。

党的二十大报告指出:"当前,世界之变、时代之变、历史之变正以前所未有的方式展开。中国始终坚持维护世界和平、促进共同发展的外交政策宗旨,致力于推动构建人类命运共同体。中国积极参与全球治理体系改革和建设,践行共商共建共享的全球治理观,坚持真正的多边主义,推进国际关系民主化,推动全球治理朝着更加公正合理的方向发展。中国坚持积极参与全球安全规则制定,加强国际安全合作,积极参与联合国维和行动,为维护世界和平和地区稳定发挥建设性作用。"中国积极地参与航空安全保卫国际公约的建设和发展,为维护世界民航运输安全与发展展现大国担当。

? 练 习 题

【案例 3-1】 持劫航空器

1983 年 5 月 5 日上午 10 时 49 分,中国民航三叉戟 296 号客机从沈阳东塔机场起飞前往上海。机上共 105 人,其中机组人员 9 名、日本籍旅客 3 名。11 时 25 分左右,飞机飞临渤海湾时,以卓长仁、安卫建为首的 6 名武装暴徒突然冲到驾驶舱门口,用枪猛射驾驶舱门锁,踢开舱门后持枪闯入驾驶舱对机组人员射击,当即将报务员和领航员打成重伤。紧接着,武装暴徒又用手枪逼迫机长和领航员立即改变航向,向韩国飞去。296 号客机被迫降落在韩国的春川军用直升机场,暴徒被迫缴械投降。

(1)卓长仁犯的是什么罪?为什么?

(2)根据相关公约的规定,飞机的降落地国和飞机的国籍将会如何处理此案?为什么?

【案例 3-2】 非法携带枪支登机

1996 年 3 月 14 日上午,莫祯豪携带一支枪号为 18004298 的"六四"式手枪和 10 发子弹,混过咸阳机场安全检查站,登上由西安飞往桂林的 2339 次航班。由于天气原因,飞机降落于湖南省长沙黄花国际机场,当天航班也被取消。次日上午 7 时 10 分,被告人莫祯豪又将携带的枪支子弹藏匿身上,企图再次蒙混安全检查登机回桂林,在现场被查获。

根据《中华人民共和国民用航空法》的规定,莫祯豪犯了什么罪?为什么?

第四章 物品检查相关规定

学习目标

◎ 掌握民航客货运基础知识;

◎ 掌握民航物品安全检查相关规定;

◎ 了解客运安检物品检查和相关知识。

物品检查是安检工作中非常重要的一个环节,物品检查员在服务工作中,除了严格遵循礼仪礼节、文明用语之外,还要在检查工作中不断普及物品检查相关知识。

第一节 民航客、货运输基础知识

航空运输是指航空承运人按照运输合同要求,将旅客或货物由一地运抵另一地的过程。根据运输对象的不同,航空运输一般可分为客运和货运两大类。

一、旅客运输基础知识

(一)乘机手续的办理

旅客应当在承运人规定的时限内到达机场,凭客票及本人有效身份证件按时办理客票查验、托运行李、领取登机牌等乘机手续。

(二)旅客行李运输基础知识

1.旅客行李及分类

(1)旅客行李指旅客在旅行中为了穿着、使用、舒适或者便利而携带的物品和其他个人财物。

(2)旅客行李的分类。

承运人承运的行李,按照运输责任分为托运行李、自理行李和随身携带物品。

托运行李:是指由旅客交承运人负责照管和运输并填开行李票的行李。

自理行李:是指经承运人同意允许旅客带入客舱并自行照管的行李。

随身携带物品:指经航空公司同意由旅客自行携带乘机的零星小件物品。

2.国内行李运输的一般规定

(1)托运行李的相关规定。

托运行李的重量每件不能超过50kg,体积不能超过40cm×60cm×100cm,超过上述规定的行李,须事先征得承运人的同意才能托运。自理行李的重量不能超过10kg,体积每件不超过20cm×40cm×55cm。随身携带物品的重量,每位旅客以5kg为限。持头等舱客票的旅客,每人可随身携带两件物品;持公务舱或经济舱客票旅客,每人只能随身携带一件物品。每件随身携带物品的体积均不得超过 20cm×40cm×55cm。超过上述重量、件数或体积限制的随身携带物品,应作为托运行李托运。

(2)免费行李额的相关规定。

每位旅客的免费行李额(包括托运行李和自理行李):持成人或儿童票的头等舱旅客为 40kg,公务舱旅客为 30kg,经济舱旅客为 20kg。持婴儿票的旅客,无免费行李额。

(三)特殊旅客运输

航空公司应优先为重要旅客办理乘机、行李交运、联运等手续;机场应事先准备好贵宾休息室,并派专人协助办理乘机手续和提取行李;在国家重要领导人乘坐的航班上严禁押送犯人,严禁精神病患者乘坐,严禁在该航班上装载危险品。

无成人陪伴儿童、病残旅客、孕妇、残疾旅客或犯罪嫌疑人员等特殊旅客,只有在符合承运人规定的条件下,经承运人预先同意并在必要时做出安排后方予载运。

传染病患者、精神病患者或健康情况可能危及自身或影响其他旅客安全的旅客,承运人有权拒绝乘机。已购客票按自愿退票处理。

(四)不正常情况的旅客运输

由于机务维修、航班调配、商务、机组等原因,造成航班在始发地延误或取消,应按规定向旅客提供餐食或住宿等服务。

由于天气、突发事件空中交通管制、安检以及旅客等非航空公司原因,造成航班在始发地延误或取消,应协助旅客安排餐食或住宿,费用可由旅客自理。

航班在经停地延误或取消,无论何种原因,均应负责向经停旅客提供膳食服务。

航班延误或取消时,应根据旅客的要求,按规定认真做好后续航班安排或退票工作。

二、货物运输的基础知识

(一)航空货运的分类

按形式大致可以分为普通货物运输、急件运输、特种货物运输、包机运输、快递运输。

(1)普通货物运输:运输普通货物指托运人没有特殊要求,承运人和民航当局对货物没有特殊规定的货物,这类货物按一般程序处理,运价为基本价格的货物运输。

(2)急件运输:是指必须在 24h 之内发出,收货人急于得到的货物,急件货物运输费率为普通货物的 1.5 倍,航空公司要优先安排舱位运输急件货物。

(3)特种货物运输:是指对危险物品、活体动物、易腐物品、灵柩等特种货物的运输。

(4)包机运输:包机是指包机人和承运人签订包机合同,机上的吨位由包机人充分利用。包机吨位包括机上座位和货运吨位,包机的最大载重量和运输货物要符合飞行安全的条件和中国民用航空局的有关规定。包机的计费按里程计算,如果飞机由其他机场调来,回程时没有其他任务时还要收取调机费。调机费按里程收费,调机计费里程包括调机里程和回程。

(5)快递运输:由承运人组织专门人员,负责以最早的航班和最快的方式把快递件送交收货人的货运方式。快递的承运人可以是航空公司、航空货运代理公司或专门的快递公司。快递运输安全、快速、准确,目前已经成为航空货运中的一个重要组成部分,运输的货物以文件、样品、小件包裹为主,快递的费用相对昂贵。

(二)限制运输的货物

下列物品只有在符合航空公司运输条件下,方可接受运输:

(1)精密仪器、电器等类物品。

(2)体育运动用器械,包括体育运动用枪支和弹药。

(3)机要文件、外交信袋。

(4)小动物、导盲犬、助听犬。

(5)旅客在旅行途中使用的折叠轮椅或电动轮椅;管制刀具以外的利器、钝器。

(6)干冰、含有酒精的饮料、旅客旅行途中所需的烟具、药品、化妆品等。

第二节 物品检查的重要性

机场工作人员经常遇到旅客不理解、不配合检查工作的情况。旅客认为很多规定都不合理,比如图4-1中都是日常检查中常见的物品,旅客经常会问:为什么牛奶、酱料、蜂蜜这些日常食品都不能携带?为什么旅游想随身带点洗发水,驱蚊花露水都不行?为什么不能带把小刀削水果?为什么要脱鞋、解腰带?诸如此类的细节问题如果不能给旅客一个合理的解释,就会给旅客留下一个安检人员既粗暴又不近人情的印象,所以"解释说明工作"很重要。不可不由分说,只告诉旅客一句"不能带"就结束,这样很容易引发矛盾。因此,物品检查工作应做到细致、耐心、周到、专业。

图4-1 禁止携带的相关物品

一、物品检查的技巧

(1)解释工作要有重点。

要简洁、有力,就事论事。经常有旅客因为购票、行李托运等不顺利,到安检处时心中有些怒气,再遇上有些物品不能带上飞机,导致情绪爆发,不断向安检员宣泄各种怒气。安检员不要被旅客情绪所干扰,应冷静地听完旅客陈述,找出问题的重点,再善意地提醒旅客,我们先来解决眼前的问题?否则会耽误您的乘机时间。

(2)要具备较高的职业修养。

一名好的安检员应当会控制好自己的情绪,无论遇到什么事,都不应当在岗位上表现出自己的喜怒哀乐,应保持平和、节制、不慌不忙的工作态度。有些工作经验不足的安检员,遇到旅客发火不配合,甚至刁难,容易被带入不良情绪中,不但问题解决不了,自己也有怨言,从而影响后续的检查工作。应当事先就想到,与人打交道可能会有各种各样的问题,要以专业的工作态度来对待。在情绪平稳时,向旅客解释时才能做到条理清晰、不卑不亢。

(3)熟悉行业法律规章,解答问题有理有据。

作为民航安保人员、执法人员,必须熟练掌握民航法律法规和检查规则,这样才能在旅客质疑时给出合理的解答,让旅客心服口服。如果对相关规定不熟悉,解释时东拉西扯,遇到懂法的旅客提出疑问便张口结舌,这就难以让人信服。

(4)服务态度要好。

对不能携带上飞机物品的解释,态度要坚定,语气要和蔼。要让旅客感受到,规定虽然死板,但安检员的态度确实让人无可挑剔。对不能带的物品,要快速、明确向旅客提出建议:可托运、可寄存或是可以送出,不能让旅客觉得无所适从。例如,经常有旅客对不能带一些普通的生活用品感到困惑,如打火机、小刀。可以向旅客解释:"我们理解您的心情,但是飞机作为一种特殊的运输工具,也许很不起眼的一些物品都有可能干扰它的正常飞行,为了您在飞机上的安全万无一失,请您配合检查。"还有一些人喜欢向检查员说情,希望网开一面,下次绝不再带此类物品的旅客,可以向其坚决地表明,"这件物品是绝对不能携带的,但是可以为您办理暂存"等。

二、物品检查普及方法

(1)加大宣传力度。很多机场为方便旅客出行,不断加大宣传力度,如在安检现场通道口设置宣传台,向旅客发放宣传单;候机厅内的航班信息显示器和人工广播,滚动播报"禁止乘坐国内航班旅客随身携带液态物品"的规定;同时,还可通过电视、广播、报纸等媒体进行宣传。

(2)加强安全意识教育。机场一方面应加强安检人员的安全意识教育,同时还应该通过多种形式引导、影响旅客遵守航空安全规则,使旅客意识到安检工作是为了保证他们的人身安全,不是走形式。只有旅客理解安检的工作性质,才能配合安检人员工作,减少摩擦。

第三节 民航安检物品检查

民航安检物品检查是安检中最重要的环节之一,它关系到飞机和乘客的安全。国务院民用航空主管部门针对物品检查出台了一系列的措施和规定,任何乘坐民航班机的乘客都必须遵守。

一、禁止旅客随身携带或托运的物品

(一)枪支、军用或警用械具类(含主要零部件)

(1)军用枪、公务用枪:手枪、步枪、冲锋枪、机枪、防暴枪等。

(2)民用枪:气枪、猎枪、运动枪、麻醉注射枪、发令枪等。

（3）其他枪支：样品枪、道具枪等。

（4）军械、警械：警棍、军用或警用匕首、刺刀等。

（5）国家禁止的枪支、械具：钢珠枪、催泪枪、电击枪、电击器、防卫器等。

（6）上述物品的仿制品。

延伸阅读 　　　　　　　　　　　　　《仿真枪认定标准》

《仿真枪认定标准》（公通字〔2008〕8 号）是根据《中华人民共和国枪支管理法》《枪支致伤力的法庭科学鉴定判据》（GA/T 718—2007）以及《玩具安全》（GB 6675）的有关规定制定的。

（1）凡符合以下条件之一的，可以认定为仿真枪。

①符合《中华人民共和国枪支管理法》规定的枪支构成要件，所发射金属弹丸或其他物质的枪口比动能小于 1.8J/cm² (不含本数)、大于 0.16J/cm² (不含本数)的；

②具备枪支外形特征，并具有与制式枪支材质和功能相似的枪管、机枪、机匣或者击发等机构之一的；

③外形、颜色与制式枪支相同或者近似，并且外形长度尺寸介于相应制式枪支全枪长度尺寸的二分之一与一倍之间的。

（2）枪口比动能的计算，按照《枪支致伤力的法庭科学鉴定判据》规定的计算方法执行。

（3）术语解释。

①制式枪支：国内制造的制式枪支是指已完成定型试验，并且经军队或国家有关主管部门批准投入装备、使用（含外贸出口）的各类枪支。国外制造的制式枪支是指制造商已完成定型试验，并且装备、使用或投入市场销售的各类枪支。

②全枪长：是指从枪管口部至枪托或枪击框（适用于无枪托的枪支）底部的长度。

（二）爆炸物品类

（1）弹药：炸弹、手榴弹、照明弹、燃烧弹、烟幕弹、信号弹、催泪弹、毒气弹和子弹（空包弹、战斗弹、检验弹、教练弹）等。

（2）爆破器材：炸药、雷管、导火索、导爆索、非电导爆系统、爆破剂等。

（3）烟火制品：礼花弹、烟花、爆竹等。

（4）上述物品的仿制品。

（三）管制刀具

管制刀具指 1983 年经国务院批准，由公安部颁布实施的《对部分刀具实行管制的暂行规定》中所列出的刀具，包括匕首、三棱刀（包括机械加工用的三棱刮刀）、带有自锁装置的刀具和形似匕首但长度超过匕首的单刃刀、双刃刀以及其他类似的单刃、双刃、三棱尖刀等。少数民族由于生活习惯需要佩戴、使用的藏刀、腰刀、靴刀等属于管制刀具，只准在民族自治地方销售、使用。

《管制刀具认定标准》

（1）凡符合下列标准之一的可以认定为管制刀具。

①匕首：带有刀柄、刀格和血槽，刀尖度角小于60°的单刃、双刃或多刃尖刀（图4-2）。

②三棱刮刀：具有三个刀刃的机械加工用工刀具（图4-3）。

③带有自锁装置的弹簧刀（跳刀）：刀具展开或弹出后，可被刀柄内的弹簧或卡锁固定自锁的折叠刀具（图4-4）。

④其他相类似的单刃、双刃、三棱尖刀；刀尖角度小于60°，刀身长度超过150mm的各类单刃、双刃和多刃刀具（图4-5）。

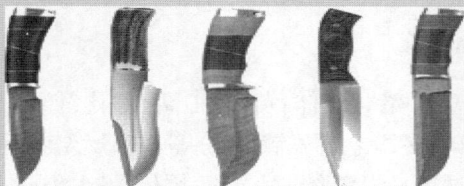

图4-2　匕首

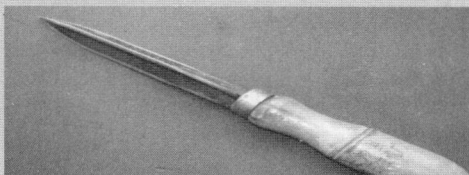

图4-3　三棱刮刀

图4-4　带有自锁装置的弹簧刀（跳刀）

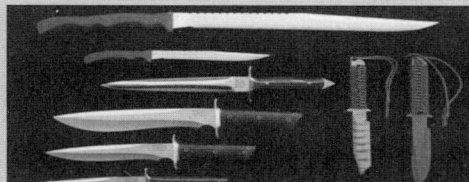

图4-5　各类单刃、双刃和多刃刀具

⑤其他刀尖角度大于60°，刀身长度超过220mm的各类单刃、双刃和多刃刀具（图4-6）。

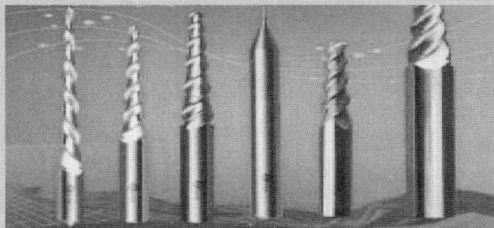

图4-6　多刃刀具

（2）未开刀刃且刀尖倒角半径大于2.5mm的各类武术、工艺、礼品等刀具不属于管制刀具范畴。

（3）少数民族使用的藏刀、腰刀、靴刀、马刀等刀具的管制范围认定标准，由少数民族自治区（自治州、自治县）人民政府公安机关参照本标准制定。

（4）术语说明。

①刀柄：是指刀上被用来握持的部分。

②刀格（挡手）：是指刀上用来隔离刀柄与刀身的部分。

③刀身：是指刀上用来完成切、削、刺等功能的部分。

④血槽：是指刀身上的专用刻槽。

⑤刀尖角度：是指刀刃与刀背（或另一侧刀刃）上距离刀尖顶点10mm的点与刀尖顶点形成的角度。

⑥刀刃（刃口）：是指刀身上用来切、削、砍的一边，一般情况下刃口厚度小于0.5mm。

⑦刀尖倒角：是指刀尖所具有的圆弧度。

（四）易燃、易爆品

易燃、易爆品指氢气、氧气、丁烷等瓶装压缩气体、液化气体；黄磷、白磷、硝化纤维（含胶片）、油脂及其制品等自燃物品；金属钾、钠、锂、碳化钙（电石）、镁铝粉等遇水燃烧物品；汽油、煤油、柴油、苯、乙醇（酒精）、油漆、稀料、松香油等易燃液体；闪光粉、固体酒精、赛璐珞等易燃固体；过氧化钠、过氧化钾、过氧化铅、过氧乙酸等各种无机、有机氧化剂。

（五）毒害品

毒害品指氰化物、剧毒农药等剧毒物品。

（六）腐蚀性物品

腐蚀性物品指硫酸、盐酸、硝酸、有液蓄电池、氢氧化钠、氢氧化钾等物品。

（七）放射性物品

放射性物品指放射性同位素等物品。

（八）其他危害飞行安全的物品

其他危害飞行安全的物品指可能干扰飞机上各种仪表正常工作的强磁化物、有强烈刺激性气味的物品等，还包括国家法律法规规定的其他禁止携带、运输的物品。

二、禁止旅客随身携带但可以托运的物品

（1）菜刀、大剪刀、水果刀、剃刀等生活用刀。

（2）手术刀、屠宰刀、雕刻刀等专业刀具。

（3）文艺单位表演用的刀、矛、剑、戟等。

（4）斧、凿、锤、锥、加重或有尖钉的手杖、铁头登山杖。

（5）酒类每名乘客限带两瓶，作为独立包装才可以托运，并告知工作人员。

（6）其他可危害航空安全的利器、钝器。

三、乘机旅客限量随身携带的生活用品

限量随身携带的生活用品：发胶、衣领净1瓶（350mL）、摩丝、光亮剂1瓶（350mL）、

香水(500mL)，杀虫剂 1 瓶(350mL)、空气清新剂 1 瓶(350mL)、累计不超过 1000mL 或 1kg。

四、充电宝、锂电池携带事项

充电宝、锂电池仅可随身携带，并遵循以下要求：

(1)能量不超过 100Wh 的充电宝、锂电池可随身携带。

(2)2 万 mA 的充电宝额定能量值"正好"是 100Wh，因此能上飞机。

(3)能量超过 100Wh 但不超过 160Wh 的锂电池须经航空公司批准，且不能超过两个。

(4)能量超过 160Wh 的锂电池禁止携带或托运。

五、乘机旅客随身携带液态物品的规定

(一) 对乘坐国际、地区航班旅客 (含国际中转国际航班旅客) 执行"ICAO 指导原则"

(1)旅客应将携带的液态物品(液体、凝胶、气溶胶)盛放在容积不超过 100mL 的容器内携带。对于容积超过 100mL 的容器，即使该容器未装满液体，也不允许随身携带，应办理交运。

(2)盛放液态物品的容器应宽松地放置于最大容积不超过 1L、可重新封口的透明塑料袋中，塑料袋应完全封好。每名旅客每次只允许携带一个透明塑料袋，超出部分应办理交运。

(3)盛装液态物品的塑料袋应在安检点单独接受安全检查。

(4)携带的婴儿奶粉、牛奶、母乳(须有婴儿随行)；糖尿病或其他疾病患者必需的液态药品(凭医生处方或者医院证明，在药店购买的除外)，经安全检查确认无疑后，可适量随身携带。容器及塑料袋包装要求不执行第(1) ~ (3)款的规定。

(5)在候机隔离区内购买的液态物品可以带上飞机。候机隔离区免税店、机上免税店工作人员对在国外、境外转机旅客购买免税液态物品负有提醒义务，并应提供符合要求的包装。候机隔离区免税店、机上免税店工作人员出售免税液态物品时，应主动询问旅客是否需要在国外、境外转机，对于需要转机的旅客购买的液态物品应提供符合要求的塑料包装袋，密封后交给旅客，并尽可能用英文打印(或者手写)购买凭证；并提醒旅客在旅行中，塑料袋须明显完好无损，不得自行拆封，并保留登机牌和液态物品购买凭证，以备转机地有关人员查验。

塑料包装袋应符合以下要求：

①透明的塑料袋。

②可承载内装物品重量。

③提交旅客时已经密封(热封或者胶封)。

④密封后不能重复打开，整体任何部位一旦打开即不可复原。

⑤袋体应用中文明显标注"在旅行中，袋体不得打开，否则可能导致袋内物品不准携带乘机"的内容。

⑥对国际中转国际航班旅客也执行《关于限制携带液态物品乘坐民航飞机的公告》要求。其携带入境的免税液态物品的包装应符合上述第(5)项的要求，并需出示机场(机上)免税店的购物凭证，方可予以放行。

(二) 对乘坐国内航班旅客暂不执行"ICAO 指导原则"

(1) 乘坐国内航班的旅客一律禁止随身携带液态物品,但可办理交运,其包装应符合民航运输有关规定。

(2) 旅客携带少量旅客自用的化妆品,每种化妆品限带一件,其容器容积不得超过100mL,并应置于独立袋内,接受开瓶检查。旅客可随身携带总量不超过 1L 的生活液态物品,液态物品经开瓶检查确认无疑后,方可携带。

(3) 来自境外需在中国境内机场转乘国内航班的旅客,其携带入境的免税液态物品应置于袋体完好无损且封口的透明塑料袋内,并须出示购物凭证,经安全检查确认无疑后方可携带。

(4) 有婴儿随行的旅客,购票时可向航空公司申请,由航空公司在机上免费提供液态乳制品;糖尿病患者或其他患者携带必需的液态药品,经安全检查确认无疑后,交由机组保管。

六、关于免税商品的安检规定

根据 2017 年 1 月 1 日起实施的《民用航空安全检查规则》,乘坐国内航班时,在同一机场控制区内由国际、地区航班转乘国内航班的旅客,其随身携带入境的免税液态物品必须同时满足三个条件(出示购物凭证、置于已封口且完好无损的透明塑料袋中、经安全检查确认)后,方可随身携带。但是,由国际、地区航班转乘国内航班过程中旅客离开机场控制区的,必须将随身携带入境的免税液态物品作为行李托运。

民 航 精 神

民航精神体现在我们对工作的热情和执着。无论是在机场运营、飞行操作、客舱服务还是后勤保障,始终以高度负责的态度投入到工作中;时刻保持警觉,严格执行各项规章制度,确保航班的安全运行。

【思政目标】本案例旨在实现以下思政目标:一是培养学生的法治意识,使学生明白法律是社会秩序的基石,任何违反法律的行为都将受到惩罚;二是强化学生的责任担当精神,让学生认识到个人行为对社会的影响,勇于承担自己的责任;三是提升学生的公正观念,引导学生理解司法公正的重要性,维护社会公平正义;四是培养学生的爱国主义情怀,使学生认识到维护司法权威、保障社会安全是国家稳定发展的重要保障,激发他们为国家和社会发展贡献力量的热情。通过这些思政目标的实现,我们期望能够培养出具备法治素养、责任意识、公正观念和爱国情怀的新时代青年。

【思政案例】"冲动的惩罚" | 法院对一起强闯安检案件作出"司惩"决定

2023 年 3 月 20 日上午,胡某因执行案件办理来到碑林法院。在录入身份信息时,胡某情绪激动且出言不逊,企图强行闯入安检通道,执勤司法警察对其拦截并警告,在警告无效后果断采取强制带离措施。带离期间,胡某采取抓、挠等方式阻碍执法,将执勤司法警察李某某右手抓伤出血。办案人员依法作出司惩决定书,决定对行为人胡某罚款 2000 元。

近年来,碑林法院司法警察大队在院党组的坚强领导下、在市中院司法警察支队培训指导下,于2021年办理了全省首例由司法警察提请的司惩案件后,持续开展司惩案件办理培训活动,要求干警熟知办案流程、掌握办案规范,丰富办案经验。此次案件的高效办结正体现了培训的成果,对司法警察依法履行职权、切实保障审判执行和机关安全、保护司法工作人员人身安全有重大意义。

【教学效果预期】在教学预期效果上,期望学生在掌握民航安全知识的同时,能够形成正确的安全观念和行为习惯,深刻体会到冲动行为不仅不能解决问题,反而会带来严重的法律后果。通过案例的警示作用,希望学生能够深刻反思自己的行为,避免冲动和违法行为的发生;此外,课程还希望通过此案例,强化对司法公正与权威的认同,理解并支持司法工作人员依法履行职责,维护社会秩序和公共安全的行为。

综上所述,通过"冲动的惩罚"这一案例的教学,我们期望能够达成思政目标并实现预期的教学效果,为培养具备民航安全精神和法治观念的优秀人才打下坚实基础。

？练习题

1. 旅客随身携带的物品重量以(　　)为限。

   A. 15kg　　　　　B. 12kg　　　　　C. 10kg　　　　　D. 5kg

2. 杀虫剂、摩丝等生活用品最多能随身携带(　　)。

   A. 100mL　　　　B. 250mL　　　　C. 300mL　　　　D. 350mL

3. 下列物品中,(　　)不是警械。

   A. 警棍　　　　　B. 催泪弹　　　　C. 手铐　　　　　D. 发令枪

4. (　　)只准在民族自治地方销售、使用。

   A. 三棱尖刀　　　　　　　　　B. 藏刀

   C. 匕首　　　　　　　　　　　D. 带有自锁装置的刀具

5. 每位旅客乘坐飞机时最多可以携带香水(　　)。

   A. 100mL　　　　B. 200mL　　　　C. 450mL　　　　D. 500mL

勤务篇

第五章　安检现场勤务

学习目标

◎ 掌握安检现场勤务组织的程序及方法;

◎ 了解勤务实施的相关知识;

◎ 掌握安检现场的岗位职责;

◎ 了解勤务中特殊情况的处置方法。

安检现场勤务是指为完成安全检查任务而进行的组织、协调和保障性工作。安检现场勤务是安检工作的一个重要环节,勤务工作实施的好坏,直接关系到安全检查工作能否顺利有序地进行。

第一节　安检现场布局

安检现场是指具体实施安全检查的场所,它包括实施验证、人身检查、行李物品检查、监护、现场值班等安全检查的各个岗位。安检现场布局的好坏是安全检查能否顺利实施的先决条件,现场布局的合理性,直接关系到安全检查的质量和速度。目前,国内安检现场布局基本上采用国际通用的做法。安全检查普遍采用旅客人身和随身行李同步、同地检查的原则,交运行李的检查与办理乘机手续同步检查,所以安检现场的布局首先要根据安全检查的要求,选择合适的地点;其次要考虑现场布局的设计,包括设置、造型和要求。

一、安全检查地点的选择

安全检查地点的选择,主要取决于下面三个因素:

(1)安全检查现场的设置,要充分考虑有足够的空间并能保证安全检查工作的正常进行。

(2)能够确保旅客在经过安全检查后到登机前的这一段时间内,没有任何机会与外界发生联络,即能够保证受检旅客绝对隔离。

(3)非特殊情况,不会给旅客的正常登机和飞机的按时起飞带来影响。

根据这三个因素,检查地点一般有三种选择:候机室检查、登机通道检查和登机门检查。

候机室检查,就是在候机室内选定合适地段设立安检区,对乘机旅客在此实施集中安全检查。

登机通道检查,就是在登机通道口(一般在入口处)建立安全检查,对乘机旅客实施部分集中安全检查。

登机门检查,就是在接近登机门的单独通道口处设置检查点(区),乘机旅客在此实施分散的随到随检的安全检查。

这三种方法中,登机门检查是最理想的方法,但它需要的条件较高。国内机场一般采用的是候机室检查。候机室检查的优点是场地容易布置,流程易安排,旅客集中,工作方便,检查质量容易保证,遇到问题便于及时处理,而且检查现场远离飞机,一旦查获劫(炸)机分子和危险品,能及时控制和排除,危及飞机安全的可能性较小。

二、现场设计

安检现场布局是由安全检查工作的性质、任务、特点、工作程序决定的。安检现场布局设计合理,是安全检查工作顺利实施的基础和保证。目前,国内机场的安检现场绝大多数都设置在候机室内,其设置是:验证、人身及随身行李检查一条线;托运行李检查单独进行。设置方法有平行形、梯形、错落形三种。其造型有封闭型、半封闭型两种。

(一)设置要求

(1)旅客托运行李处应有足够的行李安全检查设备,并且托运行李检查与办理登机手续同步进行。托运行李安全检查模式有三种:

①在两个值机柜台之间放置一台双通道 X 射线安检仪,两边的旅客使用同一台 X 射线安检仪检查托运行李。

②开通离港计算机联网管理系统,在三分之一值机柜台处设一台双通道 X 射线安检仪。交运行李的旅客经引导到有 X 射线安检仪的柜台办理登机手续。

③一组柜台设一台跨在行李传送带上的 X 射线安检仪。

(2)手提物品及人身安全检查通道应符合:

①安全检查通道的数量要与高峰小时旅客流量相适应。按高峰小时旅客出港流量,一般每 250 人设置一个通道,不足 250 人的按 250 人设置。所有机场都应有备用通道,航班量少的机场,备用通道和内部工作人员通道可以合用。

②每个安全检查通道的安检现场不小于 30m²,旅客候检通道长度不小于 20m,或旅客候检室的面积不小于 40m²。

③两个相邻安全检查通道并列且无隔断时,通道之间应设置隔离栏杆。

④每个安全检查通道应设验证室或验证台。

(3)安全检查工作区应设置站值班室。

(4)安全检查工作区应设置人身检查室,面积不得小于 6m²。

(5)国内干线以上机场航站楼适当部位应设置监护人员值班室,面积不小于 18m。

(6)旅客候机隔离厅(室)必须有效隔离,一般不得设置与非控制区相通的门、窗或通道。凡与非控制区相邻或相通的门、窗、通道等部位,应采取有效的隔离措施。

(7)与机坪相通的行李传送带出口处应安装能锁闭的卷帘门。

(8)候机楼旅客流程设计必须做到国际旅客与国内旅客分开,国际出港旅客分流,国内进出港旅客也应分流。

(二)设置方法

(1)平行形设置:每条检查线平行分布,之间隔离。场地完整的候机室多采用此种方法。

其特点是:分布整齐、规范,便于操作和处置情况。平行形设置平面图如图5-1所示。

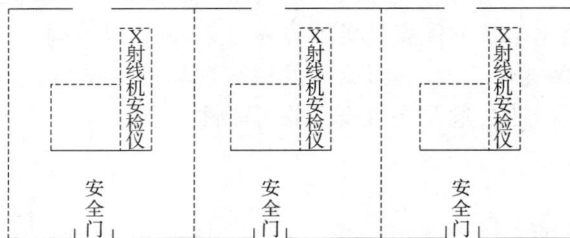

图5-1　平行形设置平面图

(2)梯形设置:每条检查线为阶梯形分布,之间隔离。检查场地狭长的候机室多采用此种方法。其特点是:充分、合理地利用了场地,但不利于现场紧急情况的处置。梯形设置平面图如图5-2所示。

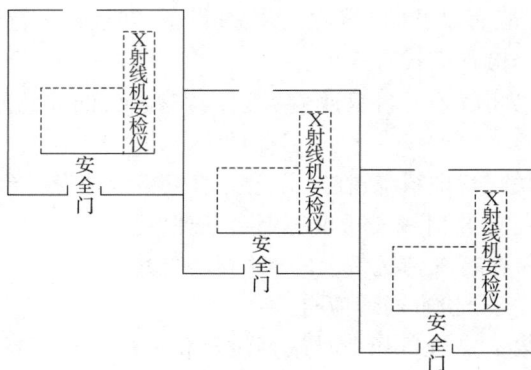

图5-2　梯形设置平面图

(3)错落形设置:在一条检查线的空间内增设另一条检查线,之间隔离。其特点是:最大限度地利用了场地,为一些流量大而场地紧张的机场提供了一种积极的方法,但布局复杂,处置现场出现的紧急情况时极为不便。错落形设置平面图如图5-3所示。

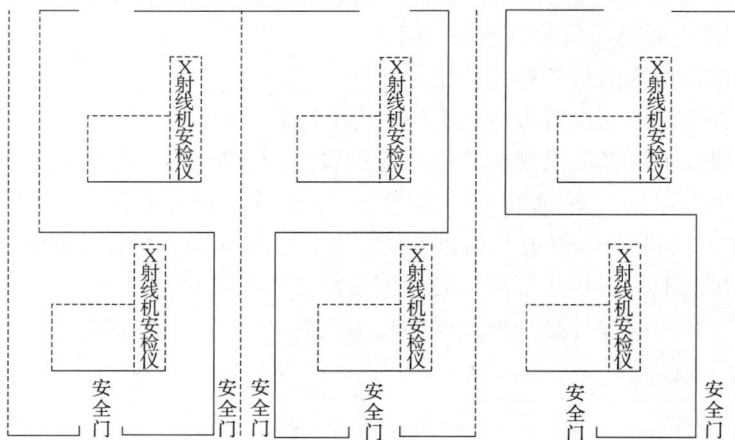

图5-3　错落形设置平面图

（三）造型分类

（1）封闭型：每条检查线都各自封闭起来，之间不能通行。这种造型的特点是：旅客分类清楚，检查质量较高，但给旅客一种压抑感，空间较小。

（2）半封闭半开放型：整个安检现场为开放型，但检查通道之间互相隔离（栏杆、钢化玻璃等）。这种造型的特点是：视野开阔，信息传递快，旅客易于分类，检查质量高，检查气氛好。此种造型最为科学。

三、联检大厅

1. 安检设在联检大厅第一关

优点：便于将危险物品排除在联检大厅以外。

缺点：给办理其他手续带来诸多不便。

2. 安检设在联检大厅最后一关

优点：便于隔离区管理，易于协调与各联检单位的关系，有利于把好登机安全关。

因此，一般的设置顺序是：海关、值机、边检、出入境检验检疫、安检。

第二节 安检勤务组织

一、安检勤务组织的原则和实施要求

（一）安检勤务组织的原则

（1）安检部门在安排各项工作中，要以勤务为中心，兼顾教育、培训和学习。

（2）勤务的组织和实施，应当采取分级指挥、分级负责的方法，使各级职、责、权分明。

（3）组织勤务应当以科、组等建制单位安排，便于领导和协调。安检部门各单位应当结合自身担负的任务，制订正常情况和特殊情况勤务方案，作为实施勤务和处置情况的依据，时刻做好转入紧急情况的准备，以应对各类突发性事件。

（4）组织勤务应当把工作程序作为一个整体，合理使用执勤人员，安排组织好上、下勤务交接，保持勤务的连续性。

（5）安检部门应当加强与联检单位的联系配合，制订协同方案，互相支持，确保检查、监护、管理等各项勤务的顺利进行。

（6）安检部门在勤务实施过程中，应当做好检查仪器、通信器材、勤务用品、机动车辆的保障工作。

（二）安检勤务的实施要求

（1）安全检查勤务的程序包括准备、实施和善后三个阶段。

（2）安检部门值班人员应当根据航班动态和执勤人员，制订勤务方案，分配勤务任务。安检各部门执勤人员应于当日第一个航班起飞前与值机部门同步到达现场。

（3）安全检查开始前，各部门应当做好各项准备工作。对候机隔离区进行清场，做好 X 射线安检仪、安全门和手提金属探测器的调试工作以及其他检查用具的准备工作。

（4）安检部门各级领导应当检查各岗位人员的在岗情况和准备工作的落实情况，跟班作业，直接掌握检查情况，领导和指挥勤务工作。

（5）安检部门各岗位人员，必须认真落实各项勤务，严格执勤岗位责任制，做到熟悉勤务方案，明确自身任务。各部门应当定人、定位、定任务、定责任。

（6）检查工作中发生、发现的各种情况和问题，应当按分级处理的权限进行处理。遇有紧急情况或突发性事件，应当按照特别工作方案处理。

（7）安检各部门应当做好勤务交接工作，由部门负责人具体组织实施，并监督情况，防止发生漏洞。航班结束时，各级勤务部门应当做好勤务的各项善后工作，关闭、锁好各种仪器、设备，清点、存放检查器材、执勤用具，打扫卫生。上报勤务中发生、发现的问题及其处理结果，做好执勤情况的整理、登记、归档工作。

二、安全检查日常工作方案

安全检查部门应当根据本单位的实际情况制定和完善日常工作方案。日常工作方案的主要内容应包括：

（1）机场的位置和周围的地形、敌情、社情及机场保卫工作状况、航班情况、飞机型号、停机位置、飞机起飞到达时间、本单位编制情况。

（2）各科室、队、班组的具体任务及区分。

（3）勤务编组，交接班的时间、方法，各检查人员的任务、职责和执勤位置，主要器材和装备，机动人员的任务、位置、使用时机、方式等。

（4）安检机构各部门领导的分工、权限、指挥位置、正常和特殊情况下的组织指挥。

（5）值班领导、勤务班（组）长，检查员之间的联络以及友邻单位的联络方式，出现特殊情况的报告程序及规定。

（6）对一般问题的处理方法、权限，各部门与友邻单位的协调配合。

三、安全检查特别工作方案

特别工作方案是指在发生劫、炸机事件或其他严重危害航空安全的事件连续发生、空防形势严峻的情况下，由中国民用航空局或各地区、机场的公安机关批准在全国范围或地区范围内实施的一种紧急情况下的勤务方案。

（一）特别安全措施的实施

为了保障航空安全，按照《民用航空安全检查工作手册》第八十三条规定，在必要时，机场安检部门有权决定采取特别安全检查措施。

（二）特别工作方案的分类

1. 一级特别工作方案

一级特别工作方案是在紧急情况下实施的工作方案，主要包括：

（1）接到劫机、炸机等敌情通报。

（2）发生劫机、炸机或其他严重危害空防安全的事件。

（3）危害空防安全的事件连续发生，空防形势严峻。

2.二级特别工作方案

二级特别工作方案是为保证重要航班时采取的工作方案,主要包括:

(1)出席党的全国代表大会、全国人民代表大会代表和中国人民政治协商会议委员乘坐民航班机。

(2)国家警卫对象和外国国家领导人乘坐民航班机。

(三)特别安全检查措施的主要内容

(1)视情况对旅客及其手提物品适当提高开箱(包)率。

(2)在候机厅、客机坪、隔离区增派武装警卫。

(3)对飞机进行严密监护,不准无关人员接近飞机。

(4)必要时,掌握旅客名单并对托运行李实行重点检查,条件具备时使用警犬。

(5)对航空供应品应派专人检查并监装。

(四)实施特别安全措施的要求

(1)采取特别安全措施、部署工作时,一律使用保密线路电话,不通报领导人姓名,只通知对某航班采取特别措施。

(2)严格控制保密范围,不得向无关人员泄露任务内容。民航公安保卫部门要对执行航班任务的各项勤务保障人员,特别是接触保卫对象的人员,进行严格的政治审查,确保其纯洁可靠。

(3)要严密组织勤务。有关领导要在执勤现场值班,发现问题及时处理。

(4)机场公安人员要按照分工,对保卫对象休息场所和通行线路,加强安全保卫工作。

四、安检勤务小结

(一)小结的含义

小结是指当做了一个阶段的工作或完成了一项任务之后,进行回顾、检查和研究,找出合理经验、教训,并把它条理化、系统化,总结出一些规律性的书面材料。

(二)小结的组成要素

小结一般由标题、正文、署名和日期三部分组成。

1.标题

小结的单位和小结的内容,一般都通过标题表现出来,给读者以鲜明的印象。小结的标题不同于其他文体,它一定要标明时间和概括写明小结的内容。

2.正文

这是小结的中心部分。一般有以下几个方面的内容:

(1)基本情况概述。首先简略地记述所要小结内容的基本情况,包括生产、工作、学习的时间、地点、过程等方面,必要时,还应介绍背景,这样可给读者以总体认识。

(2)主要成绩、经验。这是全文的主要内容和重点,也是小结的目的所在。要对成绩和经验进行细致分析,并把感性认识上升到理性认识的高度,从中找出规律性的东西。这部分要写得详细、扎实、具体。观点鲜明,重点突出,条理分明。

(3)存在问题和教训。在总结成绩、经验的基础上,找出工作中的差距;对存在的问题和教训做认真分析,找出原因,以期达到吸取教训,改进工作的目的。总结存在的问题和教训,不是为了走过场,而是要及时发现问题,解决问题。

(4)今后的工作方向。经过总结经验教训,明确任务和方向,提出今后的打算。

3．署名和日期

一般在正文的右下方写明小结的署名和日期,也可以在标题下面署名。署名和日期是小结不可缺少的部分,是当事者在某一阶段工作的标记,是今后开展工作的重要依据,不可忽视。

(三)勤务小结的编写方式

根据小结的内容和写作的特点,小结的写法不拘一格,常见的有条文式、小标题式和全文贯通式三种。

(1)条文式,即将小结的内容按性质和主次轻重逐条排列,行文简要,眉目清楚。

(2)小标题式,就是正文部分按照逻辑关系,分成几个小标题,逐层深入地进行总结。这种写法,条理清楚,一目了然。

(3)全文贯通式,是为了前后贯通,可以不列条款,不分章节,按时间或事物发展顺序,全文贯通,一气呵成。

范文:

×年×月查获违禁物品突出案例

【弹药】

1．×年×月×日 07：53,国内科检查员史某查获旅客随身携带行李中的手枪子弹一发。经查该旅客名为刘某,欲乘 MU5613 航班前往哈尔滨,其称子弹为亲戚所赠,放在行李中用以辟邪。

2．×年×月×日 13：30,国际科检查员汪某查获旅客随身携带行李中的手枪子弹一发。经查该旅客名叫 DENNISMR,欲乘 KA805 航班。

3．×年×月×日 10：35,国内科检查员奚某查获旅客随身一行李中携带的小口径子弹一发。经查该旅客名叫祁某某,欲乘 CZ6544 航班前往长春,其自称,这发子弹是朋友送给他留作纪念,被其遗忘在随身行李内的。

最后,在对上述 3 名旅客重新检查确认其未携带其他违禁品,并逐级请示领导后,移交机场公安处理。

【管制刀具】

×年×月×日,国际科检查员蔡某某查获旅客随身行李中的管制刀具一把,消除了一起安全隐患,具体情况如下:

当日 22：00,国际科检查员蔡某某发现一名旅客随身携带的包内有刀具,经开箱确认为带白锁装置的跳刀一把,属于管制刀具。经查该旅客名为 LAEVSKYY,欲乘坐 MU219 航班前往法兰克福。最后,逐级上报领导后,移交机场公安处理。

【毒品】

×年×月×日,国内科检查员顾某查获旅客携带的毒品一件,消除了一起安全隐患,具体情况如下:

当日 11：05 左右，国内科检查员顾某在对一名旅客进行正常的人身检查时，发现该旅客左脚踝的袜子内有异物，随即从其袜子内找出一包白色粉末，便询问该旅客为何物，旅客自称是治鼻炎的药，顾某便追问其为何将药藏在袜子内，旅客无语且神情慌张。旅客的不安和慌张等引起了顾某的警觉，便对该旅客再次进行人身检查和开箱（包）检查，同时上报带班分队长，带班分队长接报后到场按紧急预案进行了处置，再次复查未发现其他异常情况。

经查，该旅客名叫王某，男，乘坐 MU2158 航班，该旅客称白色粉末为毒品，是自己花 300 元买来吸食用的。最后，逐级请示领导后，移交公安处理。

【易燃、易爆物品，腐蚀性物品，毒害品】

×年×月×日，货检科检查员王某查获易燃液体 5 瓶，消除了一起安全隐患，具体情况如下：

当日 17：30，货检科开机员王某在执行 8C8288 航班货物检查任务时，查获一票沪深货运代理公司代理的，品名报为配件的快件货物（运单号：883-00565655，分单号：516001379795）中，夹带 5 瓶液体状罐装物品。经开箱检查，确认其中的 2 罐液体系品名为二甲苯的易燃液体，每瓶容量约 550mL；另 3 罐液体系品名为油漆的易燃液体，每瓶容量约 750mL。最后移交机场公安空防处处理。

【走私货币】

×月×日，国际科检查员查获旅客随身行李中携带的大量货币，具体情况如下：

×月×日 09：20，国际科检查员黄某查获旅客行李中携带的港币 60 万元。经查，旅客名叫彭某，乘坐 MU505 航班前往香港。

×月×日 09：05，国际科检查员方某查获旅客行李中携带的人民币 22 万元。经查，旅客名叫董某，乘坐 MU567 航班前往新加坡。

最后，对上述旅客及其行李物品重新进行了细致的安全检查，未发现异常情况，并逐级请示领导后，移交海关处理。

【警械、警具】

×年×月×日，货检科检查员龚某查获单发捕捉网发射器一件，消除了一起安全隐患，具体情况如下：

当日 09：40，货检科开机员龚某在执行 5X0181 航班货物检查任务时，发现类似枪支的不明物品，经开箱检查，查获品名报为手动电钻、目的地为泰国的货物，实际为单发捕捉网发射器一件。最后，逐级请示领导后，移交机场空防处处理。

【无证、无关人员】

×年×月×日，机坪科×号观察哨队员王某查获一名无证人员，后被证实为到达旅客，消除了一起安全隐患，具体情况报告如下：

当日 20：30 左右，机坪科×号观察哨队员王某在执勤时，发现机坪内近×机位有一名未佩戴证件的步行人员，立即对其进行盘问。经确认，该旅客是吉祥航空的到达旅客，名叫苟某，乘坐 H01120 航班，王某便立即报告分队带班、科值到场处理。最后，王某报领导后，将该人移交××航空公司工作人员杨某处理。

第三节　安检现场情况处置的权限

安检部门在值勤工作中所遇到的问题,必须以法律、法规以及上级的有关规定为依据,以保证安全为重点,兼顾航班正点和效益,恰当掌握宽严尺度,处理各种问题。

(1)安检部门班组长负责处理安全检查过程中一般性常遇问题。通常是情节轻微,涉及面小,不会造成大的影响或严重后果的。如:

①普通旅客不愿接受安全检查或提出免检要求。

②身份证件存在一般性差错。

③旅客携带少量走私物品。

④旅客携带可能危及飞行安全的生活用具、工具和其他违禁物品。

⑤在安全检查中发现的危险品是否作暂存处理。

⑥机场工作人员未带通行证或证件不全,因公要求进入候机隔离区。

⑦旅客或无关人员误入机坪接近飞机。

⑧对旅客遗失在安检现场物品的处理。

⑨发现旅客给工作人员拍照、合影等。

(2)安检部门现场值班科、队长负责处理安全检查过程中发生的比较重要的常遇问题,通常影响较大,涉及面广,需亲自了解情况,直接处理。

①处理有合法手续,符合免检规定和上级通知对某些特殊身份旅客的免检问题。

②处理身份证件严重不符、情况可疑的旅客。

③处理隐匿携带枪支、子弹、炸药、雷管、管制刀等危险物品的嫌疑人移交公安机关审查的事宜。

④决定对飞机监护和候机楼隔离区管理中发现的可疑人员,包括混入或闯入控制区、接近和企图登机、与旅客传递物品、无理取闹、扰乱工作现场秩序的旅客的处理。

⑤接到匿名电话报称航班有爆炸物或其他重大情况的处理。

⑥发生突发事件,决定是否关闭通道、疏散旅客。决定现场的安检人员、监护人员是否进入紧急状态,同时将情况迅速上报。

(3)安检部门站(处)领导主要负责处理工作中发生的重大问题。如:

①发现伪造证件、冒名顶替重大可疑人员。

②发生较重大的涉外问题。

③发生企图劫机、炸机、强行登机、扣留人质、现场行凶等紧急情况。

④发生劫机、破坏案件或被劫持飞机降停本场,决定进入紧急状态。

⑤发生意外事件,决定进行抢救。

⑥发现大量毒品、伪钞、淫秽物品。

第四节　安检现场岗位

安全检查工作要实施规范化的科学管理,要求安检人员必须严格履行岗位职责。首先必须明确各岗位人员的职责。

一、基础岗位的职责

基础岗位包括待检区维序检查岗位、前传检查员岗位。其基本职责是：

（1）维持待检区秩序并通知旅客准备好身份证件、机票和登机牌。

（2）开展调研工作。

（3）在X射线安检仪传送带上正确摆放受检行李物品。

二、验证检查员职责

（1）负责对乘机旅客的有效身份证件、机票、登机牌进行核查,识别涂改、伪造、冒名顶替以及其他无效证件。

（2）开展调查研究工作。

（3）查控执法部门通报的在控人员。

三、人身检查员岗位职责

人身检查岗位包括引导和安全门检查两个具体岗位。其基本职责是：

（1）引导旅客有秩序地通过安全检查门。

（2）检查旅客自行放入盘中的物品。

（3）对旅客人身进行仪器或手工检查。

（4）准确识别并根据有关规定正确处理违禁物品。

四、X射线安检仪操作检查员岗位职责

（1）按操作规程正确使用X射线安检仪。

（2）观察辨别监视器上受检行李（货物、邮件）,图像中的物品形状、种类,发现、辨认违禁物品或可疑图像。

（3）将需要开箱（包）检查的行李（货物、邮件）及重点检查部位准确无误地通知开箱（包）检查员。

五、开箱（包）检查员岗位职责

（1）对旅客行李（货物、邮件）实施开箱（包）手工检查。

（2）准确辨认和按照有关政策正确处理违禁物品。

（3）开具暂存或移交物品单据。

六、监护员岗位职责

（1）对出港/过港航空器和经过安全检查的旅客及手提行李进行监护。

（2）对候机隔离区和其他监护区实施清场。

（3）防止无关人员、车辆进入监护区或登机。

（4）防止未经安全检查的物品被带入监护区或航空器。

(5)防止发生劫机分子强行登机或地面炸机等破坏活动。

七、仪器维修岗位职责

(1)负责各种安全检查仪器的安装、调试工作。

(2)负责安全检查仪器的定期维修保养工作。

(3)负责安全检查仪器出现故障的修理工作,保证安检仪器正常运行。

八、现场值班岗位职责

(1)负责向当班安检人员传达上级有关指示和通知。

(2)提出本班要求和注意事项。

(3)组织协调安检现场勤务。

(4)督促检查各岗位责任制的落实情况。

(5)按规定处理安检现场发生的问题。

(6)本班工作结束后进行简单讲评。

九、岗位规范用语

(一)验证岗位

(1)您好,请出示你的身份证(或相关证件)、机票和登机牌。

(2)对不起,您的证件与要求不符,我得请示,请稍等。

(3)谢谢,请往里走。

(二)前传、维序岗位

(1)请把您的行李依次放在传送带上,请往里走(配以手势)。

(2)请稍等、请进。

(3)请各位旅客按次序排好队,准备好身份证件、机票和登机牌,准备接受安全检查。

(三)人身检查岗位

(1)请您将您身上的香烟、钥匙等金属物品放入托盘内。

(2)先生(女士)对不起,安全门报警了,您需要重新检查一下。

(3)请转身,请抬手。

(4)检查完毕,谢谢合作。

(5)请收好您的物品。

(四)开箱(包)检查岗位

(1)对不起,请您打开这个包。

(2)对不起,这是违禁物品,按规定不能带上飞机,请将证件给我,给您办理手续。

(3)对不起,刀具您不能随身带上飞机,您可交送行人带回或办理托运。

(4)谢谢合作,祝您一路平安。

第五节　勤务中对特殊情况的处置方法

在安检勤务处置过程中,如果遇到特殊情况,安检员应按照《民用航空安全检查规则》进行处置,处置过程当中应遵循"安全第一,严格检查;坚持制度,区别对待;内紧外松,机智灵活;文明执勤,优质服务"的原则。

(1)发现隔离区内无人认领的包裹时,应对包裹进行监看;报告值班领导;在确定包裹不属危险品后做进一步检查;寻找失主。

(2)在证件检查岗位上执行任务,若发现旅客证件上的资料与布控人员完全一致时,应该不动声色,通知其他人对该旅客人身及行李物品进行从严检查,并报告值班领导。通过检查无发现异常情况后,对其身份做进一步核实。若其确属布控人员,交民航公安机关处理;若不是布控人员,检查后放行。

(3)在检查岗位上遇有旅客声称携带炸弹时,应该首先制服嫌疑人并报告值班领导;对其人身及行李物品进行从严检查;不管是否有炸弹(如没有炸弹,属散布虚假信息),做好登记交民航公安机关处理。

(4)若旅客声称自己装有心脏起搏器,应该请其出示医院证明;对其人身进行正常手工检查,检查无疑点后放行。

(5)执行任务时,若在旅客的行李里发现白色粉末时,应该查问其物品性质;对其人身及行李物品进行从严检查;将物品送交民航公安机关做进一步检验,对旅客做好监控措施。若物品与旅客所说一致,不属危险物品,可放行;若属危险物品,将人和物一起移交给民航公安机关处理。

(6)在人身检查岗位上执行检查任务时,若遇儿童旅客通过安全门时发生报警,应对该儿童进行正常检查。若该儿童的家长一再声称小孩身上没有东西,认为不应该检查小孩时,应该耐心向旅客做好解释工作。经检查没有违禁物品可放行;若查出违禁物品,将人和物一起移交给民航公安机关处理。

(7)在检查岗位上查出旅客身上携带电击器时,应该做到人、物分离,对该旅客采取监控措施;报告值班领导;对其人身及行李物品进行从严检查;登记后交民航公安机关处理。

(8)在执行开包检查时,若开包员在旅客的行李内发现了违法书籍时,应对其人身及行李物品进行从严检查;无发现其他异常情况并做好登记后,将书籍及旅客交民航公安机关处理。

(9)在执行开包检查时,若遇旅客意图动手抢回开包员检查出来的管制刀具时,应该立即制止该旅客,并对刀具和旅客实施监管措施。如遇反抗,立即将其制服。对其人身及行李物品进行从严检查;报告值班领导;做好登记后交民航公安机关处理。

(10)在执行开包检查时,若在一名公安人员的行李内查获藏于其他物品内的拇指铐时,应请其出示有效证件;无论其能否出示有效证件,均对其人身及其他物品进行严格检查;报告值班领导;做好登记后交民航公安机关处理。

(11)在执行开包检查时,若在旅客的行李内检查出少量医用酒精时,应该询问其携带酒精的原因;检查医院开具的证明;报告值班领导。告知旅客该物品属易燃、易爆物品,不许携带,应进行退回处理或暂存处理,如果旅客提出放弃,移交员将物品归入旅客自弃物品回收箱中。

(12)在执行开包检查时,若旅客携带的骨灰盒经 X 射线安检仪检查发现有异常物品时,应该在征得该旅客同意后进行开箱包检查或退回处理。如确有违禁物品,交民航公安机关处理。

(13)在发现通缉的犯罪嫌疑人时,要沉着冷静、不露声色,待其进入安检区后,按预定方案处置,同时报告值班领导,尽快与布控单位取得联系。将嫌疑人移交布控单位时,要做好登记,填写移交清单并双方签字。对同名同姓的旅客,在没有十分把握的情况下交公安机关处理。

练 习 题

1. 简述安检勤务的实施要求。
2. 简述开箱(包)检查员的岗位职责。
3. 简述安检勤务小结的组成要素。

第六章　安检监护工作

学习目标

◎ 了解隔离区、飞机监护的任务；

◎ 掌握隔离区、飞机监护的程序方法；

◎ 掌握隔离区、飞机监护、清场的重点部位。

民航安全监护工作是安全检查工作的一部分，主要包括隔离区监护和飞机监护。监护工作要求监护员有绝对的责任感和安全意识，以保障隔离区、飞机和旅客的安全。

第一节　隔离区监护工作

一、隔离区监护的任务

对隔离区进行管理、清理、检查，禁止未经检查的人与已检人员接触和随意进入，防止外界人员向内传递物品，防止藏匿不法分子和危险物品，保证旅客和隔离区的绝对安全。

二、隔离区安全监护的程序

（1）上岗前，由分队长（或班长）分配岗位，布置任务。

（2）上岗后，监护人员分别对隔离区各部位进行严密清场。

（3）清场完毕后，按分工把守登机口、通道，并在隔离区内巡视。

三、登机通道口的监控

（1）对通过登机通道口的人员进行严格的证件检查，禁止证件不符的人员进入隔离区；防止乘机旅客过早进入客机坪或错上飞机。

（2）工作人员携带行李物品进入控制区必须经过安全检查，防止未经安全检查的行李物品进入候机隔离区。

（3）旅客登机时，监护人员站在登机门或登机通道旁，维护登机旅客秩序，防止旅客在登机行进期间与外界人员接触或传递有碍航空安全的危险品，要检查旅客登机牌是否加盖验讫章，防止送行、无证等人员随旅客行列进入客机坪、接近或登上飞机。

（4）免检旅客、保密人员因故需从登机口进入隔离区或直接登机的，按通知要求核实后放行；对无法正常经过安全检查（事先联系）的伤、残、重病人需要从登机口直接登机的，由安检人员对其实施安全检查后放行。

（5）当天航班结束后，要查看清理隔离区现场，防止遗留旅客和可疑人员及危险品，将所有通道锁闭。

四、候机楼隔离区安全监护

（1）经过安全检查的旅客进入候机隔离区以前，安检部门应当对候机隔离区进行清场。

（2）安检部门应当派人在候机隔离区内巡视，对重点部位加强监控。

（3）经过安全检查的旅客应当在候机隔离区内等待登机。如遇航班延误或其他特殊原因离开候机隔离区的，再次进入时应当重新经过安全检查。

（4）因工作需要进入候机隔离区的人员，必须佩戴机场公安机关制发的候机隔离区通行证件。上述人员及其携带的物品，应当经过安全检查。安检部门应当在候机隔离区工作人员通道口派专人看守，检查进出人员。

（5）候机隔离区内的商店不得出售可能危害航空安全的商品。商店运进商品应当经过安全检查，同时接受安全部门的安全监督。

五、隔离区监护员的职责

（1）负责旅客到达前的隔离区清场工作，检查隔离区内的设施、设备和物品是否完好，有无藏匿可疑人员或可疑物品。

（2）负责对经过安全检查的旅客进行管理，维护隔离区的秩序。

（3）负责进出大门、通道的监护，检查进出隔离区工作人员的证件，防止无证、非本区域人员和未经安检的物品进入隔离区。

（4）负责隔离区的巡视，观察旅客动态，开展调查研究，注意发现可疑动向，如有情况立即报告领导。

（5）负责旅客离开登机门后至登机（或上摆渡车）前的管理和监护，防止旅客离开或无关人员混入旅客行列，或互相传递物品。

（6）宣传安全检查工作的政策规定，解答旅客询问。

六、隔离区监护的程序方法

（1）上岗后，监护人员分别对隔离区各部位进行严密清场。

（2）清场完毕，按人工把守登机口、通道和在隔离区内巡视。

（3）旅客到来后，注意发现形迹可疑和频繁进出的人员。

（4）在旅客候机期间，应经常巡查隔离区的各个部位，注意观察旅客动态，对重点部位要加强监控。

（5）当天航班结束后，要查看清理隔离区的各个部位，注意发现有无遗留旅客和可疑人员及危险物品。

七、隔离区监护的重点部位

隔离区监护的重点部位为登机口、通道口、门窗等旅客容易与外界人员接触的地方，以及卫生间、吸烟区、垃圾桶、柜台等容易藏匿违禁物品的地方。

八、隔离区清场的重点部位

隔离区清场的重点部位为卫生间、电话间、吸烟区、垃圾桶、各种柜台、窗台、窗帘、窗帘盒和座椅等。

九、隔离区清场的方法

(一)仪器清查

(1)金属探测器清查。主要是利用金属探测器清查监护区域内有无隐藏武器等金属性违禁物品。

(2)钟控定时装置探测器清查。利用钟控定时装置探测器清查监护区内有无隐藏定时爆炸装置。

(3)监控设备清查。通过遥控监护区内的监控探头,搜索有无可疑人员及可疑物品滞留在监护区内。

(二)人工清查

看:对被清查的区域、对象进行观察。

听:进入清查区域后,关上门窗,静听有无类似闹钟的"嘀嗒"声或其他异响。

摸:对外观看不清的固定物体、设施采用手摸,检查有无隐藏物品。

探:对既无透视,又不能用仪器检查的部位和物品,可用探针检查。

开:对清查区域内的箱柜、设施要打开、移开检查。如候机室内的柜台等要移开检查。

第二节　飞机监护工作

一、飞机监护的含义

飞机监护是指安检部门对执行飞行任务的民用航空器在客机坪短暂停留期间进行监护。

二、飞机监护的岗位职责

(1)对航空器和经过安全检查的旅客及手提行李进行监护。

(2)对候机楼、隔离区和其他监护区实施清场。

(3)防止无关人员、车辆进入监护区。

(4)防止未经安全检查的物品被带入监护区或航空器。

(5)防止发生劫机分子强行登机或地面炸机等破坏活动。

三、飞机监护的范围

以飞机为中心,周围 30m 区域。

四、飞机监护的时间规定

(1)对出港航空器的监护,从机务人员移交监护员时起,至旅客登机后航空器航行时止;

对过港航空器的监护从其到达客机坪时开始,至旅客登机后航空器滑行时止;对执行国际、地区及特殊管理的航线飞行任务的进港航空器的监护,从其到达机坪时开始至旅客下机完毕机务人员开始工作为止。

（2）对当日首班出港航空器,监护人员应在起飞时间前90min与机务人员办理交接手续。

（3）对执行航班任务延误超过90min的航空器由安检部门交由机务人员管理,至确定起飞时间前60min由机务人员移交安检部门实施监护。

五、飞机监护的程序方法

1. 准备

（1）了解当天航班动态,通过离港系统向外场、调度等单位及时了解变化情况,注意班次的增减、飞机的更改和起飞时间的变动。

（2）派班员根据航班动态和本中队人员情况,将各个监护小组逐个安排勤务任务,明确指定航班和飞机。

（3）监护小组人员领取对讲机和登记本等用品,整理好着装,做好上岗准备工作。

2. 实施

监护小组在当天首次出港飞机起飞前90min进入监护位置(进港航班从航空器到客机坪时开始执行)。

（1）到达监护位置后,对货舱和机舱等部位进行清查,无误后与机务人员办理交接手续,然后回到机下梯口或廊桥口开始监护。

（2）旅客登机前,对机组人员和地面登机人员的证件和携带行李进行检查。

（3）对进出港飞机货舱进行监装、监卸和监管。

（4）旅客登机时,站立梯口或廊桥口一侧,观察上客情况,禁止无关人员(包括地面工作人员)上飞机。

（5）旅客登机完毕,舷梯撤离后,退出原监护位置至安全线以外。

（6）飞机起飞时,记载机号和起飞时间,监护人员撤离。

（7）结束飞行任务的飞机返回后,监护人员待旅客全部下机,与机务人员办理交接手续后方可撤离。

3. 结束

（1）当次航班监护任务完成后,监护人员应及时返回本中队所在地,汇报监护情况,稍做休整,准备下一次的监护工作。

（2）当天航班结束,监护中队值班领导及内勤清点所有装备,记录当天工作情况(重点情况随时记载),方可下班。

六、飞机监护的重点部位

飞机监护的重点部位为舷梯口、廊桥口、货舱、起落架舱。

七、飞机监护的重点航班

（1）我国领导人、外国领导人或代表团及其他重要客人乘坐的班机。

（2）发现有重大可疑情况的飞机。

（3）上级通知重点监护的飞机。

八、飞机清仓的程序和重点部位

（一）飞机清舱的程序方法

（1）清查前,由监护小组组长布置任务,明确分工。

（2）清查时,应先对飞机外部进行观察和检查,对客舱的清查可分别从机头、机尾同时进行,至中部会合;也可以按从机头到机尾或从机尾到机头的顺序进行。对内部各部位的清查可按先高后低的顺序进行。

（3）清查结束,进入监护位置,直至飞机起飞。

（二）飞机清舱的重点部位

（1）卫生间。

（2）乘务员操作间的每个储存柜、配餐间、垃圾箱。

（3）旅客座位坐垫下和每个客舱的最后一排座椅背后。

（4）行李架、货舱。

（5）起落架舱。

民 航 精 神

民航精神也体现在对乘客的关爱和服务。我们始终以乘客的需求为中心,积极主动地提供帮助和解答疑问。工作中注重细节,力求为乘客创造温馨舒适的旅行环境。无论是飞行途中的服务还是机场接待,时刻保持友善、耐心和专业的态度,让每一位乘客感受到民航的热情和关怀。

【思政目标】通过本案例的学习,激发学生的敬业精神,让学生认识到无论面对何种困难和挑战,都应坚守职责,为社会的正常运行贡献自己的力量。通过展现监护员为保障旅客安全而默默付出的精神,激发学生的社会责任感,让学生明白作为社会的一员,应该积极履行自己的社会责任,为社会的发展贡献自己的力量。

【思政案例】高温下的工作者飞机监护员雷兰茂:不惧高温的飞机"安全卫士"

"对不起,请把伞收起来,这里撑伞容易造成安全隐患。"在远机位的舱门口,衡阳南岳机场监护员雷兰茂耐心地向乘客解释着。烈日下,机坪温度超过50℃,但根据疫情防控要求,监护员仍需身穿全套防护装备开展作业。

飞机监护员是飞机地面安检保障的最后一道防线,主要负责对在机坪短暂停留的航空器实施监护,防止无关人员、车辆接近航空器,同时查验旅客登机牌和工作人员证件,被光荣地称为飞机"安全卫士"。暑运期间,安检工作面临"三高"——高温、高客流、高强度运转,衡阳南岳机场飞机监护员每人每天平均监护航班5余架次,而每个航班的保障都平均需要1.5小时,相当于每一位监护员每天都要在太阳下经受7个小时以上的高温"烤"验。

机坪的阳光直冲下来没有任何遮挡,飞机监护员需要全程站立执勤。他们皮肤被晒得黝黑,汗水湿透衣衫是家常便饭,特别是中午1点到3点半温度最高的时候,恰逢航班高峰期,飞机监护员时常连续值守3~4个航班。监护员每日步巡机坪路程约20千米,工作鞋磨损严重,平均2个月就能磨损1双。每一架航班的平安起飞和降落,都少不了飞机监护员的默默坚守,他们经受烈日的"烤"验,毅然坚守岗位,用汗水筑牢空防安全壁垒,每天守护数以千计的旅客平安出行。

【**教学效果预期**】通过监护员的榜样作用,引导学生树立正确的价值观,理解并接受敬业、安全、吃苦耐劳和社会责任感等价值观,形成积极向上的人生态度。引导学生理解吃苦耐劳是成就事业的重要品质,鼓励学生在面对困难和挑战时,能够坚持不懈,勇往直前。

练 习 题

1. 飞机监护的范围是以飞机为中心,周围_____ m 的区域。

2. 飞机监护的重点部位是_____、_____、_____、_____。

3. 隔离区清场时使用的仪器有_____、_____、_____。

4. 飞机清仓的三种方法分别是_____、_____、_____。

服务篇

第七章　旅客服务与心理学知识

◎ 了解服务心理学相关知识;

◎ 掌握劫机犯罪心理特征;

◎ 熟悉旅客投诉心理特征。

　　保障空防安全、提高服务质量是安检工作的宗旨。安检人员每天要准确无误地从乘机旅客中发现企图劫炸机歹徒或携带违禁物品的人员,除了依靠先进的仪器设备严格检查外,安检人员还应学会对旅客进行察言观色的直观判断,这就需要安检人员掌握相关心理学知识。

第一节　心理学相关知识

　　人的心理现象是多种多样、错综复杂的。恩格斯曾称誉人的心理是"地球上最美丽的花朵"。人的心理活动并不神秘,每个人清醒的时候,都可以在自己身上体验到所发生的一定的心理活动。例如,东张西望、喜怒哀乐、犹豫不决等,所有这些活动,都是人的各种心理活动。那么,什么是心理? 人的心理活动包括哪些主要内容? 心理的实质是什么?

一、心理现象

　　心理现象也叫心理活动,简称心理。心理学家把复杂的心理现象分为心理过程、个性心理和心理状态三个方面。心理现象的主要内容如图 7-1 所示。

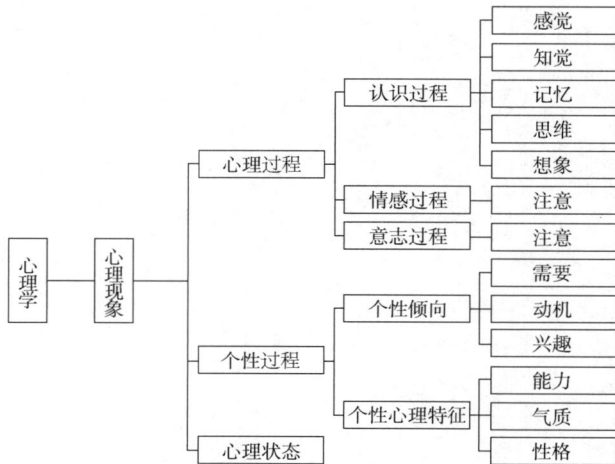

图 7-1　心理现象主要内容结构图

心理过程包括认识过程、情感过程和意志过程。即人们常说的知、情、意三个过程。认识过程是人的最基本的心理过程,指人在认识客观事物的活动中表现出的各种心理现象。人们为了弄清世界上各种事物的真相,总要用眼、耳、鼻、舌、身去接触外界事物,这样就产生了各种感觉和知觉。当人们的感觉器官离开当时的客观事物时,人们能"再现"当时的情景,能在这一基础上创造出新形象,这就是记忆和想象。人们根据自己感知的材料和已有的知识、经验进行分析,思考而产生对客观事物的概括即思维。人们的感觉、知觉、记忆、想象、思维都属于观察世界的认识过程。

人们对客观事物的认识,绝不会麻木不仁、无动于衷,总要对它产生诸如喜、怒、哀、乐、爱、憎、恶、惧等主观体验。人对客观事物的态度、体验称为情感过程,包括人的情绪、情感、心境、激情等。

人们在认识世界和改造世界中,无论谁,无论做什么事,总有一定的目的。为了实现其目的,人们在行动中又要设法去战胜各种困难。这种为了实现某种目的,在行动中自觉克服困难所表现出来的心理过程就是意志过程。

人的心理活动不仅有各种各样的心理过程,而且由于每个人的先天素质不同,生活条件不同,所受的教育程度不同,每个人的心理活动必然呈现出各自不同的特点,这种表现在一个人身上的带有倾向性的、比较稳定的心理特点,心理学上称为个性心理,也称个性。个性心理包括个性心理倾向和个性心理特征,主要表现为兴趣、能力、气质和性格等。

心理状态是一个人在某一段时间里,在一定的情景中心理活动的综合表现,它介于心理过程和个性心理之间。

总之,人的心理过程、个性心理和心理状态构成了人的整个心理活动的主要内容。

二、心理实质

那么什么是人的心理? 人的心理实质上是人脑的机能,是客观事物在人脑中的能动反应。

首先,人的心理是人脑的机能,人脑是心理的器官,人脑神经机能是心理现象的主要物质基础。离开了人脑,或者人脑受到损伤,就不能进行正常的心理活动。

其次,心理是客观现实的反映,客观现实是心理的源泉和内容。人的感觉、知觉、记忆、思维、想象等心理现象无一不是客观现实的反映。现实中有飞机,人脑中才能有飞机的映像。客观现实是丰富多彩的,因而人的心理现象也是多种多样的。

总之,不通过人脑,就不能产生人的心理,没有客观现实对人脑的影响,人脑本身也不能产生心理。所以,人的心理本质上是人脑的机能,是人脑对客观现实的能动的反映。

三、什么是心理学?

心理学是研究人的心理现象的发生和发展规律的科学。

心理学的研究对象,一是研究人的心理过程;二是研究个性心理和心理状态形成和发生的过程。

心理学的基本任务,一是从理论上探讨人的心理现象发生、发展的规律;二是从各种领域中探讨心理发展的规律,从而形成了各门应用心理学,如军事上有军事心理学、航天心理学,司法上有司法心理学、犯罪心理学,经济上有管理心理学、商业心理学等。

随着社会的进步、科学技术的发展和人们对心理现象认识的深化,心理学的研究和应用范围越来越深,越来越广,并在社会的各个领域中发挥着越来越大的作用。

四、安检人员学习心理学的重要意义

(1)安检人员学习心理学有助于维护空防安全,提高安检工作质量。

心理学与安检工作有着天然的千丝万缕的联系。因为心理学是研究人的心理现象发生和发展规律的科学。而安检工作的性质、任务决定了安检工作的主体对象是活生生的有思想、有个性的乘机旅客。安检人员肩负着维护空防安全的重任,面临着严峻的空防安全形势,每天要与成百上千名复杂的乘机旅客打交道,这就要求每一名安检人员不仅要有高尚的职业道德,高超的业务技能,还需要有洞察犯罪心理的火眼金睛。无论是维序、前传岗位还是验证、人身检查岗位,不管是 X 射线安检仪操机岗位、开箱(包)岗位,或是飞机监护岗位、隔离区管理岗位,都要求安检人员保持高度的警觉,善于对安检过程中的旅客察言观色,密切关注旅客的言行举止动态。认真学习心理学必将有助于提高安检人员的检查技巧。从某种意义上来说,心理观察将成为仪器检查、手工检查的一项重要辅助手段。国外一些发达国家的航空公司,例如新加坡航空公司,早已十分重视心理学知识在安检工作中的应用。

(2)安检人员学习心理学有助于掌握旅客心理,提高服务质量。

安检工作是民航的重要窗口。安检人员要树立窗口意识、服务意识,在确保安全的前提下,尽最大努力改善服务态度,提高服务质量,这就需要研究、分析乘机旅客的心理特点。因为安检工作的服务对象来自五湖四海,他们的国籍、民族、风俗习惯不同,职业不同,年龄不同,性别不同,性格气质等个性各有差异,因此,在安检工作中,只有在研究、分析、了解乘机旅客心理特点的基础上,才能有针对性,减少种种对立摩擦和纠纷,使旅客高兴而来,满意而去,使安检服务再上一个新台阶。

(3)安检人员学习心理学有助于正确地了解自己,提高自身的心理素质。

学习心理学,可使我们懂得人的情感发展规律,懂得保持良好心境的条件,在工作时学会控制自己的情感,保持良好的心境。学习心理学,使我们懂得一个安检人员应具备哪些良好的心理品质,从而高标准、严要求地对待自己,锻炼自己,使自己的心理品质更好地适应安检工作的需要。学习心理学,还可帮助我们了解周围同志的个性、气质、性格等心理特点,有助于调整自己与他人的人际关系,做到相互尊重、相互谅解、相互帮助。

总之,安检人员学习心理学有助于提高安检工作质量和服务质量,有助于提高自身的心理品质,营造良好的人际关系。由此可见,心理学是安检人员必备的理论素养,必须认真学习,勇于实践。

五、安检人员必须具备的心理品质

心理品质是指心理活动过程和个性心理方面所具有的特质。它包括心理过程中的感觉、记忆、思维、注意等心理特质,同时还包括个性心理方面的兴趣、性格、能力、意志等心理

特质。安检人员必须具备的心理品质,主要有五个方面。

（一）高尚的道德情感

情感是人对客观事物态度的体验。安检人员高尚的情感,主要表现在具有崇高的理想、高度的责任感和事业心,对祖国和人民无限忠诚,对各种危及空防安全的违法犯罪分子,要敢于斗争、勇于斗争。同时,还表现在正确履行法律赋予的职权,依法实施安全检查,自觉抵制不良风气的影响,遵纪守法,培养高尚的生活情趣,做合格的社会公民。

（二）敏锐的观察力

观察是指受个人思维活动影响的,有预定目的、主动的和系统的知觉活动。这种活动一般通过眼看、耳听、鼻闻、手摸等有目的地了解对方,从中发现异常。我们把知觉过程的特殊能力称为敏锐的观察力。敏锐的观察力是在受到良好训练和通过长期认识、积累储备知识的基础上形成的,安检人员要有敏锐的观察力,一方面要通过严格教育训练,另一方面要学习心理学。

（三）稳定的注意力

注意是心理活动对一定对象的指向和集中,是通向心灵的"唯一门户"。注意是一种复杂的心理活动,具有对信息的选择功能、保持功能和调节功能。注意的稳定性是注意的基本品质。

安检工作的性质要求安检人员必须具备稳定的注意品质,这是由安检工作的性质决定的。安检人员从验证到监视 X 射线安检仪荧光屏图像,连续几小时集中注意力进行观察,如果没有稳定的注意品质,经常分散注意力,就难以识别可疑信号,发现不了各种违禁物品和假证件。安检人员要保持稳定的注意力:一要注意刺激力的强度和持续时间。二要保持身心健康,因为注意力的稳定性与人的身体状况、兴趣、积极性有关。人在身体健康、精力充沛、心情愉快时,注意力容易保持稳定。三要努力克服分心（又称注意的分散）。分心是指注意离开了当前应指向和集中的客体,而指向与任务无关的客体。造成分心的原因很多,如安检现场无关刺激的干扰,单调刺激的长期作用,身体疲劳、疾病、情绪性因素影响等。分心是注意的一种缺陷,克服分心,保持注意的稳定性,对搞好安检工作有重大意义。

（四）敏捷的记忆力

记忆是过去经历的事物在人脑中的反映,是心理过程的重要组成部分。记忆具有敏捷、持久、准确三个基本品质,敏捷、准确的记忆品质是对安检人员心理品质的基本要求。安检工作是在大量信息运动过程中进行的,其特点是信息量大、变化快,要求安检人员在很短的时间内完成信息的储存。为此,记忆要有目的、有重点。例如对上级要求查控的对象,安检人员需要迅速记住查控对象的姓名、年龄、籍贯、五官特征、所持证件号码等,以便迅速准确地对查控嫌疑人的确认。

（五）顽强的意志力

意志是人自觉地确定目的并支配、调节行动,克服困难,实现预定目的的心理过程。人的意志品质是各不相同的。有的人意志坚强,有的人意志薄弱,有的人做事坚决果断,有的人则犹豫不决。意志品质一般归纳为自觉性、果断性、自制性和坚韧性（即顽强性）等方面。自觉性是指一个人在行动中有明确的目的性，自觉地调节自己行动的品质。果断性是指一个人善于明辨是非，适时而合理地采取决定并执行决定的品质。优柔寡断和草率决定是缺乏果断性的表现。自制性是指一个人善于控制自己的情感，约束自己的言行方面的品质。任性和怯懦是缺乏自制性的表现。坚韧性是指一个人在执行决定时，以充沛的精力和顽强的毅力，百折不挠地克服重重困难，坚持到底的品质。

意志的四种主要品质是相互联系的，也是安检人员应当具备的，而坚韧性（即顽强意志）是其他三种主要品质的综合表现。安检人员顽强的意志品质表现在自觉地完成工作任务，克服工作中的各种困难，果断地处置各种突发情况。

六、安检过程中乘机旅客的心理分析

（一）安检过程中乘机旅客的心理状态

安检过程中乘机旅客的心理状态是一种比较复杂的、综合的心理现象，较为突出地反映在乘机旅客的认知心理和需要心理的满足上。

1. 乘机旅客的认知心理

人的心理活动是从认知开始的。乘机旅客在安检过程中的认知心理可分为两大类：

（1）旅客对安检现场环境的知觉。心理学原理告诉我们，人们的心理活动起源于感知，而感知离不开当时的环境。在安检过程中，当旅客步入候检区、安全检查区、候机隔离区等地，这些现场环境是否宽敞、整洁、美观，光线是否充足，检查设施是否齐全等都会使旅客产生不同的知觉印象，影响旅客的心理活动与行为。

（2）旅客对安检人员的知觉。一个人对他人的知觉印象的好坏，会直接影响他对该人的情感。旅客对安检人员的知觉主要通过安检人员的仪表特征、姿态表情和语言三个方面获得。首先，在安检过程中进入旅客知觉的是安检人员的仪表，即服饰、装束等，这些鲜明的外表特征给旅客留下初步印象。其次，安检人员的表情，包括面部表情、言语表情、姿态表情（即动作、手势等），也就是安检人员的一举一动将给旅客留下深刻印象，从而直接影响旅客的心理状态和行为。再次，旅客通过安检人员的语言，包括讲话的语调、语气、节奏等来感知安检人员的情绪、心境和服务态度，因此，安检人员的语言对旅客的心理活动和行为也有直接的影响。

2. 乘机旅客的需要心理

需要是人的一切活动和行为的原始动力，其不仅在人们生活中，在心理领域中也占有重要地位。中外旅客乘坐中国民航飞机，有的是从事公务，有的是探亲访友，有的是经商，有的是旅游等。尽管乘机动机不尽相同，但却有共同的心理需要，主要表现在以下几个方面：

（1）安全的需要。安全需要是乘机旅客的第一需要，这是由于安全需要是人类最基本的生存需要之一，由于近几年国内外空难事故时有发生，因此，中外乘机旅客都把安全需要视为第一需要，安检人员应依法严格检查，最大限度地满足旅客的安全需要。

（2）对航班时间的需要。乘机旅客之所以选择飞机作为出行的交通工具，主要原因就是飞机速度快，可以节省时间。因此，他们对航班的正点飞行要求较高。如果遇到航班不正常延误或取消等情况，旅客的情绪往往急躁，有时可能十分冲动。对此，安检人员应该高度重视航班不正常时的安全检查,尽可能方便旅客,使他们的情绪得到稳定。

(3)舒适的需要。旅客乘机无非想舒适一点,一是机场服务设备舒适;二是服务人员的服务态度使人感到舒适。由于安全检查是特殊形式的服务,验证、摸身、开箱(包),给旅客带来诸多不便,与旅客舒适的心理需要相背离。在这种情况下,如果安检人员彬彬有礼、热情周到,乘机旅客的心理就能得到某种程度的平衡。

(4)自尊的需要。旅客乘机的自尊需要,主要表现为期望别人尊重他的人格,相信他讲的话、做的事,即使他有过错,不希望别人讥笑、指责他。而安检工作实施对人身、物品等的"亮相""曝光",不少旅客认为是对个人隐私的"亮相"和对人格自尊的侵犯,与旅客自尊需要的心理相矛盾,经常引起旅客的烦恼、怨恨,有时甚至会爆发冲突。在这种情况下,安检人员首先要理解、尊重旅客的自尊需要,在安检过程中绝不能伤害旅客的自尊心,尤其对残障旅客等特殊旅客;其次,要满腔热情地对待旅客,文明执勤,礼貌待客;再次,对旅客的过错切不可当众指责、讥笑,而应采取宽容、谅解和帮助的态度。

总之,只有满足旅客的心理需要,才能做好安检工作,提高服务质量。

(二)安检过程中乘机旅客的心理差异

乘机旅客是安检工作的主要对象。每一位乘机旅客由于民族不同,国家不同,信仰不同,生活条件、受教育程度不同,社会地位不同,形成不同的心理特征和个性差异。在安检过程中,乘机旅客的心理差异形形色色、纷繁复杂,具体表现在以下几个方面:

(1)地区差异。国外旅客中,欧、美、日本等发达国家的旅客接受安检,认为是应当的、正常的,认为严格检查,乘机才有安全感,放松检查反而不放心;来自欠发达地区的旅客对安全检查有时故意挑剔,不耐烦甚至反感。国内旅客中,城市地区与农村地区的旅客对待安检的心理差异比较明显,前者开朗宽容、行动敏捷,后者拘谨好奇、行动迟缓。

(2)气质差异。气质是人的个性心理特征之一,是一个人在其心理活动和外部动作中所表现出来的强度、速度、稳定性、灵活性等方面的心理特征的综合。根据不同特征,气质分为胆汁质、多血质、黏液质、抑郁质,具体内容见表7-1。这四种气质在安检过程中表现出不同的行为特征,对安检工作会产生一定影响。例如,胆汁质的旅客表现为讲话速度快、感情外露,他们对排队候检或在验证、摸身、开箱(包)检查环节时安检员的严查细验,往往会感到不耐烦。由于他们感情外露,容易激动、发火,一旦被激怒,一般不易平静。因此,在安检过程中,安检人员对这类气质的旅客要耐心宽容,不要去激怒他们,不要计较他们粗鲁的语言,万一发生矛盾应避其锋芒,切不可针锋相对,使矛盾激化。多血质的旅客表现为热情大方、好动活泼、爱好交谈,对安检设备及其操作感到好奇和感兴趣,对这类旅客,安检人员要以礼相待,切不可不理不睬。黏液质的旅客在安检过程中表现较稳定,情感很少外露,因此,安检员不宜用大声或用激动的口气与他们讲话。由于他们自制力强,做事不慌不忙,力求稳妥,所以,在安检过程中,不要过多地催促、打扰他们。抑郁质的旅客性格内向、孤僻,多愁善感,敏感多疑,自尊心十分强,平时见到有人在公共场合无意中看他一眼或指他一下,就会引起他们猜疑。对这种气质的旅客,在安检过程中安检员应注意尊重他们的特点,讲话要清楚明朗,态度要和蔼可亲,切不可对他们指指点点,以免引起他们的不愉快或猜疑。

气质学说内容一览表　　　　　　表7-1

气质类型	高级神经活动过程	高级神经活动类型	气质类型特点	代表人物
胆汁质	强、不平衡	不可遏制型	直率热情、精力旺盛、表里如一、刚强、但暴躁易怒、脾气急、易感情用事、好冲动	张飞、李逵、鲁智深、李白、巴甫洛夫、白求恩
多血质	强、平衡、灵活	活泼型	活泼好动,反应迅速,热爱交际,能说会道,适应性强,但稳定性差、缺少耐性,见异思迁。具有明显的外向倾向,粗枝大叶	贾宝玉、郭沫若、王熙凤
黏液质	强、平衡、不灵活	安静型	安静稳重踏实,反应性低,交际适度,自制力强(性格坚韧),话少,适于从事细心、程序化的学习,表现出内倾性,可塑性差。有些死板,缺乏生气	陈景润、牛顿、达尔文、爱因斯坦、爱迪生、林冲等
抑郁质	弱	抑郁型	行为孤僻,不善交往,易多愁善感,反应迟缓,适应能力差,容易疲劳,性格具有明显的内倾性	林黛玉

(3)年龄差异。心理学研究认为,不同年龄的个体有其不同的生理、心理发展的特点。在安检过程中,不同年龄层次的旅客存在着不同的心理差异。青壮年旅客自我意识强,包括自我观察、自我评价、自我表现、自我塑造等,情绪、情感体验的敏感性、强烈性和冲动性大,别人一句无意的话或某个表情也会引起他们复杂的情绪体验。情绪反应来得快而平息得也快,积极的情绪使他们狂热、兴奋,消极的情绪使他们动怒、暴跳如雷,以至感情多于理智。对青壮年旅客,安检人员要以诚相待,耐心热心,举止庄重,热情大方。老年旅客则自尊心很强,稳重老练,情绪容易急躁、激动,好发脾气,安检人员对老年旅客应当以礼相待,多一点尊重,多提供一些方便。

(4)性别差异。男女在性别上的差异,不仅表现在生理上,还表现在心理方面,也表现在男女参与社会活动、人际交往能力,以及思想道德观念、价值观念、文化素质、家庭生活等方面。男性精力充沛、体力强壮、好动易怒,女性较文雅,他们情感情绪的丰富性、敏感性,应当引起安检员的足够重视。在安检过程中,年轻女性对摸身、开箱(包)、翻开她们的行李物品,十分反感,心里很不舒服,她们不愿男性检查员开箱(包),不愿隐私曝光。因此,对女性检查必须由同性检查员进行,这也是对人格的尊重。

(5)职业差异。人们在长期从事的特定职业和工种中逐渐形成职业上的差别行为方式和个性特点。比如,教师冷静、机智、观察问题敏锐、思维有条理的品质;服务人员耐心、和蔼、热情的风格;医务工作者细致、富有同情心、慈爱、爱整洁的特点;文化艺术工作者感情丰富的特点;科学工作者求实态度、严谨性、独立性等特点。乘机旅客的职业多种多样,因此在行为方式和个性特征上千差万别。为此,安检人员要在实践中不断探索不同职业的旅客在安检过程中的心理差异,以便更好地提高服务质量。

（6）职务差异。人们的社会地位、身份职务不同，形成不同的行为方式和心理特征，乘机旅客中某些有特权思想的人，在安检过程中表现出来的自命不凡，盛气凌人，养尊处优，高人一等的优越感、自豪感，不可一世的高傲情感和逆反心理，常常给安检勤务带来不少麻烦。例如：有的要求免检；有的不愿开箱（包），并言"查不出违禁物品你要负责"；有的拒绝人身检查，说"像我这样有身份的人能劫机吗？谁给你们摸身的权力"；有的在现场以势压人、无理取闹等。对于有些知名度较高，既有较高职务，又有特权思想的旅客，安检人员应当不卑不亢，坚持原则，依法执勤，态度诚恳，以理服人。

（7）散客与团体旅客的差异。心理学原理认为群体成员无个性特征，作为个人，差异性越少，自我特征的感觉就越少，他们的行为方式就越无责任。群体可使个人丧失个人特征，也相应地为个人提供了保护。这在安检过程中表现得尤为突出。在安检中，散客较为遵守秩序，团体旅客由于众人的交互作用，个人的行为有时就放肆起来，有的借故起哄，有的纠缠不清、情绪激昂，对此，安检人员既要严格检查，又要文明服务。

（8）初次乘机与经常乘机旅客的差异。初次乘机的旅客由于不懂安检程序，存在着好奇心理和畏惧心理，在安检过程中，行动迟缓，常常不知所措，对此，安检人员应当热情引导，不能讥讽嘲笑。而经常出差的旅客熟悉安检程序，行为敏捷，举止大方。安检过程中，乘机旅客的行为方式和心理特点千差万别，安检员在安检勤务的实践中，要认真研究，勇于探索，才能提高安检业务水平。

第二节　犯罪心理学知识

犯罪心理学是研究犯罪心理的一门科学，它以普通的科学原理为基础，是心理学的分支学科。

一、犯罪心理学的对象和任务

（一）什么是犯罪心理学

犯罪心理学是研究犯罪心理的发生、发展、变化规律的科学。弄清这个概念，首先要弄清什么是"犯罪"，什么是"犯罪心理"。犯罪，就其刑法意义来说，是危害社会、触犯刑律的，应受刑法处罚的行为。

犯罪心理并非一般心理现象，它是支配犯罪人进行犯罪活动的各种心理因素的总和。犯罪行为是在犯罪人的犯罪心理支配下实施的。

（二）犯罪心理学的研究对象

犯罪心理学的研究对象，就是研究犯罪主体的心理活动的形成原因及其规律，研究犯罪行为与犯罪心理的关系，探讨犯罪主体的个性心理特征，从而揭示犯罪心理的形成及发展规律。

（三）犯罪心理学的任务

犯罪心理学的基本任务是揭示和研究犯罪心理的规律，具体地讲，就是揭示和研究犯罪心理原因、犯罪心理形成和发展变化的规律。其目的是加强对犯罪的预测、预防，为维护社会秩序的稳定服务。

二、犯罪心理形成的原因

犯罪心理形成原因的研究,是犯罪心理学研究的重要课题之一。犯罪心理形成的原因是一个十分复杂的系统。它既有个体内在的生物因素和心理因素,又有个体赖以生存的自然因素和社会因素,它是主客观因素交互作用的过程。

(一)我国现阶段产生犯罪心理的主体外因(即外在的客观因素)

1. 宏观社会环境因素

我国虽然已经推翻了剥削制度,建立了社会主义制度,根除了产生犯罪的总根源,但是,历史上剥削阶级思想遗毒,形形色色的仇恨社会主义制度的敌对分子的存在,是产生犯罪的社会阶级根源。国外资产阶级思想的侵蚀和渗透,也是我国现阶段形成犯罪的重要原因。

2. 客观的不良因素和学校教育的缺陷

家庭是社会的细胞,是青少年成长的摇篮。家庭结构残缺,家庭成员行为不正和道德败坏,家庭教育水平低下,直接影响青少年的健康成长,容易使其形成不良个性品质。现阶段学校教育与社会需求相脱节,教师教育方法不当,有些学校管理不善,学生容易产生消极心理。

3. 居住环境和工作场所的消极因素

人们长期生活的居住环境和工作单位是一个复杂的群体,构成人们交往关系的客观环境。有些人犯罪既不是家庭原因,也不是学校原因,而是因为周边居住环境或工作场所的影响,才逐渐走上犯罪道路的。

(二)我国现阶段产生犯罪心理的主体因素(即主观内在因素)

任何环境因素,外部的种种犯罪条件,对个体的作用,总是通过个体早已形成的心理特点而起作用。在犯罪心理形成中,主体因素起着决定性的作用。

(1)错误或反动的世界观和腐朽的人生观。错误或反动的世界观对客观现实的歪曲反映,是一种反社会的意识,是犯罪人的精神支柱。

(2)不正当的需要结构。需要是人对生理和社会的需求的反映。犯罪人不正当的需要主要表现在个人需要恶性膨胀,脱离客观现实条件,无止境的需求欲望;个人的生理需要超常规无节制,把个人需要与社会需要对立起来。为了满足个人的欲望,不惜以身试法,从而走向犯罪的深渊。

(3)消极情绪和情感。情绪对个体行为起到发动和制止的作用。一个人如果长期对某个事物处于否定的情感的体验之中,使消极、低级的不良情绪、情感积累到一定程度,便可能对犯罪心理的形成起着加速和催化作用,从而导致犯罪。

(4)不良的意志品质。犯罪是人的一种自觉的行为,意志支配和调整行为。意志坚强品行不正的人,其反社会行为更顽固。意志来源于认识。犯罪人的错误认识愈坚决,世界观愈反动,犯罪意志则愈顽固。

(5)错误的道德观和薄弱的法治观。一些人的犯罪心理形成与道德、法制对其行为失去应有的控制有关,这是主体形成犯罪心理的一个主要因素。

三、几种犯罪人的心理

(一) 信仰型犯罪心理

所谓信仰,是对某种主义、某种思想或某种宗教的极度信服和尊重,并以此支配其行动。信仰型犯罪是指由反社会的信仰引起的犯罪。这里只简述政治信仰型犯罪,如危害国家安全罪。

五种得到官方承认的宗教分别是:天主教、新教、佛教、伊斯兰教和道教。每一种宗教信仰都有一个隶属于政府的协会,负责对有关活动进行监督管理。我国政府认为,宗教信仰是公民个人的私事,而建设一个富强、民主、文明的社会主义现代化国家,维护国家的主权和民族的尊严,是包括信教和不信教群众在内的中国各族人民的共同目标和根本利益。因此,信教和不信教的人们可以做到政治上的团结合作,信仰上相互尊重。

1. 心理特点

(1) 认识的片面性、反动性。政治信仰型犯罪的认识是一种严重的反社会认识,只有表层现象或一个侧面,夸大某些社会弊病和腐败现象,由认识上的片面性而导致盲目信仰资本主义,否定四项基本原则,同时处于自我中心,以"救世主"自居,把自我突出到凌驾于社会之上。

(2) 情感的反社会性。政治信仰型犯罪人的情感建立在反动认识的基础上,具有强烈的反社会性,个性内向莫测。大多数政治信仰型犯罪者性格内向,沉默、谨慎,不轻易泄露内心深处的情感,善于察言观色和伪装。

2. 行动特点

(1) 预谋性。凡政治信仰型犯罪都有预谋的特征。他们有十分鲜明的反动政治态度,也深知实施这类犯罪行为要遭到国家法律的严惩,因而,在实施犯罪前,都要经过深思熟虑和精心准备。因此,政治信仰型犯罪都是故意犯罪。

(2) 疯狂性。信仰型犯罪人多数认识水平较高,行动手段狡猾多样,善于伪装和隐蔽,但内心愿望比天高,目空一切,野心勃勃想干"大事",因而常置国家和人民生命财产安危于不顾,不择手段、不计后果地进行破坏和负隅顽抗。

【案例7-1】　1984年4月起,孙某、杨某、高某,多次共谋劫持飞机,准备外逃投敌。孙某,男,19岁,运输公司工人。杨某,男,20岁,变压工人。高某,21岁,仪表厂工人。同年7月25日,他们利用骗取的介绍信,购买了机票,携带炸药、匕首、指南针,冲进驾驶舱,威逼机组人员改变航向,劫机外逃,并刺伤机组人员和旅客。经机组人员和旅客的奋起搏斗,罪犯当场被抓获。

评析:《中华人民共和国宪法》第一条规定:"中华人民共和国是工人阶级领导的,以工农联盟为基础的人民民主专政的社会主义国家。社会主义制度是中华人民共和国的根本制度。禁止任何组织或者个人破坏社会主义制度。"孙某等劫机投敌的行为,是仇视人民民主专政的政权和仇视社会主义制度的严重犯罪行为,并手持凶器,身绑炸药,威逼驾驶员改变航向,实施了危害行为。这种行为属于对国家和对公民特别严重的危害,我国司法机关对其必将依法处置。

【案例7-2】　2012年6月29日,由新疆和田飞往乌鲁木齐的GS7554航班于12:25起飞。12:35,飞机上有6名歹徒暴力劫持飞机,随后被机组人员和乘客制服,飞机随即返航和田机场并安全着陆,6名歹徒被公安机关抓获。2012年12月11日,新疆和田地区中级人民法院一审公开开庭审理该6名歹徒暴力恐怖劫机案并当庭宣判,分别判处被告人死刑及剥夺政治权利终身,无期徒刑及剥夺政治权利终身。

(二)物欲型犯罪心理

物欲型犯罪心理是指以非法占有公、私财物为目的的犯罪类型心理,主要有抢劫、盗窃、诈骗、贪污受贿等犯罪行为。

1. 抢劫犯罪心理和行为特征

抢劫犯罪指以暴力、胁迫或者其他方法抢夺公、私财物的违法犯罪。

心理特征:对物质具有强烈的占有欲,胆大妄为。一旦作案受阻时,心狠手毒,凶恶残忍,不计后果。

行为特征:抢劫犯罪的目的是财产,抢劫犯罪人实施犯罪前,踩点窥测现场,精心选择抢劫目标,手持凶器,突然袭击,手段凶残。

2. 盗窃、扒窃犯罪心理和行为特征

心理特征:盗窃、扒窃犯罪心理大多经历一个发展过程,初犯作案试探性地小心翼翼,情绪紧张,作案后恐惧不安,存在着害怕心理、侥幸心理和悔过心理。随着一次次作案的成功体验,逐步变得胆大妄为,犯罪心理变成稳定势态,形成一种偷扒的恶习。

行为特征:活动隐蔽诡诈,单个行动,充分利用对方防备的弱点或寻找空隙趁机作案,扒窃犯常利用人多拥挤,注意力分散,迅速作案。

3. 诈骗犯罪心理和行为特征

诈骗犯罪是指以非法占有为目的,使用欺骗法骗取公私财物的行为诈骗犯罪心理特征。诈骗犯罪一般利用别人心理的弱点(如虚荣心、人情心理、贪小便宜心理、麻痹大意心理等)达到行骗的目的,诈骗犯善于用巧妙的伪装进行欺骗,见什么人说什么话,随机应变,见风使舵,具有伪装性,同时又具有"高""大""权"的冒险特点,即冒充高身份,出入大机关,炫耀自己有权力。行为特征:以假乱真制造依据,能言善辩好交际,投其所好设骗局,引诱上钩敢冒险。

4. 贪污受贿经济犯罪的心理和行为特征

心理特征:一是伪装性。贪污受贿犯罪一般都经过深思熟虑,大都善于伪装。二是合法性。打着合法旗号,以"合法"掩盖非法,巧立名目,化公为私。三是贪婪性。贪婪成性,侵吞金额巨大。四是应变性。贪污受贿犯罪人善观风向,辨别气候,以蒙混过关,逃避打击。

行为特征:在犯罪主体上,利用"职"和"权"犯罪明显,权力敲诈,权力利用,以权谋私。在犯罪手段上,呈现出隐蔽性和狡诈性的特点。在犯罪方式上,一是团伙作案多;二是顶风作案多;三是反侦察手段多。如:串供翻案;订立攻守同盟;携款潜逃;打击举报人等。

(三)杀人犯罪心理

故意杀人犯罪有犯罪的主观动机和目的。由于各个犯罪人所处的社会环境及社会地位不同,因此,杀人犯罪的动机也是各式各样的。

1. 危害国家安全

这种动机可表现为两种形式,一是公开;二是暗杀。其目的都是破坏或削弱人民民主专政和社会主义制度。

2.报复动机

这种动机杀人的犯罪人,其心理特征表现为情绪冲动,往往达到不可控制的程度。在这种动机支配下,杀人犯作案时,心毒手狠,极其残忍。

3.恐怖动机

违法犯罪者在作案前并无杀人动机,当其实施抢劫、强奸、盗窃犯罪活动受阻,罪行要被揭发时,产生一种恐惧感。在这种恐惧感支配下杀人灭口,也是犯罪动机的恶性转化。而当作案之后,冷静下来,又常常后悔,心神不定,惶惶不安,恐惧感更重,有的罪犯甚至在杀人之后又自杀身亡。

4.嫉妒、怀疑动机

这种杀人案件多发生在男女关系方面,因为男女之间的矛盾逐渐激化,达到不可调和的地步,出现了杀人动机。有的是由于通奸关系被人发现,有的是因为争风吃醋,有的是一方中断往来、另有新欢等原因,引起嫉妒,最后将对方或发现者杀死。还有的是谋夫夺妻杀人,这种杀人犯的心理特征是,实施犯罪时,必须杀死对方才能达到长期姘居的目的。行凶杀人后,制造种种假象转移视线,妄图逃避侦查以实现其美梦。还有些人学"绿林好汉",出于"哥们义气"的动机杀人,这种杀人犯杀人之后,还以"英雄"自居,即使执行死刑时,因受到同伙称赞,仍感到心满意足,觉得不虚此生。此外,还有某种精神病态下的杀人动机。

(四)未成年人犯罪心理

以《中华人民共和国刑法》和心理学为依据,未成年人犯罪行为人的年龄应界定在14～18岁。我国未成年人犯罪呈上升的趋势。

1.犯罪的心理特征

认识特征:一是认识肤浅,缺乏判断力和辨别力。二是认识的片面性和主观性,对各种事物,总是较少客观地去考虑,而是凭自己的主观愿望,以"我"为出发点思考问题。三是认识的情绪性,以自己的好恶为标准,为自己的情绪所左右,极易冲动,做事不计后果。

情绪特征:一是缺乏社会性情感。对人缺乏起码的仁慈和同情心,不择手段地追求物质享受,沉醉于不良的精神需要。二是不良倾向的消极情感情绪。未成年犯罪人情绪体验低级庸俗,对同伙讲义气,重感情,对正常人则冷漠戒备,遇有冲突则导致攻击行为。三是自卑与自负共存。未成年犯罪人多数逞强好胜,妄自尊大,另一方面在外界评价的影响下,又具明显的自卑感。四是情绪的不稳定性,喜怒无常,极好冲动,经常为一些小事爆发激情,酿成严重后果。

意志特征:一是意志薄弱性,自我控制能力极差。二是在违法犯罪道路上变形发展,具有顽固性。

动机特征:一是犯罪动机的直接性和情境性。未成年犯罪人犯罪动机的产生多为外界诱因引起。动机产生迅速,缺乏准备,较少预谋,犯罪动机的产生和实施都带有浓厚的情绪色彩。二是犯罪动机的易变性。未成年人犯罪作案时,动机不稳定,常常是能偷则偷,可抢则抢,见到异性就进行流氓行为,还常常无端攻击他人。

2.未成年人犯罪的行为特征

(1)模仿性和互感性。未成年人犯罪行为模仿性强,他们从影视录像等文艺作品中及一些犯罪分子身上模仿一些新奇的带有刺激性、暴虐性的行为,并且极易相互感染,导致模仿性犯罪。

（2）冲动性和狂妄性。未成年人犯罪行为冲动,凶狠残忍,胆大妄为,明火执仗,骇人听闻。

（3）团伙性和取乐性。结伙并进行团伙犯罪是当前犯罪未成年人行为的一个突出特点。他们成群结伙,四处游逛,以侵害他人为乐,寻求刺激,满足自己低下的生理、心理欲求。

（4）多面性和反复性。由于他们行为的结伙性、模仿性导致违法犯罪行为极易变化升级,一人犯多种罪的情况较为严重。

随着当今社会传播媒体的空前发展,青少年以敏感的心灵感受着时代的变化,见多识广、早熟、早知,思维活跃。而在另一方面,青少年犯罪也出现了一些新的特点,犯罪动机、犯罪形式、犯罪手段等方面都发生了一些新的变化。青少年犯罪者的文化程度不高,大部分为中低等文化程度。青少年罪犯中,大多数接受文化教育少,好多人小学期间就辍学,甚至都没上过学,初中以下文盲、半文盲占90%以上。

四、犯罪人格

犯罪人格是指犯罪人特有的导致其犯罪行为发生的心理特征的综合,是一种严重的反社会人格。由于人格心理的复杂性,要找到符合所有犯罪人个性特征的共性是困难的,但根据犯罪人个性特征进行分类研究是可行的。

（一）反社会型

这种类型的犯罪人的人格结构中,存在着大量与社会规范相冲突的思想、观念,他们对社会传统文化及现有的规范体系怀有强烈抵触心理和对抗情绪,越是社会所支持、提倡的,越是加以排斥、拒绝;越是社会所反对和禁止的,便越感兴趣,加以探求和坚持。反社会型的人格在犯罪人中是一种较为常见的个性类型,具有这种人格的人,因其个性倾向的不同和认知水平的差异,可能表现为不同的犯罪行为类型,常见于政治型犯罪、暴力型犯罪及有组织的犯罪中。

（二）偏执型

偏执型人格的犯罪人具有较强的独立性,他们常对一些问题固执己见,不能随环境的变化调整自己以适合这种变化。他们对别人的看法、意见、劝说常充耳不闻,敏感多疑,心胸狭窄。他们为满足自己的欲望常不择手段,这种人很容易发展成偏执型变态人格。报复型犯罪在这种人身上较为常见。

（三）狂躁型

这种类型的犯罪人情绪不稳定,常见一些微小的诱因刺激而陷入一种烦躁不安的状态中,容易冲动,自我控制能力差,激惹性强,常在暴怒和冲动状态下出现毁物、伤人,甚至杀人等犯罪行为。狂躁型人格常与情境性暴力犯罪相联系。

（四）贪婪型

这种类型的犯罪人对金钱、财物具有一种贪婪的欲望,他们不能按社会规范、社会生产力水平和自己的能力来调整自己的需要,他们贪心不足,又嫌正当途径来得慢,总是想方设法寻求一种获得钱物的捷径,于是去偷盗、抢劫、贪污、贿赂、走私、贩毒,所以贪婪型人格常与财产型犯罪联系在一起。当然这种人在贪婪的个性上是相同的,而犯罪行为类型则往往是不同的,这与个人的认知水平、职业特征、社会阅历等相联系。

（五）虚荣型

这种类型的犯罪人具有强烈的自尊心、虚荣心,为了满足自己的虚荣,常会出现一些过度补偿行为,从而触犯法律,走向犯罪。几乎在任何一种犯罪中,都可见到这种个性品质的犯罪人。如有的青少年为证明自己男子汉的阳刚之气,去抢劫、杀人、强奸犯罪;有的因别人触犯自己的自尊心,就对对方大打出手;有的为证明自己并非没有本事,也为了在他人面前撑起腰杆,就去贪污、挪用公款等。具有虚荣型个性的人,在青少年犯罪人和女性犯罪人中较为多见。

（六）易受暗示型

这种类型的犯罪人大多心理发展尚不成熟,或存在社会化缺陷,对事物的认知缺乏自己独立的分析、判断、易受暗示、诱惑,易受外部诱因刺激,自己的行为常遵从于他人的暗示、教唆。在群体犯罪中,从犯中的不少人具有这种类型的个性品质,而且以青少年居多。

（七）攻击型

这种类型的犯罪人崇尚暴力,把暴力看作解决问题的最简捷、有效的手段。攻击型常与暴力犯罪相联系,常见于有预谋的暴力犯罪中。有些人为了更有效地发挥暴力手段的效果,而组织犯罪团伙、黑社会,因此,这种类型常见于有组织犯罪的头目中。

五、劫机犯罪心理

劫机犯罪即劫持航空器罪,是指以暴力、胁迫或者其他方法劫持航空器的行为。这是一种暴力犯罪,对国家、对人民危害特别严重。针对劫（炸）机犯罪人的心理和行为特征进行防范,具有现实意义。

（一）劫机犯罪心理的发展过程

劫机犯罪心理发展变化的一般规律是:从追求资产阶级生活方式逐渐发展为向往资本主义制度,仇视社会主义制度,最终走上自绝于人民的犯罪道路。

（二）劫机犯罪的心理特点

1.社会的疯狂性

劫持航空器的犯罪目的多种多样,或是投敌潜逃,或是对社会不满,或是向往国外资产阶级生活方式,或罪行败露、企图逃避法律制裁等,无论出于政治目的还是经济目的,都属于疯狂的反社会行为。

2.预谋性

劫机犯罪是一种故意犯罪,由萌发犯罪动机到实施有一个较长的预谋过程。劫机这种暴力犯罪绝不是一个人一时冲动所能实现的,犯罪人懂得实施这种犯罪行为必然要遭到国家法律的严惩,需要经过在物质上、方法步骤上以及心理上的充分准备,需要一定数量的共犯,制订较为详细的作案计划。只有当他们确信"蛮有把握"时才会孤注一掷,冒险行动。预谋性是劫机犯罪的重要特征。如劫机犯卓长仁,在劫机行动前进行了周密的密谋策划。他仔细选择网罗人员,精心研究民航机场的制度规定,学习了飞机性能和导航仪器图表的使用,事前还进行过几次武器使用训练和实弹射击,并做好了对付驾驶员和全体乘机旅客的严密分工,直到认为万无一失,在全体成员精神上和心理上准备就绪时,才采取行动。

3.行为的凶残性

劫机犯罪的行为特征是极其残暴,胆大妄为,不计后果,伤害无辜群众。

由于劫机犯具有疯狂地报复社会的反动动机,大多是亡命之徒,他们已经置自己的生命于不顾,反社会的心理已发展到极端畸形,报复社会的反动意志异常坚决,犯罪情节极其严重,甚至酿成骇人听闻的机毁人亡的案件,给社会造成一定的恐怖感,严重危害着国家的声誉和机组人员、乘机旅客的生命财产的安全。因此,必须强化登机前的地面安全检查,把这种反社会的劫机行为消灭在预谋阶段。

第三节 投诉心理分析

一、旅客投诉分析

(一)旅客投诉的方式

1.书信投诉

接到旅客的投诉信以后,应立即向有关人员了解情况。如果确实是工作人员的过错,应尽快回信,赔礼道歉,以取得乘客的谅解。如果其中有误会,也应回信向旅客做出合理的解释。

2.上门投诉

旅客上门投诉时,首先必须做到诚恳、耐心地倾听,不可还没听完旅客的投诉就开始解释或辩解,这很容易引起投诉者心理上的反感和情绪上的对立,反而使事态进一步扩大。旅客心中有怨气投诉,不通过发泄,他们的心理不会平静、不会舒服。我们的耐心倾听,可能会使本来暴跳如雷的旅客自然平静下来;同时,也可以借此机会弄清事情的真相,整理思路,以便恰当处理。

(二)旅客投诉时的心理

(1)求尊重的心理。旅客采取投诉行动总希望别人认为他的投诉是对的和有道理的,渴望得到同情、尊重,希望能向他表示歉意并立即采取相应的行动等。

(2)求发泄的心理。旅客利用投诉的机会把自己的烦恼、怒气、怒火发泄出来以维持心理上的平衡。

(3)求补偿的心理。希望补偿他们的损失。

(三)与旅客沟通的要求

(1)与旅客沟通时不要欺骗旅客,应以诚相待。真诚是打动旅客、拉近与旅客之间距离最好的办法。

(2)以平和、积极的心态与旅客沟通,不要因为旅客的情绪激动或说出过激的话而情绪低落,要知道我们和旅客的目标是一致的,都是为了解决问题,要戒急戒躁。

(3)与旅客沟通切忌中途打断旅客的谈话,要学会当听众,做旅客的顾问。

二、旅客投诉处理

(一) 旅客投诉处理的原则

(1)把握旅客投诉的"理解"原则,想方设法地平息抱怨、消除怨气。

(2)把握旅客投诉处理的"克制"原则,耐心倾听旅客的抱怨,坚决避免与其争辩。

(3)把握旅客投诉处理的"真诚"原则,要站在旅客立场上将心比心。

(4)把握旅客投诉处理的"快捷"原则,迅速采取行动。

(二) 旅客投诉处理的步骤

遇有旅客投诉,千万不可置之不理,更不能认为旅客是在"多事"或有意"找麻烦",和我们过不去。要知道,旅客来投诉是因为我们工作上出现了差错或服务态度不好,并且相信我们能够正确处理,希望我们能够改进。无论旅客的投诉动机如何,客观效果上是有利于我们工作的。

如果旅客投诉合理,确实是工作人员的过错,应马上当面向旅客赔礼道歉,同时对他们的投诉表示感谢。这样做会使旅客感到我们重视他们的投诉,自尊心得到满足,为圆满处理好投诉铺平了道路。

(三) 旅客投诉处理的方法

(1)"一站式服务法":旅客投诉的受理人员从受理旅客投诉、信息收集、协调解决方案到处置旅客投诉全过程跟踪服务。很多时候旅客是因为我们在处理投诉时流程烦琐、职责不畅、推诿扯皮、手续过多等因素,对投诉处理不满意,这部分旅客对投诉是否能够解决一直持有怀疑的态度。"一站式服务法"就是为了消除旅客这种疑虑,从受理到处理完毕都由专人负责的投诉处理方法,这样能够减少投诉处理中间环节,以提高处理效率、避免推诿扯皮、缩短处置时间,让旅客体验到贴心、高效的优质服务。

(2)"服务承诺法":本着为旅客负责、以旅客为本的服务精神,为缓和矛盾进一步升级的一种策略,进行分步解决旅客投诉的措施,它能够给受理和处理人员一个缓冲时间,充分了解和掌握投诉的始末和真相,给出更公正的解决方案。同时,也给那些投诉时情绪不稳定和提出过高期望的旅客一个冷静思考的时间,平静下来协调解决。这是缓解矛盾进一步升级的一种策略。

(3)"补偿关照法":是体现在给予旅客物质或精神上补偿性关照的一种具体行动,其目的是让旅客知道你认为你所犯的错误、不管什么都是不能原谅的,也让旅客知道这种事情不会再发生。

(4)"变通法":这种方法适应于非单位的责任所造成的旅客投诉,并且单位没有权限满足旅客的要求时。这种方法立足于满足旅客的要求,维护公司的声誉和诚信,所采取的对公司和旅客都有利的投诉处理方法。

(5)"外部评审法":可以使投诉在未向外界公开前得到解决,避免旅客采取进一步行动,比如向媒体、其他机构施加压力,使事件陷入无法收拾的地步。对于旅客而言,更容易接受外部评审程序做出的处理结果,因此向旅客建议选择外部评审,也体现出我们对旅客负责和解决问题的诚意,可以取得旅客的信任。

(四)平息旅客投诉的沟通技巧

(1)"移情法":就是通过语言和行为举止的沟通方式向旅客表示歉意、同情,特别是在旅客愤怒和感到非常委屈时的一种精神安慰。其目的就是使旅客敞开心灵,恢复理智,与旅客建立信任。这种沟通的方法通常适用于旅客在情绪激动,正在发泄不满时。但要注意,移情和同情是有区别的,同情是你认同他人的处境,而移情是你明白他人的心。

(2)"谅解法":要求受理人在接受旅客投诉时,迅速核定事实,并向旅客表示歉意,安抚其情绪,尽量用旅客能够接受的方式取得旅客谅解的办法。技巧在于沟通时以同意取代反对,以便更好地与旅客沟通,取得旅客的认同。

(3)"3F法":就是对比投诉旅客和其他旅客的感受差距,应用利益导向方法取得旅客谅解的一种沟通技巧,是心理学中从众心理的一种应用。这种方法针对不完全了解单位工作职责和服务就投诉的旅客。

顾客的感受(Feel):我理解您为什么会有这样的感受。

别人的感受(Feel):其他旅客也曾经有过同样的感受。

发觉(Found):不过经过说明后,他们发觉这种规定是保护他们的利益,您也考虑一下好吗?

(4)"引导征询法":是一种为了平息旅客不满,主动了解旅客需求和期望,取得双方认同和接受的共同技巧。

【案例7-3】 一趟由昆明飞往重庆的航班,本该于6日23点5分飞离昆明,却让200多名乘客滞留机场达17个小时,情绪激动的乘客们投诉无门,于是封堵了机场的10号安检通道,并将周围的几个通道也一起围堵起来,希望航空公司尽快解决此事。

一名程姓乘客介绍,航班延误后,机场工作人员将他们带离机场,并安排住进了云武宾馆,航空公司工作人员当时称航班已改为7日凌晨2点,但直至7日早上,乘客都未接到航空公司的任何通知。无奈的乘客只好集体把云武宾馆门口的公路封堵起来,以引起航空公司的关注。

7日11点50分许,所有人来到机场大厅总服务台,要求工作人员解决,却没有得到回应。乘客于是封堵10号安检通道,并将周围的通道也都封死,导致其他航班的乘客只能绕道而行。赶来的工作人员想要制止,因为乘客太多,而且情绪激动,只好作罢。

以上案例违反了处理投诉的哪些原则?

A. 理解原则　　　　B. 克制原则　　　　C. 真诚原则　　　　D. 快捷原则

【案例7-4】 宋某和妻子二人购买了2008年4月24日由昆明飞往上海的9C8812次航班,在登机安检过程中发生一件相当不愉快的经历,致使原本非常完美的"醉美云南"春秋之旅在一种相当激动的情绪中结束。分析原因有以下几方面:航空公司职员(安检人员)在履行职务过程中,使用地方方言,给旅客带来不便,且工号牌不显示;航空公司职员无忍受委屈的肚量,斤斤计较;航空公司安检人员缺乏基本自我保护意识或业务技能;航空公司安检人员在交涉过程中使用"如果是刀等"恐怖言辞;在处理事件过程中,航空公司工作人员有明显偏袒倾向;在解决事件过程中,有关工作人员处理方式、方法欠全面、欠妥当。

遇到旅客投诉问题由谁处理?

A.投诉安检员,由队长处理

B.投诉航空公司,由航空公司驻机场工作人员负责处理

练 习 题

1.简述安检人员学习心理学的重要意义。

2.安检人员应具备哪些心理品质?

3.试分析劫机犯罪的心理特征及行为。

第八章　涉外安全检查

◎ 了解涉外安全检查的基础知识;

◎ 掌握安检人员涉外服务常识;

◎ 熟悉涉外安全检查工作流程。

民航机场是对外开放的窗口单位,机场安检部门又是直接与国内外旅客接触的部门,在某种意义上代表国家和企业的形象,这就要求安检人员除熟练掌握安检业务知识和技能外,还要认真学习和了解涉外相关知识。

第一节　涉外常识概述

一、外交、外事、涉外的概念

外交是指国家为实行其对外政策,由国家元首、政府首脑、外交部、外交代表机关等进行的外事活动。如访问、谈判、交涉、发出外交文件、缔结条约、参加国际会议和国际组织等对外活动。外交是独立国家对外行使主权的官方行为,是国家捍卫本国利益和实施其对外政策的重要手段;外交采用的是和平方式,主要是谈判和不同形式的对话,包括参加国际会议和国际组织;从事外交活动的是正式代表国家的机构和人员,不仅是专职外交人员和外交机构,还包括国家首脑人物多种方式的直接参与;外交是处理国家关系的科学、艺术和技巧。

外事即外交事务的简称,一般泛指国家、地方和部门的涉及国外、境外的事务。从广义上说,"外事"包括"外交"。从狭义上说,则指有别于"外交"的一般"外事"。国家正式办理外交事务的机构叫外交机构,如驻外使领馆等。其他各种对外机构统称为外事机构或涉外单位,如中共中央对外联络部就是党的外事机构;中央外事工作委员会办公室也是国务院外事办公室;地方各级外事办公室,既是当地党委的办事机构,又是当地政府的职能部门。

涉外是涉外事务的简称。"涉外""外事"两概念的广义可通用。正如说这是"外事"问题,也可以说这是"涉外"问题。但其狭义则有些微小差别,比如"外事部门"通常指地方外办等专职外事部门;而"涉外部门"则指涉外的业务部门,从事涉外工作的有关人员叫"涉外人员"。

二、安检涉外知识的主要内容

外事知识包括国际交往和外事活动中的礼仪、礼节、各国的风俗习惯、宗教信仰、外事纪律、边防、海关等有关方面的知识,范围广、内容多。

（一）国旗的悬挂与象征

国旗是国家的一种标志，是国家主权的象征。外交场合悬挂国旗既是一种外交特权，也是一种外事礼仪。庆祝本国或驻在国重大节日时，须挂国旗，表示对本国的热爱和对驻在国的尊重。

在建筑物或广场悬挂国旗超过一天时，应日出升旗、日落降旗。遇国旗升至杆顶，再下降相当于杆长 1/3 处，为悬旗致哀，通常称降半旗。同时悬挂双方国旗应以右为上、左为下；两国国旗并挂，以旗身面为准，右挂客方国旗，左挂本国国旗。汽车上挂旗，以汽车行进方向为准，驾驶员右手方向挂客方国旗，左手方向挂东道国国旗。

各国国旗图案、式样、颜色、比例均由该国宪法规定，其图案等均有来历，各不相同。国旗的色彩有红色、黄色、绿色、蓝色、白色、黑色等，有其独特的象征。使用最多的是红色，它象征为国家独立、解放而斗争的精神以及国家的兴旺发达、光明前途；绿色象征吉祥、生命、美好；蓝色象征多湖泊、海洋、河流；黄色象征阳光、黄金、矿藏、财富等；白色象征和平、纯洁、公正；黑色则象征威严、庄重；还有一些国家选用区域习惯性配色方法，如阿拉伯国家多用红色、白色、黑色三色，被称为阿拉伯色。

（二）涉外活动中的称呼

涉外活动中，一般对男子称先生，对女子称夫人、女士、小姐，已婚女子统称夫人，未婚女子统称小姐，不了解女方婚姻情况时，可称小姐或女士，对戴结婚戒指的年纪稍大的可称夫人。这些称呼均可冠以姓名、职称、衔称等，如"市长先生""布朗先生""上校先生""朱莉小姐""罗莎女士""伊娃夫人"等。对地位高的官方人士（部长以上的高级官员），可称"阁下"或"先生"，如"总统阁下""主席先生阁下""大使先生阁下"等。但美国、墨西哥、德国等国家习惯上称先生，而不称阁下。对医生、教授、法官、律师以及有博士等学位的人士，均可单独称"医生""教授""法官""律师""博士"等；同时可以加上姓氏，也可加先生，如"弗林教授""法官先生""科克博士先生"等。对军人一般称军衔，或军衔加先生，对将军、元帅等高级军官可称阁下，前面可以冠以姓名，如"将军阁下""上校先生""迈尔少校"等。对教会中的神职人员，可称教会的职称，或姓名加职称或先生，或职称加先生，如"亲爱的牧师""派克神父""派克先生"等。社会主义国家之间，对有同志相称的国家的各种人员均可称同志，如"主席同志""上校同志""科萨列夫同志"等。

（三）外国人的姓名

外国人的姓名一般与中国人的姓名不同，除文字差异以外，姓名中的含义、姓名的组成、排列顺序都有所区别，有的还常带有冠词、缀词等。根据姓名的排列顺序大致可分为三类。

1. 名前姓后类

中国人习惯姓前名后，而国外许多国家（地区），如英国、美国、加拿大、俄罗斯、法国、德国、丹麦、印度、阿拉伯、菲律宾、泰国、老挝等，其国民姓名的排列顺序相反，是名在前而姓在后，如罗纳德·里根，"罗纳德"是名，"里根"是姓。名有教名和本人名的，一般教名在前，本人名在教名之后，如理查德·米尔豪斯·尼克松，其中"理查德"是教名，"米尔豪斯"是本人名，"尼克松"是姓。在有些国家，如英国、美国等国家，有儿子沿用父名或父辈名的习惯，这种情况，在名前加"小"字或罗马数字以示区别，如小约翰·维廉，小乔治·史密斯等。女子婚前使用父姓,婚后使用自己的名字加上丈夫的姓,或者使用丈夫的姓名,冠以 Mrs. 意为"某某夫人"。姓名可以缩写,但只可缩写名,不可缩写姓。口头称呼通常只称姓,正式场合一般要全称。关系密切者,则称本人名。亲友之间常用昵称(爱称),如称 James(詹姆斯)为 Gimmy(吉米)。

2. 姓前名后类

匈牙利人的姓名通常由两节词组成,姓在前(有复姓)、名在后。一般只称呼姓。如纳吉·伊姆雷,"纳吉"是姓,"伊姆雷"是名;奇科什纳吉·贝拉,"奇科什纳吉"是复姓,"贝拉"是名。已婚女子的姓名,第一种是改用丈夫的姓名,在丈夫的名字后加词尾 ne(妮,意为某某之妻);第二种是改用丈夫的姓,保留自己的名,词尾 ne 放在夫姓之后;第三种是可以保留自己的姓和名。如瓦什·伊斯特万妮,卢卡斯妮·萨洛塔。日本人的姓名多用汉字(但读音仍然是用日语)。姓氏延续父姓,世代相传,妻从夫姓,不得随意更改。姓通常 1~5 个字,两个字的姓比较多,如铃木、田中等。男人的名字中常有表示兄弟排列第几的字样,比如太郎、次男、谦三等,而且最后一个字常用郎、雄、男、夫等字;女人的名字多用子、江、代这些字结尾。日本人一般只称呼姓,不叫名字。日本人姓名的写法,往往是先姓后名。

3. 有名无姓类

缅甸人、印度尼西亚人只有名,没有姓。但大多数缅甸人都习惯在名字前冠一个词,表示其性别、长幼和社会地位。比如:一个名叫"登"的男子自称或长辈称呼他为"貌登"("貌"是弟弟,年轻小伙子的意思);同辈人称他"哥登"("哥"是兄长的意思)。如果他是个有名誉地位的人,就被尊称为"吴登"("吴"是叔、伯、先生的意思)。女子的名字前面一般加一个"玛"字(意思是姑娘),如"玛登"。对长辈或者有地位的妇女,在名字前加一个"杜"字(姑、婶、女士的意思),如"杜登"。

除上述几种情况外,还有一些国家(地区)的人没有固定的姓,儿子以父亲的名字为自己的姓,有的把夫妻的名字合起来作为子女的名字,如马来西亚人的姓名。而阿拉伯人的姓名比较复杂,通常由三四节词组成,包括本人名、父名、祖父名和姓,称呼时,可省略祖父名乃至父名。简称时,只称本人名即可。如费萨尔·伊本·阿卜杜勒·阿齐兹·伊本·阿卜杜勒·拉赫曼·沙特:"费萨尔"为本人名,"阿卜杜勒·阿齐兹"为父名,"阿卜杜勒·拉赫曼"为祖父名,"沙特"为姓,"伊本"是"儿子"的意思。

第二节 涉外服务礼仪

一、涉外礼仪礼节知识

(一)招呼

见面时的互相招呼是日常涉外活动中最简单的礼节,如见面时说"早上好!""下午好!""晚上好!""您好!"等,与熟人见面时,要主动打招呼,以示尊重对方,如果对方主动与你打招呼,你应相应回答对方,否则是对别人不礼貌。

与西方人打招呼,应避免中国式招呼,如"你上哪去?"对方会认为你是在探听他的私事,是一种不礼貌的语言。也不要见面就问:"你吃过饭了吗?",否则对方会误以为你要请他吃饭。

与日本人打招呼,最普通的语言是"您早!""您好!""拜托了!""请多关照!""对不起!""失礼了!"等。中东地区国家,由于多信奉伊斯兰教,打招呼时的第一句话是"真主保佑",以示祝福。而在东南亚国家,由于多信奉佛教,见面时则说"愿菩萨保佑"等。

(二)介绍

介绍是一切社交活动的开始,是社交场所中普遍的礼节礼仪。工作中常可通过第三者介绍、引见说出对方姓名和个人情况,也可自我介绍相识。为他人介绍,要先了解对方是否有结识的愿望,不要贸然行事。无论自我介绍或为他人介绍,做法都要自然。介绍的顺序通常应该是:

(1)把主人先介绍给客人。

(2)把男子先介绍给女子。

(3)把年轻的先介绍给年长的。

(4)把晚辈先介绍给长辈。

(5)把身份低的先介绍给身份高的。

(6)把未婚者介绍给已婚者。

介绍时,介绍人和被介绍人均要站立。在简单介绍时,先生、女士等称呼要紧跟其姓,可同时既称先生又加头衔。

自我介绍时,应先将自己的姓名、职务介绍给对方,并有礼貌地以手示意,不要用手指指点点。介绍后,通常相互握手,微笑并互致问候。

(三)握手礼

握手是相互见面或离别、祝贺、致谢时的一种世界上使用最广泛的礼节。相互介绍和会面时握手,握一下即可。关系亲密的人,两人双手可长时间地握在一起。年轻者与年长者、身份低者与身份高者握手时,年轻者和身份低者应稍微躬身迎握,以示尊敬。男子与女子握手时,往往只握一下女子的手指部分。与女子握手时,要轻一些,与男子握手可略重一些。握手应由主人、年长者、身份高者、女子先伸手,客人、年轻者、身份低者见面先问候,待对方伸手再握。男子在握手前应先脱下手套、摘下帽子,女子则不脱手套。握手时,双目正视对方,微笑致意,颔首弯腰,不要看第三者握手,更不能东张西望,否则便是傲慢无礼。拒绝对方主动要求握手的行为,是很失礼的。

(四)交谈

与外国旅客交谈时要表情自然大方,语言和蔼诚挚,不要用手指人,不自吹自擂,不崇洋媚外,不要离对方太远,但也不要过近,谈话时不要唾沫四溅。别人在谈话时不要凑近旁听,若有事需与某人说话,应待别人说完。谈话时不得询问外宾的年龄、履历、婚姻、工资、衣饰价格等。不谈一些荒诞离奇、黄色淫秽的事,对方不愿回答的问题不要追问,不要以外宾的生理特点为话题,如胖、瘦、高、矮等,绝不允许给外宾起绰号,与女性谈话时不要无休止地攀谈,以免引人反感。与女性谈话要谦让、谨慎,不与之开玩笑,争论问题要有节制。要严守国家机密,谈话中不涉及政治、国家关系问题,不涉及有争议的敏感问题。谈话和回答问题应实事求是,恰如其分。对旅客提出的要求,应当留一定的余地,不要随便许诺。谈话中要使用礼貌语言,如:您好、请、谢谢、对不起、打搅了、再见等。

(五)同女性接触中应注意的礼节

西方国家为表示尊重女性,在举止行动上处处注重女士优先礼节。女士进门,男士要主动给开门;女士入座,男士要主动帮助把椅子从桌下拉出来,调整好位置,请她入座;乘车时,男士应主动给女士开车门。同女士初次见面时,称其为"夫人"或"太太",也可称其为"女士",年轻的可称呼"小姐"。谈话中不要打听对方的年龄、婚姻、工资收入状况;如果对方没有首先将手伸出来,不能同她握手,以防失礼。

(六)点头礼

点头礼是同级或平辈间的礼节,在行走时相遇,点头致意,不必停留。在行进间遇到上级,必须立正行礼,上级对部下或长者对幼辈的答礼,可行进间进行。

(七)致意

以右手打招呼并点头致意,适用于远距离场合遇到相识的人。西方男子戴礼帽时,可脱帽,点头致意,有时与相遇者侧身而过,也应回身道"你好"致意。

同一场合多次与相识者见面,只点头致意即可;对一面之交的朋友或不相识者,在交际场合均可点头或微笑致意。遇有身份高的领导人,应有礼貌,点头致意,或表示欢迎,不要主动上前握手问候;只有领导人主动伸手时,才可向前握手问候。

(八)合十礼

合十礼又称合掌礼。即把两个手掌在胸前对合,掌尖和鼻尖基本平行,手掌向外倾斜,头略低。这种礼节,通行于南亚与东南亚信奉佛教的国家。在平日工作中,当对方用这种礼节致礼时,我们也应以合十礼还礼。

(九)拥抱、亲吻礼

因不符合我国国情,原则上不接受。若工作中遇到这种情况不必惊慌失措,稍稍后退,竖起手掌,掌心向外作拒绝姿态,同时说:"对不起,先生(夫人),这不符合我国国情,请谅解!"

(十)手势语言

西方人性格大都外向,与人交谈面部表情丰富,常伴随一些手势代替语言表示某种特定的意思或加强语气。他们常用的手势语言有:"OK"手势,用食指与拇指构成回圈状,其余三指向上,表示"好极了""同意""一切正常"的意思。竖起食指对人不停地摇晃,表示"不赞成""不满意""不对"和"警告"的意思。用手指轻轻地频频敲击桌子表示"不耐烦"。用大拇指向下指表示"反对"和"不接受"。用手指胸表示"我"。两手交叉放在胸前表示"无可奈何""毫无办法""毫无希望"。伸出分开的拇指和食指是表示数字"2",因为西方人用手指表示数字是从拇指开始的,竖起几根手指则表示几。手掌向下并翻动一两次,表示他认为"差不多""还算可以"。

(十一)尊重老人和妇女

这是西方社会的传统礼节礼仪,也是文明社会的一种美德。我们在检查时也要敬老尊长,在举止行动上处处体现"女士第一、长者优先"的原则。

二、安检涉外工作中的外事纪律

(1)坚决维护国家主权、尊严和利益。不做有损于国家尊严的事,不说不利于国家声誉的话。

（2）尊重不同国家、不同民族的风俗习惯和宗教信仰，不随意干涉对方的内部事务。

（3）严守党和国家的秘密，不在外国人、外籍人面前谈论党和国家的内部机密。

（4）严格遵守请示报告制度。请示报告的问题要及时、准确。不超越职权范围，不随意代表国家或本单位对外处理问题、发表意见、公开表态等。

（5）不准利用工作之便向外国旅客索要、价购、托购、套购任何物品或变相收受礼品。不许背着组织同任何国家驻外机构或个人发生任何关系。

（6）拒腐蚀，永不沾。不得利用工作之便翻阅外国旅客携带的黄色书刊。

第三节 机场联检部门工作常识

国际航班联检单位是指国家设在对外开放机场，对出入境飞机、人员、货物、行李物品、邮件等，依据有关法律、法规进行各项检查、检验及负责保障工作的各有关单位。包括：公安边防检查部门、海关总署驻机场海关部门、出入境检验检疫部门、民航机场安全检查部门等。此外，还有地方公安机关的出入境管理机关，民航运输国际值机部门以及负责协调联检各单位工作的政府口岸管理机构等。

一、公安边防检查部门

公安边防检查部门是国家设在对外开放口岸以及特许进出境口岸的出入境检查管理机关，是代表国家行使出入境管理职权的职能部门。其任务是维护国家主权、安全和社会秩序，发展国际交往，对一切出入境人员的护照、证件和交通运输工具实施边防检查和管理，实施口岸查控，防止非法出入境。

（一）抵、离口岸人员的出入境检查

公安边防检查部门依据《中华人民共和国出境入境边防检查条例》，代表国家行使出入境管理，对外国人、中国公民因公、因私出入境进行严格的证件检查。

（二）拒绝、阻止出入境

《中华人民共和国外国人出入境管理法》《中国公民出入境管理法》规定了拒绝外国人和中国公民出入境的几种情形：对未持有效护照、证件或签证的；持伪造涂改或他人护照、证件的；拒绝接受查验证件的；公安部或国家安全部通知不准出入境的。

有以上几种情形之一的外国人和中国公民边防检查部门有权阻止其出入境。

（三）交通运输工具的检查

设在我国对外开放的国际机场、港口的公安边防检查部门分别对国际航空器、国际航行船舶等运输工具实施边防检查。其职责还包括办理中外籍交通运输工具的出入境手续；查封、启封外国交通运输工具所携带的枪支、弹药；查验出入境人员的护照、证件；办理出入境或注销、加注手续；签发和收缴有关证件。

（四）边防检查须知

（1）出入境人员和交通运输工具必须遵守中华人民共和国的法律、行政法规，接受边防检查、监护和管理。

(2)出入境人员必须按规定填写"出入境登记卡",交验本人的有效护照或其他出入境证件,经边防检查人员查验核准后方可出入境。

(3)边防检查站对违反中华人民共和国法律、法规的人员和交通运输工具,有权阻止其出境、入境,并依法实施处罚。

(4)被处罚者对边防检查站做出的处罚决定不服的,可在法定时间内向该检查站所在地的公安机关申请复议;对复议决定不服的,可在法定时间内向人民法院提起诉讼。

(5)为维护国家主权、安全和出入境秩序,边防检查站对口岸的限定区域进行警戒。

(6)任何组织和个人不得妨碍边防检查人员执行公务。

二、海关

海关是根据国家法律对进出关、境的运输工具、货物和物品进行监督管理和征收关税的国家行政机关。海关的任务是依照《中华人民共和国海关法》和其他有关法律、法规,监管进出境的运输工具、货物、行李物品、邮递物品和其他物品;征收关税和其他税费;查缉走私;编制海关统计和办理其他海关业务。

(一)进出境货物的管理

进口货物自进境起到办理海关手续止,出口货物自向海关申报起到出境止,进境、转运和托运货物自进境起到出境止,应当接受海关监管。

(二)进出境运输工具的管理

进出境运输工具到达或者驶离设立海关的地点时,运输工具负责人应当向海关如实申报,交验单据,接受海关监管。未经海关同意,不得擅自驶离。

运输工具装卸进出境货物,上下进出境旅客,应当接受海关监管。上下进出境运输工具的人员携带物品,应当向海关如实申报,接受海关检查。对有走私嫌疑的,海关有权开拆进出境运输工具可能藏匿走私货物、物品的部位。

(三)进出境物品的管理

个人携带进出境的行李物品,邮寄进出境的物品,应当以自用、合理数量为限,接受海关监管。

进出境物品的所有人应当如实向海关申报接受海关查验。海关加施的封条标志,任何人不得擅自开启或损毁。进出境邮袋的装卸、转运和过境应接受海关监管。

(四)关税的征收和减免

准许进出口的货物、进出境的物品,除《中华人民共和国海关法》另有规定的外,由海关依照进出口税则征收关税。进出境物品的纳税义务人,应当在物品放行前缴纳税款,部分规定的进口货物、进出境物品减征或免征关税。

(五)出入境旅客须知

根据《中华人民共和国海关法》和《中华人民共和国海关对进出境旅客行李物品监管办法》的规定,进出境旅客行李物品必须通过设有海关的地点进境或出境,接受海关监管,旅客应按规定向海关申报。除法规规定免验者外,进出境旅客的行李物品应交由海关按规定查验后放行。海关验收进出境旅客的行李物品,以自用合理数量为原则,对不同类型的旅客行李物品规定不同的征税范围或限值。

旅客进出境携有需向海关申报的物品,应在申报台前向海关递交"中华人民共和国海关进出境旅客行李物品申报单"或海关规定的申报单证,按规定如实申报其行李物品,报请海关办理物品进境或出境手续。在实施双通道制的海关现场,上述旅客应选择"申报"通道(也称"红色通道")通关;携带无须向海关申报的物品的旅客,即可选择"无申报"通道(也称"绿色通道")通关。

经海关验核签章的申报单证请妥善保管,以便回程时或者进境后凭此办理有关手续。海关加封的行李物品,请不要擅自拆掉或者损毁海关加封的标志。

1.部分限制进出境物品

(1)烟、酒。

烟酒进出境限制,见表8-1。

烟酒进出境限制　　　　　　　　　　　　　　　　　　　　　　表8-1

旅客类别	免税烟草	免税12°以上酒精饮料限量
来往港澳地区的旅客(包括港澳旅客和内地因私前往港澳地区探亲和旅游等旅客)	香烟 200 支或雪茄 50 支或烟丝 250g	酒 1 瓶(不超过 750mL)
当天往返或短期内多次来往港澳地区的旅客	香烟 40 支或雪茄 5 支或烟丝 40g	不准免税带进
其他进境旅客	香烟 400 支或雪茄 100 支或烟丝 500g	酒 2 瓶(不超过 1500mL)

(2)旅行自用物品。

非居民旅客及持有前往国家(或地区)再入境签证的居民旅客,携带旅行自用物品限照相机、便携式收录单机、小型摄影机、手提式摄录机、手提式文字处理机每种一件。超出范围的,需向海关如实申报,并办理有关手续。经海关放行的旅行自用物品,旅客应在回程时复带出境。

(3)金、银及其制品。

旅客携带金、银及其制品进境应以自用合理数量为限,其中超过 50g 的,应填写申报单证,向海关申报;复带出境时,海关凭本次进境申报的数量核放。

携带或托运出境在中国境内购买的金、银及其制品(包括镶嵌饰品、器皿等新工艺品),海关验凭中国人民银行制发的"特种发票"放行。

(4)外汇。

旅客携带外币、旅行支票、信用证等进境,数量不受限制。居民旅客携带 1000 美元(非居民旅客 5000 美元)以上或等值的其他外币现钞进境,须向海关如实申报;复带出境时,海关验凭本次进境申报的数额核放。旅客携带上述情况以外的外汇出境,海关验凭国家外汇管理局制发的"外汇携带证"查验放行。

(5)人民币。

旅客携带人民币进出境,限额为 20000 元。超出 20000 元的须在申报单相应栏目内如实申报,并交海关验核。

(6)文物(含已故现代著名书画家的作品)。

旅客携带文物进境,如需复带出境,应向海关详细报明。旅客携运出境的文物,须经中

113

国文化行政管理部门鉴定。携运文物出境时,必须向海关详细申报。对在境内商店购买的文物,海关凭中国文化行政管理部门钤盖的鉴定标志及文物外销发货票查验放行;对在境内通过其他途径得到的文物,海关凭中国文化行政管理部门钤盖的鉴定标志及开具的"许可出口证明"查验放行;未经鉴定的文物,不能携带出境。携带文物出境不据实向海关申报的,海关将依法处理。

(7)中药材、中成药。

旅客携带中药材、中成药出境,前往国外的,总值限人民币300元;前往港澳地区的,总值限人民币150元。寄往国外的中药材、中成药,总值限人民币200元;寄往港澳地区的,总值限人民币100元。

进境旅客出境时携带用外汇购买的、数量合理的自用中药材、中药,海关凭有关发货票和外汇兑换税单放行。麝香以及超出上述规定限值的中药材、中成药不准出境。

(8)旅游商品。

进境旅客出境时携带用外汇在我境内购买的旅游纪念品、工艺品,除国家规定应申领出口许可证或者应征出口税的品种外,海关凭有关发货票和外汇兑换税单放行。

2. 行李物品和邮递物品征税办法

为了简化计税手续和方便纳税人,中国海关对进境旅客行李物品和个人邮递物品实施了专用税则、税率。现行税率共有五个税级:免税、10%、20%、30%、50%。物品进口税从价计征;其完税价格,由海关参照国际市场零售价格统一审定,并对外公布实施。

3. 禁止进出境物品

禁止进境物品:

(1)各种武器、仿真武器、弹药及爆炸物品。

(2)伪造的货币及伪造的有价证券。

(3)对政治、经济、文化有害的印刷品、胶卷、照片、唱片、影片、录音带、录像带、激光视盘、计算机存储介质及其他物品。

(4)各种烈性毒药。

(5)鸦片、吗啡、海洛因、大麻以及其他能使人成瘾的麻醉品、精神药物。

(6)带有危险性病菌、害虫及其他有害生物的动物、植物及其产品。

(7)有碍人体健康的、来自疫区的以及其他能传播疾病的食品、药物或其他物品。

禁止出境物品:

(1)列入禁止进境范围的所有物品。

(2)内容涉及国家秘密的手稿、印刷品、胶卷、照片、唱片、影片、录音带、激光视盘、计算机存储介质及其他物品。

(3)珍贵文物及其他禁止出境的文物。

(4)濒危的和珍贵的动物、植物(均含标本)及其种子和繁殖材料。

根据《中华人民共和国海关法》以及《海关总署关于罚没财物的管理办法》,海关对于没收的走私货物、物品,除违禁品、金银、外币、文物等国家专管或专营的不允许流通的物品以及国家指定销售部门销售的物品外,凡是国家法律、行政法规允许流通的各类货物、物品,一律按照《中华人民共和国拍卖法》的规定,委托拍卖企业予以公开拍卖,拍卖价款全部上缴中央国库。拍卖企业的确定也应当符合国家法律、行政法规的规定,例如:海关罚没的进口汽车、摩托车等车辆,应交给有拍卖走私罚没车辆资格的拍卖企业拍卖;香烟及烟草制品委托国家烟草专卖主管部门批准的具有经营权的拍卖企业拍卖或收购等。

三、出入境检验检疫部门

(一) 卫生检疫

卫生检疫部门是国家在国境口岸的卫生检疫机关,执行《中华人民共和国国境卫生检疫法》《中华人民共和国食品卫生法》等有关法规,防止传染病由国外传入或由国内传出,保护人体健康。对出入境人员、交通工具、运输设备和可能传播检疫传染病的行李、货物、邮包以及进口食品等实施检疫查验、传染病监测、卫生监督、卫生处理和卫生检验,并为出入境人员办理,健康体检签发证件,提供国际旅行健康咨询、预防接种等。

1. 卫生检疫查验管理

出入境交通工具和人员必须在最先到达或最后离开的国境口岸指定的地点接受检疫。

2. 传染病监测管理

来华定居或居留一年以上的外国人须提供健康证明,中国公民出境须提供健康证明和"国际预防接种证书"。

3. 卫生监督和卫生处理

对出入境集装箱检疫管理,对进口废旧物品进行卫生处理。

4. 进口食品卫生监督检验

对已到达口岸的进口食品,按我国卫生标准和卫生要求检查。若不符合标准,根据其检验结果的危害程度,实行退货、销毁、改作他用或加工处理。

(二) 动植物检疫

动植物检疫部门是代表国家依法在开放口岸执行进出境动植物检疫、检验、监管的检验机关。根据《中华人民共和国进出境动植物检疫法》规定,由动植物检疫部门负责检疫进出中华人民共和国国境的动植物及其产品和其他检疫物,装载动植物产品和其他检疫物的装载容器、包装物,以及来自动植物疫区的运输工具。

1. 进境检疫管理

对进境检疫的审批及进境检疫物运输工具及其他检疫物有明确规定。进口货物到达口岸前或抵达口岸时,须在入境口岸动植物检疫局办理报检手续。

2. 出境检疫管理

货主或代理人在动植物及其产品和其他检疫物出境前,须向口岸动植物检疫局办理报检手续,经检验合格方可出境。

3. 携带、邮寄动植物检疫管理

入境旅客及交通工具员工携带或托运的动植物及其产品和其他检疫物,应按《中华人民共和国进出境动植物检疫法》的规定,在入境时应申报接受口岸动植物检疫机关检验。邮寄进境植物种子、繁殖材料、生物物品等邮件,应事先办理进境检疫审批手续,检疫合格后交邮局转递,未经检疫邮局不运递。

4.运输工具检疫

《中华人民共和国进出境动植物检疫法》规定,来自疫区的船舶、飞机、火车到达口岸时,由口岸动植物检疫机关实施检疫。装载出境的动植物及产品和其他检疫的运输工具,应符合防疫规定。

(三)进出口商品检验

进出口商品检验部门是专门从事进出口商品检验、监督管理和鉴定业务的综合性涉外检验监督机关。它以加强进出口商品检验工作,保证进出口商品质量,维护对外贸易有关各方面合法权益,促进对外经济贸易关系的顺利发展为宗旨,依照《中华人民共和国进出口商品检验法》和实施条例以及有关的规定,对进出口商品的质量、规格、包装、安全、卫生、数量、残损以及装运技术和装运条件等进行检验、鉴定和管理。

中国商检以国际贸易有关方面签订的契约为工作依据,出具检验、鉴定证书等在国际贸易中具有法律效力的证件,这是办理进出口商品对外交接、结算、计费、通关、计税、索赔、仲裁的有效凭证。

(四)出入境检验检疫须知

(1)所有入境旅客均应认真阅读并如实填写"入境检疫申明卡"(白色),如有症状或携有禁止入境物及检疫物时应主动申报。

(2)所有出境旅客必须通过检验检疫通道进行体温检测,经检验检疫人员同意后,方可进入值机厅办理有关手续。

(3)在没有疫情的情况下,实行出境旅客有症状的主动申报制度。当国内发生传染病疫情时,按照国家市场监督管理总局要求,出境旅客填报"出境健康检疫申明卡"(黄色)。

(4)了解所往国家的传染病流行情况,有任何疑问可向现场检验检疫人员咨询,或阅读现场"世界传染病疫区名录"。

(5)随身携带应急物品,最好携带口罩、消毒剂及保健用品,以备应急之用。

(6)禁止携带下列物品入境:人血及其制品;水果、辣椒、茄子、西红柿;动物尸体及标本;土壤、动植物病原体、害虫及其他有害生物;活动物(伴侣犬、猫除外)及动物精液、受精卵、胚胎等遗传物质;蛋、皮张、鬃毛类、蹄骨角类、油脂类、动物肉类(含脏器类)及其制品;鲜奶、奶酪、黄油、奶油、乳清粉,蚕蛹、蚕卵,动物血液及其制品;水生动物产品;转基因生物材料;废旧服装,详见表8-2、表8-3。

中华人民共和国禁止携带、邮寄进境的动物、动物产品和其他检疫物名录　　　表8-2

类别	名称
动物	鸡、鸭、锦鸡、猫头鹰、鸽、鹌鹑、鸟、兔、大白鼠、小鼠、豚鼠、松鼠、花鼠、蛙、蛇、蜥蜴、鳄、蚯蚓、蜗牛、鱼、虾、蟹、猴、穿山甲、猞猁、蜜蜂、蚕等
动物产品	精液、胚胎、受精卵、蚕卵、生肉类、腊肉、香肠、火腿、腌肉、熏肉、蛋、水生动物产品、鲜奶、乳清粉、皮张、鬃毛类、蹄骨角类、血液、血粉、油脂类、脏器等
其他检疫物	菌种、毒种、虫种、细胞、血清、动物标本、动物尸体、动物废弃物以及可能被病原体污染的物品

注:通过携带或邮寄方式进境的动物、动物产品和其他检疫物,经过国家市场监督管理总局特许批准的,并具有输出国或地区官方出具的检疫证书,不受此名录的限制。

中华人民共和国进境植物检疫禁止进境物名录　　　　　表 8-3

禁止进境物	禁止进境的原因	禁止的国家(地区)
玉米 (*Zea mays*)种子	玉米细菌性枯萎病菌 *Erwinia stewartii*(*E. F. Smith*)*Dye*	亚洲:越南、泰国 欧洲:独联体国家、波兰、瑞士、意大利、罗马尼亚 美洲:加拿大、美国、墨西哥
大豆 (*Glycinemax*)种子	大豆疫病菌 *Phytophthora megasperma*(D). f. sp. *glycinea* K. & E.	亚洲:日本 欧洲:英国、法国、独联体国家、德国 美洲:加拿大、美国 大洋洲:澳大利亚、新西兰
马铃薯 (*Sloanum tuberosum*)块茎及其繁殖材料	马铃薯黄矮病毒 *Potato yellow dwarf virus* 马铃薯帚顶病毒 *Potato moptop virus* 马薯金线虫 *Globodera rostochiensis*(*Wollen.*)*Skarbilovich* 马铃薯白线虫 *Globodera pallida*(*Stone*)*Mulvey & Stone* 马铃薯癌肿病菌 *Synchytrium endobioticum*(*Schilb.*)*Percival*	亚洲:日本、印度、巴勒斯坦、黎巴嫩、尼泊尔、以色列、缅甸 欧洲:丹麦、挪威、瑞典、独联体国家、波兰、捷克、斯洛伐克、匈牙利、保加利亚、芬兰、冰岛、德国、奥地利、瑞士、荷兰、比利时、英国、爱尔兰、法国、西班牙、葡萄牙、意大利 非洲:突尼斯、阿尔及利亚、南非、肯尼亚、坦桑尼亚、津巴布韦 美洲:加拿大、美国、墨西哥、巴拿马、委内瑞拉、秘鲁、阿根廷、巴西、厄瓜多尔、玻利维亚、智利 大洋洲:澳大利亚、新西兰
榆属 (*Ulmus spp.*)苗、插条	榆枯萎病菌 *Geratocystis ulmi*(*Buisman*)*Moreall*	亚洲:印度、伊朗、土耳其 欧洲:各国 美洲:加拿大、美国
松属 (*Pinus spp.*)苗、接穗	松材线虫 *Bursaphelenchus xylophilus*(*Steiner & Buhrer*)*Nckle* 松突圆蚧 *Hemiberlesia pitysophila Takagi*	亚洲:朝鲜、日本、中国香港、中国澳门 欧洲:法国 美洲:加拿大、美国
橡胶属 (*Hevea spp.*)芽、苗、籽	橡胶南美叶疫病菌 *Microcyclus ulei*(*P. Henn.*)*Von Arx.*	美洲:墨西哥、中美洲及南美洲各国
烟属 (*Nicotiana spp.*)繁殖材料	烟叶烟霜霉病菌 *Peronospora hyoscyami de Bary f. sp. tabacia*(*Adam.*)*Skalicky*	亚洲:缅甸、伊朗、也门、伊拉克、叙利亚、黎巴嫩、约旦、以色列、土耳其 欧洲:各国 非洲:埃及、利比亚、突尼斯、阿尔及利亚、摩洛哥 美洲:加拿大、美国、墨西哥、危地马拉、萨尔瓦多、古巴、多米尼加、巴西、智利、阿根廷、乌拉圭 大洋洲:各国

续上表

禁止进境物	禁止进境的原因	禁止的国家(地区)
小麦(商品)	小麦矮腥黑穗病菌 Tilletia Controversa Kuehn 小麦印度腥黑穗病菌 Tilletia indica Mitra	亚洲:印度、巴基斯坦、阿富汗、尼泊尔、伊朗、伊拉克、土耳其、沙特阿拉伯 欧洲:独联体、捷克、斯洛伐克、保加利亚、匈牙利、波兰(海乌姆、卢步林、普热梅布尔、热舒夫、塔尔诺布热格、扎莫希奇)、罗马尼亚、阿尔巴尼亚、南斯拉夫、德国、奥地利、比利时、瑞士、瑞典、意大利、法国(罗讷、阿尔卑斯) 非洲:利比亚、阿尔及利亚 美洲:乌拉圭、阿根廷(布宜诺斯艾利斯、圣非)、巴西、墨西哥、加拿大(安大略)、美国(华盛顿、怀俄明、蒙大拿、科罗拉多、爱达荷、俄勒冈、犹他及其他有小麦印度腥黑穗病发生的地区)
水果及茄子、辣椒、番茄果实	地中海实蝇 Ceratitis capitata (Wiedemann)	亚洲:印度、伊朗、沙特阿拉伯、叙利亚、黎巴嫩、约旦、巴勒斯坦、以色列、塞浦路斯、土耳其 欧洲:匈牙利、德国、奥地利、比利时、法国、西班牙、葡萄牙、意大利、马耳他、南斯拉夫、阿尔巴尼亚、希腊 非洲:埃及、利比亚、突尼斯、阿尔及利亚、摩洛哥、塞内加尔、布基纳法索、马里、几内亚、塞拉利昂、利比里亚、加纳、多哥、贝宁、尼日尔、尼日利亚、喀麦隆、苏丹、埃塞俄比亚、肯尼亚、乌干达、坦桑尼亚、卢旺达、布隆迪、扎伊尔、安哥拉、赞比亚、马拉维、莫桑比克、马达加斯加、毛里求斯、留尼汪、津巴布韦、博茨瓦纳、南非 美洲:美国(包括夏威夷)、墨西哥、危地马拉、萨尔瓦多、洪都拉斯、尼加拉瓜、厄瓜多尔、哥斯达黎加、巴拿马、牙买加、委内瑞拉、秘鲁、巴西、玻利维亚、智利、阿根廷、乌拉圭、哥伦比亚 大洋洲:澳大利亚、新西兰(北岛)
植物病原体(包括菌种、毒种)、害虫、有害生物体及其他转基因生物材料根据《中华人民共和国进出境动植物检疫法》第5条规定所有国家或地区土壤同上所有国家或地区		

注:因科学研究等特殊原因需要引进本表所列禁止进境的物品,须经国家市场监督管理总局批准。

处罚规定:

根据《中华人民共和国进出境动植物检疫法》及其内容实施条例的规定,凡具有下列情形的,将被检验检疫机关处以50000元及以下的罚款,情节严重者将被追究刑事责任:

(1)未报检或者未依法办理检验审批手续或者未检疫审批规定执行的;

(2)未经允许,擅自将进境动植物、动植物产品和其他检疫物运递的;

(3)引起重大动植物疫情的;

(4)伪造、变造动植物检疫单证、印章、标志、封识的;

(5)其他违反检验检疫法律法规的行为。

四、进出港流程

(一)国际出发

1.传染病监测

(1)查验"健康证书"。申请出境一年以上的中国公民,出境时应主动向口岸检验检疫官员出示检验检疫机构或者县级以上医院出具的含有艾滋病检测结果的有效健康检查证明。对不具备有效"健康证书"者,劝其前往就近出入境检验检疫机构补办后方可出境。

(2)查验"预防接种证书"。对前往黄热病疫区的中国籍旅客要求出示"黄热病预防接种证书";对未持有效"黄热病预防接种证书"者要求补办;根据自愿原则,对前往霍乱疫区的旅客提供预防注射或药物预防。

(3)体温检测、医学观察、健康询问、健康咨询。对所有出境旅客实施体温检测、医学观察,发现染疫人或染疫嫌疑人应阻止其出境,并进行流行病学调查、医学检查、实验室检验或隔离治疗;对前往疾病流行区的旅客提供抗症药;对出境者进行健康咨询,提供保健药盒和旅行卫生资料;监护艾滋病病人、HIV 感染者或其他传染病病人出境。

(4)出境旅客携带的检疫物,出入境检验检疫机构依据输入国检疫要求或双边协定实施检疫。

(5)旅客携带小动物出境,应事先向出入境检验检疫机构报检,报检时须提供狂犬病免疫接种证明。出入境检验检疫机构对申报的伴侣动物根据输入国的要求实施检疫,检疫合格的,出具"动物健康证书",方可准予出境。

2.海关检查

携带国家禁止、限制出境物品及海关规定须向海关申报物品的旅客,须填写"中华人民共和国海关出境旅客行李物品申报单",从红色通道通关,其余旅客直接从绿色通道通关。

3.办理乘机手续(托运行李、换取登机牌)

为确保顺利登机,建议旅客最晚在航班起飞前 2h 到达机场,值机柜台截止办理手续的时间为航班起飞前 30～40min 不等,各航空公司具体规定不同,注意阅读机票说明。旅客凭机票及本人有效护照、签证到相应值机柜台办理乘机和行李托运手续,领取登机牌。同时看清登机牌上所标示的登机口,到指定登机口候机。护照、签证、旅行证件以及现金、票据等贵重物品通常情况下要随身携带。

乘坐国际航班随身携带行李的相关规定:通常情况,手提行李总质量不超过 5 千克,每件行李体积不超过 20cm×40cm×55cm(三边之和不超过 115cm)。乘坐美加航线的旅客只能随身携带一件手提行李(部分航空公司有特殊质量限制规定,旅客需留意机票上的提示,或向航空公司咨询)。

乘坐国际航班托运行李的相关规定:经济舱旅客的免费托运行李限额为 20kg;公务舱免费托运行李限额为 30kg;头等舱免费托运行李限额为 40kg。但当目的地为美洲时,其托运行李可以为两件,经济舱每件不超过 23kg,商务舱和头等舱每件不超过 32kg,单件行李三边长度和不超过 158cm。当超过时,旅客需要支付逾重行李费(部分航空公司有特殊质量限制规定,旅客需留意机票上的提示,或向航空公司咨询)。

4.边防检查

我国大陆地区居民凭有效护照证件,我国台湾地区居民凭台弯居民来往大陆通行证及有效签注,我国香港、澳门地区居民凭港澳居民来往内地通行证及有效签注入境。如果是外籍旅客,需交验有效护照、签证、出境登记卡以及登机牌,并在有效入境签证上的规定期限内出境。

5.安全检查

为确保飞行安全,旅客须从探测门通过,随身行李物品须经 X 射线安检仪检查,旅客应配合安检员的检查。

6. 候机

旅客经过安检后,可以根据登机牌上的登机口编号到相应候机区休息候机。

7. 登机

通常情况下,旅客将在航班起飞前约 40min 开始登机,登机时需要出示登机牌(一些航空公司在登机口需要旅客出示护照),旅客需提前准备好。

(二)国际到达

1. 抵达机场

如果飞机停靠候机楼登机桥,旅客可步行至国际到达大厅。如果飞机没有停靠候机楼登机桥,旅客需乘坐摆渡车至候机楼口,步行至国际到达大厅。

2. 检验检疫

入境旅客携带作为伴侣用途的犬和猫时,凭本人护照每人仅限一只,并须提供输出国家(地区)官方出具的有效动物健康证书和狂犬疫苗注射证明。口岸检验检疫机关对伴侣犬、猫在指定场所进行为期 30 天的隔离检疫。

3. 边防检查

所有旅客入境须持有效的护照证件,边防部门相关工作人员检查无误后放行。

4. 领取托运行李

旅客在位于到达出口处的行李提取大厅提取托运行李。为确保行李不被误领,在出口处将会有工作人员对旅客的行李牌/号进行检查核对。

5. 海关申报检查

携带国家禁止、限制入境物品及海关规定须向海关申报物品的旅客,须填写"中华人民共和国海关入境旅客行李物品申报单",从红色通道通关,其余旅客直接从绿色通道通关。

6. 离开机场

提取行李后将进入到达大厅,走出到达大厅后,可选择机场巴士或出租车离开机场。

民 航 精 神

民航精神是民航从业人员在工作中所展现出的一种积极、敬业、专业的态度和行为准则。作为民航事业的一分子,我们始终坚守使命,以安全为首要原则,为乘客提供安全、便捷、舒适的航空服务。

【思政目标】通过本案例的教学,旨在培养学生的国家安全意识与责任感,深刻理解"祖国利益高于一切"的核心价值观。我们希望通过分析海口海关洋浦港成功截获有害生物并防止其入侵的具体实践,让学生认识到在全球化背景下,维护国家生态安全和资源安全的重要性。同时,通过案例讲解,引导学生理解并尊重从事国家安全相关工作的人员,他们的严谨工作态度和辛勤努力是守护国家利益的重要屏障。

【思政案例】守好安全第一关 | 以实际行动践行"祖国利益高于一切"

2020 年 11 月,海口海关所属洋浦港海关在从赞比亚进口的 1 批小巴花板材中检出若干活虫。经鉴定为 7 种有害生物,其中 2 种为全国口岸首次截获,4 种为海南口岸首次截获。截获的上述 7 种有害生物均为典型的林木害虫,可危害古夷苏木、紫檀等多种木材,在我国暂无分布报道。这些有害生物一旦传入,如遇适宜寄主,在海南定植的可能性较高,对海南森林资源和林业生产将构成严重威胁,洋浦港海关依法对该批板材实施了检疫除害处理。

【教学效果预期】通过学习本案例,学生将能够全面认识到海关检疫工作的重要性,以及个人行动对于国家安全的潜在影响。我们预期学生能够深刻理解"祖国利益高于一切"的理念,并将其内化为自己的行动准则。同时,学生将学会如何在面对潜在的安全威胁时,采取正确的应对措施,以保护国家和社会的利益。通过本案例的学习,也希望学生能够增强对国家安全相关法律法规的了解,提升自我保护意识和能力,成为有责任感的公民。最终,期待学生能够以本案例为启发,思考并践行如何在自己的专业领域和日常生活中维护国家的利益和安全。

练 习 题

1. 安检人员应掌握哪些涉外礼仪知识?
2. 机场联检单位包括哪几个部门?
3. 禁止进出境的物品有哪些?
4. 简述机场海关部门的工作任务。

检查篇

第九章 证件检查

学习目标

◎ 有效乘机证件的种类及相关知识;

◎ 掌握证件检查的程序及方法;

◎ 熟悉机场控制区证件的种类、式样及适用范围。

证件检查是通道安全检查的第一关,旅客乘坐民航班机需出示有效身份证件、机票和登机牌,对于不符合乘机要求的证件,要按照相关规定进行处置。

第一节 证件检查的工作准备

一、证件检查准备工作的实施

(1)验证员应按时到达现场,做好工作前的准备。按以下内容办理交接班手续:上级的文件、指示;执勤中遇到的问题及处理结果;设备使用情况;遗留问题及需要注意的事项等。

(2)验证员到达验证岗位后,将安检验讫章放在验证台相应的位置进入待检状态。

二、进入隔离区前的准备工作

(1)因工作需要进入控制区的人员,必须佩戴由中国民用航空局公安机关制发的机场控制区通行证件,并接受安全检查。

(2)工作人员携带行李物品进入控制区必须经过安全检查,防止未经安全检查的行李物品进入候机隔离区。

(3)航站楼控制区内的商店不得出售可能危害航空安全的商品,商店运进商品应当经过安全检查。

(4)经过安全检查的旅客应当在候机厅隔离区内等待登机,如因航班延误或其他特殊原因离开控制区的,再次进入控制区时应当重新接受安全检查。

(5)安检人员对工作人员携带进入候机隔离区的工具、物料和器材实施安全检查,并进行核对和登记。工具、物料和器材使用单位应当明确专人负责该器材在机场控制区内的监管。

三、验讫章使用管理制度

验讫章实行单独编号、集中管理,落实到各班(组)使用。安检验讫章不得带离工作现场,遇有特殊情况需带离时,必须经安检部门领导批准。

第二节　身份证的识别

身份证是用于证明持有人身份的证件,多由各国或地区政府发行予公民,是每个人独一无二的公民身份的证明。我国的身份证从第一代居民身份证到正在使用的第二代居民身份证,中间经历了式样、材质、技术的更新。其中,第一代居民身份证已于 2013 年 1 月 1 日正式退出使用。

一、第一代居民身份证

(一) 第一代居民身份证的式样

(1)证件正面主体颜色分为红、绿二色,印有中华人民共和国国徽和证件名称,以及环状、网状、团状花纹图案;身份证背面为浅绿色,印有中华人民共和国版图,持证人标准相片以及网状花纹图案,姓名、性别、民族、出生年月日、住址五个登记项目内容,以及证件编号、签发日期、有效期限三个签发项目内容和签发机关的印章,见图 9-1、图 9-2。证件签发机关为县公安局、不设区的市公安局和设区的公安分局。

图 9-1　第一代身份证正面　　　　图 9-2　第一代身份证反面

(2)第一代居民身份证从登记项目、填写内容和颜色上分为一般地区、民族自治地方和经济特区颁发的三种形式。

①一般地区的居民身份证:正面环状花纹图案为绿色,网状花纹图案和团状花纹图案为红色;背面网状花纹图案为浅色。

②民族自治地方颁发的居民身份证:证件背面的五个登记项目内容和签发机关印章,同时使用汉字和相应的少数民族文字印刷(宁夏回族自治区除外)。证件"出生年月日"的登记项目改为"出生日期"。

对加入中国国籍的外国人,如本人的民族名称与我国民族名称不同,本人是什么民族就填写什么民族。但在民族名称后应加注"入籍"二字,如"民族:乌克兰(入籍)"。

③经济特区颁发的居民身份证:证件正面主体颜色为海蓝色,背面为浅蓝色。

(3)临时身份证的正面为蓝色的长城烽火台、群山和网状图案,背面印有黄色的网状图案。

(二) 第一代居民身份证的有效期

证件有效期限,按申领人的年龄确定为 10 年、20 年和长期三个档次。16 周岁至 25 周岁的人申领的证件有效期限为 10 年;26 周岁至 45 周岁的人申领的证件有效期限为 20 年;

46 周岁以上的人申领的证件有效期限为长期。证件有效期限从签发之日起开始计算。1984 年至 1991 年是全国集中发证期间,大部分省、自治区、直辖市签发的日期为 6 月 30 日或 12 月 31 日。集中发证工作结束以后,制发的证件应随时申领随时签发。查验或核查时,应对照检查证件有效期限与持证人的年龄、签发日期三者的关系。

(三)第一代居民身份证的编号编排规则

(1)15 位编码的一代居民身份证。

①1～6 位为行政区划代码。

②7～12 位为出生日期代码。第 7、第 8 位代表年份(省略年份前面两位数);第 9、第 10 位代表月份(月份为一位数的前面加 0);第 11、第 12 位代表日期(日期为一位数前面加 0)。核查时,应注意核对持证人的出生日期与出生日期码的填写是否一致。

③13～15 位为分配顺序代码。行政区划代码只表示公民第一次申领居民身份证时常住户口所在地。奇数分配给男性,偶数分配给女性。查验或核查时,应注意核对持证人证件编号对应关系以及性别是否符合男女性的分配顺序码分别为奇偶数的规律。分配顺序码中"999、998、997、996"四个顺序号分别为男女百岁以上老人专用的特定编码。

居民身份证编号为持证人终身号码,临时身份证编号与居民身份证编号要一致,不能重号。

(2)18 位编码的新一代身份证。

新的一代居民身份证使用 18 位数字编码,第 7 位至第 14 位数字为出生日期代码,在分配顺序码最后加 1 位识别码,其他与 15 位编码身份证相同。

二、第二代居民身份证

(一)第二代居民身份证件的式样

第二代居民身份证采用专用非接触式集成电路芯片制成卡式证件,规格为 85.6mm × 54mm×1.0mm(长×宽×厚)。以"万里长城"为背景图案的主标志物代表中华人民共和国长治久安,远山的背景增强长城图案的纵深感,图案以点线构成。国徽庄严醒目,配以"中华人民共和国居民身份证"名称,明确表达了主题。证件清新、淡雅、淳朴、大方。

1. 证件正面

有"中华人民共和国居民身份证"证件名称,采用彩虹扭索花纹(也称底纹),颜色按从浅蓝色至浅粉红色再至浅蓝色的顺序排列,颜色衔接处相互融合,自然过渡。"国徽"图案在证件正面左上方突出位置,颜色为红色;证件名称分两行排列于"国徽"图案右侧证件上方位置;以点划线构成的浅蓝灰色写意"长城"图案位于国徽和证件名称下方证件版面中心偏下位置。有效期限和签发机关两个项目位于证件下方,见图 9-3。

2. 证件背面

与正面相同的底彩虹扭索花纹,颜色也与正面相同;含有姓名、性别、民族、出生日期、常住户口所在地住址、居民身份证号码和本人相片七个项目及持证人相关信息;定向光变色的"长城"图案位于性别项目的位置,光变光存储的"中国 CHINA"字符位于相片与居民身份证号码项目之间的位置,见图 9-4。

图9-3 第二代身份证正面

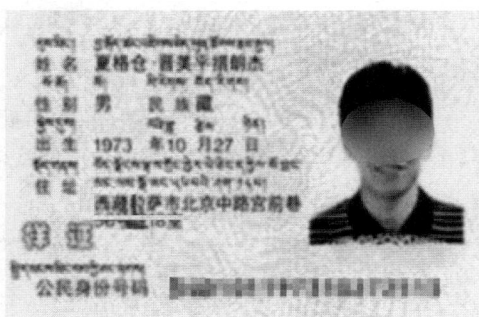

图9-4 第二代身份证背面

3.文字

证件采用汉字与少数民族文字。根据少数民族文字书写特点,采用少数民族文字的证件有两种排版格式。一种是同时使用汉字和蒙文的证件,蒙文在前、汉字在后;另一种是同时使用汉字和其他少数民族文字(如藏、壮、维、朝鲜文等)的排版格式,少数民族文字在上,汉字在下。

(二)第二代居民身份证件的编码

第二代居民身份证的编码为18位:第1～第6位为行政区划代码;第7～第14位为出生日期代码;第15～第17位为分配顺序代码,奇数分配给男性,偶数分配给女性;第18位为识别码,有些居民身份证最后一位是X。

(1)身份证号前6位代表的行政区域,见表9-1。

身份证号前6位代表的行政区域　　　　　　　　　　　　　　　　表9-1

行政区域	编码	行政区域	编码	行政区域	编码	行政区域	编码
北京市	110000	江苏省	320000	广东省	440000	甘肃省	620000
天津市	120000	浙江省	330000	广西壮族自治区	450000	青海省	630000
河北省	130000	安徽省	340000	海南省	460000	宁夏回族自治区	640000
山西省	140000	福建省	350000	重庆市	500000	新疆维吾尔自治区	650000
内蒙古自治区	150000	江西省	360000	四川省	510000	台湾地区(886)	710000
辽宁省	210000	山东省	370000	贵州省	520000	香港特别行政区(852)	810000
吉林省	220000	河南省	410000	云南省	530000	澳门特别行政区(853)	820000
黑龙江省	230000	湖北省	420000	西藏自治区	540000		
上海市	310000	湖南省	430000	陕西省	610000		

(2)第1、第2位代表省份,第3、第4位代表该省或市的辖区。如:北京市市辖区110100;北京市市辖县110200。

（3）第5、第6位代表辖区中的下属区域。如：北京市东城区110101；西城区110102。

（三）第二代身份证的登记内容

第二代居民身份证具备视读与机读两种功能。视读、机读的内容共有九项：姓名、性别、民族、出生日期、常住户口所在地住址、居民身份证号码、本人相片、证件的有效期限和签发机关。

（四）有关使用和查验"二代身份证"的规定

公民从事有关活动，需要证明身份的，有权使用居民身份证明身份，有关单位及其工作人员不得拒绝。有下列情形之一的，公民应当出示居民身份证明身份：

（1）常住户口登记项目变更。

（2）兵役登记。

（3）婚姻登记、收养登记。

（4）申请办理出境手续。

（5）法律、行政法规规定需要用居民身份证证明身份的其他情形。依照居民身份证法规定未取得居民身份证的公民，从事以上规定的有关活动，可以使用符合国家规定的其他证明方式证明身份。人民警察依法执行公务，遇有下列情形之一的，经出示执法证件，可以查验居民身份证：

①对有违法犯罪嫌疑的人员，需要查明身份的。

②依法实施现场管制时，需要查明现场有关人员身份的。

③发生严重危害社会治安突发事件时，需要查明现场有关人员身份的。

④法律规定需要查明身份的其他情形。

对上述所列情形之一，拒绝人民警察查验居民身份证的，依照有关法律规定，分别不同情形，采取措施予以处理。

任何组织或者个人，不得扣押居民身份证。但是，公安机关依照《中华人民共和国刑事诉讼法》执行监视居住强制措施的情形除外。

三、第二代居民身份证的识别方法

针对第二代居民身份证采用的直观和数字防伪措施，有关部门或个人在对居民身份证进行查验或核查时，可以采用以下八种方法：

（1）证件外形尺寸。证件的尺寸是国际信用卡标准尺寸，即证件与我们日常用的各种信用卡的大小一致。

（2）核对相片。判别证件照片与持证人的一致性。

（3）彩虹印刷。居民身份证底纹采用彩虹、精细、微缩印刷方式制作，颜色衔接处相互融合、自然过渡，颜色变化部分没有接口。

（4）底纹中微缩文字字符串。使用放大镜（10倍及以上）观测。

（5）荧光印刷的"长城"图案。使用紫外线灯光观测荧光印刷的图案。

（6）查看定向光变色的"长城"图案。自然光条件下，垂直观察看不到图案，和法线（垂直于图案平面的直线）成较大夹角时，在正常位置观察，图案反射光颜色为橘红色；当图案绕法线方向顺时针或逆时针旋转 30°～50°时,图案反射光颜色为绿色;当旋转 70°～90°时,图案反射光颜色为紫色。

(7)查看光变存储"长城中国 CHINA"字符。可观测到"中国 CHINA"字样,字符串周转有渐变花纹,外沿呈椭圆形。

(8)数字防伪。通过专用阅读机具读取存储在证件芯片内的机读信息,并进行解密运算处理后,自动判别其真伪。若读取的信息是合法写入的,则专用阅读机具显示(或送出)所读取的信息;若读取的信息是非法写入或被篡改的,则专用阅读机具只显示(或只送出)信息有误的提示。

四、临时身份证、身份证明的要素

临时身份证为单页卡式,规格、登记项目均与一代居民身份证相同。临时身份证的有效期限分为 3 个月和一年两种。因申领居民身份证尚未领到证件的人和居民身份证丢失、损坏未补领到证件的人,发给有效期为 3 个月的证件;16 周岁以上常住人口待定人员发给有效期为一年的证件。有效期为"3 个月"的证件,使用阿拉伯数字填写;有效期为"一年"的证件,使用汉字填写。

临时身份证的正面印有蓝色的长城烽火台、群山和网纹图案;背面印有黄色的网状图案,并在右上角粘贴印有天安门广场图的全息胶片标志。矩形全息胶片标志规格约为 12mm×9mm,由拱形环绕的天安门广场、五星和射线组成。图案呈多种光谱色彩. 全息胶片标志粘贴在证卡正面右上角,上边和右边分别距证卡上边和右边为 3mm。临时身份证明,应贴有本人近期相片。写明姓名、性别、年龄、工作单位(住址)、有效日期,并在相片下方加盖骑缝章。

第三节 登机牌的识别

一、登机牌的查验

登机牌(boarding pass/boarding card)是机场为乘坐航班的乘客提供的登机凭证,乘客必须在提供有效机票和个人身份证件后才能获得,也有人称之为登机证或登机卡。

(一)查验方法

一是核对证件上的姓名与机票上的姓名是否一致;二是核对机票是否有效,有无涂改痕迹(电子机票无须核对此项);三是核对登机牌所注航班是否与机票一致;四是查看证件是否有效。

(二)查验结果

(1)所持证件为假证,不予以放行,需要移交机场公安机关处理。

(2)所持证件过期,不予以放行。

(3)所持登机牌姓名与证件姓名不相符,不予以放行。

(4)所持登机牌非当日出发登机牌,不予以放行。

(5)所持登机牌非本站出发登机牌,不予以放行。

(6)所持登机牌未加盖安检验讫章,不予以放行。

（7）所持手续相符，予以放行。

二、登机牌办理的几种方法

（1）机场柜台办理值机。旅客要比航班预计起飞时间至少提前45min到达机场，凭身份证换登机牌，如果有行李托运也可顺便办理，见图9-5。

（2）机场自助值机。旅客可以通过特定的值机凭证在自助值机设备获取全部乘机信息，并根据屏幕提示操作选择座位、确认信息并最终获得登机牌，见图9-6。

图9-5　机场柜台办理值机

图9-6　机场自助值机

（3）移动设备办理值机手续。在App首页值机选座页面，可以办理网上值机选座，勾选打印登机牌选项，App在订单成功后发送短信到乘客手机号码，短信里面有App机场工作人员的电话，乘客到机场前10min提前致电工作人员，约定好地点取已经打印好的纸质登机牌。

（4）网上办理值机手续。旅客可自行到航空公司网站上办理值机，如果无须托运行李，可到机场自助值机设备上打印登机牌，如果需要托运行李，则需去机场值机柜台办理登机牌。

网上登机牌打印流程：登录所订机票的航空公司官网；在首页上找到自助服务菜单下的办理登机手续；在办理登机牌菜单里填入登机人的姓名、身份证号、出发地等信息；点确定后进入先确定航班信息，确认好后选择座位；网上自助选择座位；选择好座位后，直接点打印登机牌就可以了，但注意一定要彩色打印。

第四节　机场控制区证件的识别

机场控制区证件主要包括全民航统一制作的证件和民航各机场制作的证件，是航空公司或机场工作人员的身份证明，是进出机场控制区时必须出示的证件。

一、机场控制区各类通行证件知识

（一）全民航统一制作的证件

1. 空勤登机证

"中国民航空勤登机证"（简称"空勤登机证"），适用于全国各民用机场控制区（含军民合用机场的民用部分）。

空勤人员执行飞行任务时，须着空勤制服（因工作需要穿着其他服装的除外），佩戴"空勤登机证"，经过安全检查进入候机隔离区或登机。因临时租用的飞机或借调人员等原因，空勤人员须登上与其登机证适用范围不同的其他航空公司飞机时,机长应主动告知飞机监护人员。

2. 公务乘机通行证

"中国民航公务乘机通行证"(简称"公务乘机通行证"),于 1998 年 3 月 1 日启用。由中国民用航空局公安局统一制作,中国民用航空局、地区管理局、飞行学院公安局及航空公司保卫部门负责签发。执行飞行、安全监察、安全保卫、身体检测、航线实习等任务的人员可办理"公务乘机通行证"。"公务乘机通行证"上有姓名、性别、单位、前往地点、有效期、签发人、签发日期等项目,填写须用蓝黑、碳素墨水,不得涂改,"骑缝章"和"单位印章"处加盖签发机关印章。"公务乘机通行证"有效期最长不得超过 3 个月,"前往地"栏最多只能填写 4 个(中国民用航空局公安局除外)。

"公务乘机通行证"只限在证件"前往地"栏内填写的机场使用。持证人应经安全检查进入机场控制区;随机执行公务的,应办理加机组手续。持证人经过安检时,应将"公务乘机通行证"与工作证同时交验。

3. 航空安全员执照

"中国民航航空安全员执照"(简称"航空安全员执照"),由中国民用航空局公安局统一制发,只适用于专职航空安全员,适用范围与"空勤登机证"相同。

4. 特别工作证

"中国民用航空局特别工作证"(简称"特别工作证")由中国民用航空局公安局制发和管理。"特别工作证"持有者可免检进入全国各民用机场控制区、隔离区或登机(不代替机票乘机)检查工作。进入上述区域时,要主动出示证件。

(二)民航各机场制作的证件

这类证件是根据管理的需要,由所在机场制发的有不同用途和使用范围的证件。从时限上可分为长期、临时和一次性证件;从使用范围上可分为通用、客机坪、候机楼隔离区、国际联检区等区域性证件;从使用人员上可划分为民航工作人员通行证、联检单位工作人员通行证和外部人员通行证等。

这些证件不论怎样划分,在外观颜色上、规格上可能各有区别,但其内容和各要素不会有大的区别。

1. 民航工作人员通行证

这是发给民航内部工作人员因工作需要进出某些控制区域的通行凭证,由所在机场统一制发和管理,证件外观式样、颜色不尽相同,但必须具备以下项目:机场名称(××机场字样)、持证人照片、单位、职务、姓名、有效期限、签发机关(盖章)、允许通行(到达)的区域等,证件背面应有说明。

允许通行和到达的区域一般分为候机隔离区(有的分国际和国内两部分)、客机坪、联检厅、登机等。

2. 联检单位工作人员通行证

此证适用于对外开放的有国际航班的机场,主要发给在机场工作的联检单位的有关工作人员,这些单位一般是:海关、公安边防、卫生检疫、动植物检疫、口岸办、出入境管理部门等。

此证由所在机场制发和管理,其使用范围一般只限于与其持证人工作相关的区域。证件的外观式样与项目内容各机场不尽相同,内容要素与"民航工作人员通行证"相同。

3. 外部人员通行证

"外部人员通行证"使用人员为因工作需要进入机场有关区域的民航以外的有关单位的工作人员。这类证件又分为专用和临时两种。专用证有持证人照片，临时证无持证人照片；专用证的登记项目内容与前面所说证件相同，临时证则没有那么多内容，但必须有允许到达的区域标记。此证一般与本人身份证同时使用。持"外部人员通行证"者，必须经安全检查后方可进入隔离区、客机坪。

4. 专机工作证

"专机工作证"由中国民用航空局公安机关制发。"专机工作证"一般为一次性有效证件，发给与本次专机任务有关的领导、警卫、服务等有关工作人员。凭"专机工作证"可免检进入本次专机任务相关的工作区域。

专机工作证的式样、颜色不一，但应具备以下基本内容和要素："专机工作证"字样、专机任务的代号、证件编号、颁发单位印章、有效日期等。专机工作证的颜色应明显区分于本机场其他通行证件的颜色，以便于警卫人员识别。

5. 包机工作证

"包机工作证"由中国民用航空局公安机关制发和管理，发给与航空公司包机业务有关的人员，持证人凭证可进入包机工作相关的区域。证件内容根据使用时间长短而定，短期的应贴有持证人照片，一次性的可免贴照片。

（三）其他人员通行证件

1. 押运证

"押运证"有多种式样和形式，此证主要适用于有押运任务的单位和负责押运任务的工作人员。

担负包机、押运机要文件和特殊货物任务的押运人员，在飞机到达站或中途站时，可凭押运证在客机坪监卸和看管所押运的货物。

2. 军事运输通行证

"军事运输通行证"以有军事运输任务的机场公安机关颁发的证件为准，使用人员为与军事运输工作相关的人员。持证者可凭证件到达与军事运输相关的区域，此证应注明持证人单位、姓名、有效期限并加盖签发单位印章。

3. 侦察证

"侦察证"全称为"中华人民共和国国家安全部侦察证"，由国家安全部统一制作、签发，全国通用。"侦察证"封面为红色，上部印有盾牌、五角星、短剑及由"国家安全"字样组成的徽章图案，下部印有"中华人民共和国国家安全部侦察证"字样；封二印有持证人照片、姓名、性别、职务、单位、签发机关、国家安全部印章、编号；封三印有持证者依法可以行使的职权。国家安全机关的工作人员，因工作需要进出当地机场隔离区、停机坪时，凭机场通行证件通行。在外地执行任务时，凭省、自治区、直辖市国家安全机关介绍信（国家安全部机关凭局级单位介绍信）和"侦察证"进入上述区域。

国家安全机关的工作人员持"侦察证"乘机执行任务时，机场安检部门按正常安检程序对其实施安全检查。

（四）车辆通行证

凡进入机场控制区的车辆都必须持有专用的通行证件。车辆通行证式样在各机场不尽相同,但一般应具备以下基本内容和要求:车辆的单位、车辆的牌号、车型、允许到达的区域、有效期限、签发单位等。

第五节　其他乘机有效证件的识别

其他乘机有效证件指除了身份证以外的乘机有效证件,主要有护照、户口本、军人类证件等。

一、护照的种类

护照是一个国家的公民出入本国国境和到国外旅行或居留时, 由本国发给的一种证明该公民国籍和身份的合法证件。

中国护照:外交护照(封皮红色),公务护照(封皮墨绿色),因公普通护照(封皮深棕色),因私普通护照(封皮红棕色)。

外国护照:外交护照,公务护照,普通护照等。

二、部队证件的式样

（一）中国人民解放军军官证

"中国人民解放军军官证"外观为红色人造革外套,封面正上方印有烫金的五角星,五角星下方为"中国人民解放军军官证"烫金字样,最下方印有"中华人民共和国中央军事委员会"字样。

证件内芯内容分别为:相片、编号、发证机关、发证时间、姓名、出生年月、性别、籍贯、民族、部别、职务、军衔等内容。

（二）中国人民武装警察部队警官证

"中国人民武装警察部队警官证"外观为深蓝色人造革外套。证件上方正中为烫金的警徽,警徽下为烫金的"中国人民武装警察部队警官证"字样,最下方是黄金的"中华人民共和国中央军事委员会"字样。

证件内芯内容除增加了"有效期"和改"军衔"为"衔级"外,其他内容和填写要求等都与"中国人民解放军军官证"相同。

（三）中国人民解放军士兵证

"中国人民解放军士兵证"外套为油绿色人造革,证件上方正中为烫金五角星,在五角星下方有烫金的"中国人民解放军士兵证"字样,最下方为烫金的"中华人民共和国中央军事委员会"字样。

证件内芯填写持证人姓名、性别、民族、籍贯、入伍年月、年龄、部别、职务、军衔、发证机关、发证日期及证件编号(一律用阿拉伯数码填写),贴持证人近期着军衔服装的一寸正面免冠照片,加盖团以上单位代号钢印。

（四）中国人民武装警察部队士兵证

"中国人民武装警察部队士兵证"外套为红色人造革，证件中央正上方为烫金的警徽，警徽下为烫金的"士兵证"字样，最下方为烫金的"中国人民武装警察部队"字样。

证件内芯各登记项目与"中国人民解放军士兵证"的内容相同。

（五）中国人民解放军文职干部证

"中国人民解放军文职干部证"外套封面为红色人造革，正上方为烫金的五角星，下方为烫金的"中国人民解放军文职干部证"字样，最下方为烫金的"中华人民共和国中央军事委员会"的字样。

证件内芯的登记项目为：照片、编号、发证时间、姓名、出生年月、性别、籍贯、民族、部别、职务、备注等内容。

（六）中国人民解放军离休干部荣誉证

"中国人民解放军离休干部荣誉证"外观为红色人造革封面，正中上方为烫金的"中国人民解放军离休干部荣誉证"字样，下方为烫金的五角星，最下方有烫金的"中华人民共和国中央军事委员会"字样。

证件内芯登记项目和内容分别为：照片、编号、发证日期、姓名、性别、民族、籍贯、出生年月、入伍(参加革命工作)时间、原部职别、离休时军衔、专业技术等级、现职级待遇、批准离休单位、批准离休时间、安置单位等。

（七）中国人民解放军军官退休证

"中国人民解放军军官退休证"外观为红色人造革，上方正中为烫金的"中国人民解放军军官退休证"字样，下方为烫金的五角星，最下方为烫金的"中华人民共和国中央军事委员会"字样。

证件内芯的登记项目分别为：照片、编号、发证日期、年月日、姓名、性别、民族、出生年月、籍贯、参加工作时间、入伍时间、原部队职别、原军衔、专业技术等级、批准退休单位、批准退休时间、安置单位等项目。

（八）中国人民解放军职工工作证

"中国人民解放军职工工作证"封面为红色人造革，正上方有烫金的五角星，下方为烫金的"职工工作证"字样。

证件内芯登记项目分别为：照片、编号、发证机关、发证时间、年月日、姓名、籍贯、性别、出生年月、民族、工作单位、职务、身份证号等。

（九）军校学员证

军校学员证是我国军校中的学员所持有的学生证。军校学员证的使用范围和功能与军官证、士兵证和文职干部证是一样的，拥有同等的法律效力，公安机关以及所就读的军校都能证明其军校学员证的真实性，如有特殊必要，可以向所就读的军校开身份证明。学员证由各大军校制发，外表规格式样不尽相同，但其证件的内容、登记项目应具备的要素为：照片、发证机关、编号、发证时间、学年、姓名、性别、民族、籍贯、出生年月、队别、专业，除此之外，还分别有各学年和各学期的登记，并有假期火车优待区间等登记项目，证件最后一页为备注栏。

第六节　乘机证件检查的程序方法

安检人员应掌握查验有效乘机证件、客票、登机牌、机场控制区证件的程序及方法,了解有效乘机证件的种类及相关知识,了解机场控制区证件的种类、式样及使用范围,只有这样才能出色地完成证件检查的工作环节。

一、证件检查的程序

(1)人、证对照。验证检查员在接证件时,就要注意观察持证人的"五官"特征,再看证件上的照片与持证人"五官"是否相符。

(2)核对"三证"。早期需要核对旅客的身份证、机票和登机牌"三证"。一是核对证件上的姓名与机票上的姓名是否一致;二是核对机票是否有效,有无涂改痕迹;三是核对登机牌所注航班是否与机票一致;四是查看证件是否有效,同时查对持证人是否是查控对象。自从电子客票广泛使用以来,只需要核对"两证",即身份证和登机牌。

(3)查验无误后,按规定在登机牌上加盖验讫章放行。

二、证件检查的方法

查验证件时应采取检查、观察和询问相结合的方法,具体为一看、二对、三问。

看:就是对证件进行检查,要注意识别证件的真伪、认真查看证件的外观式样、规格、塑封、暗记、照片、印章、颜色、字体、印刷以及编号、有效期限等主要识别特征是否与规定相符,有无变造、伪造的疑点。注意查验证件有效期是否过期失效。

对:就是观察辨别持证人与证件照片的性别、年龄、相貌特征是否吻合,有无疑点。

问:就是对有疑点的证件,通过简单询问持证人姓名、年龄、出生日期、生肖、单位、住址等信息,进一步加以核实。

三、机场控制区证件的检查方法

查验控制区通行证件,以民用航空主管部门及本机场有关文件为准。

全国各机场使用的机场控制区证件代码有所不同,主要用以下几种方式表示不同的区域:

(1)用英文字母(A、B、C、D…)表示允许持证人通过(到达)的区域。

(2)用阿拉伯数字(1、2、3、4…)表示允许持证人通过(到达)的区域。

(3)用中文直接描述允许持证人通过(到达)的区域(如机场控制区、机场隔离区、停机坪等)。

进入机场控制区证件检查的一般方法:

(1)看证件外观式样、规格、塑封、印刷、照片是否与规定相符,是否有效。

(2)检查持证人与证件照片是否一致,确定是否持证人本人。

(3)看持证人到达的区域是否与证件限定的范围相符。

(4)如有可疑,可向证件所注的使用单位或持证人本人核问清楚。

(一) 对工作人员证件的检查

(1) 检查证件外观式样、规格、塑封、印刷、照片是否完好、正常,证件是否有效;检查持证人与证件上的照片是否一致;检查持证人证件的适用区域。

(2) 检查完毕,将证件交还持证人。经查验后符合的放行,不符合的拒绝进入。

(二) 对机组人员的查验

(1) 对机组人员需查验"空勤登机证",做到人证对应。

(2) 对加入机组的人员应查验其"公务乘机通行证"(加入机组证明信)、有效身份证件或工作证件。

(三) 对一次性证件的查验

当持证人进入控制区相关区域时,验证员应查验其所持一次性证件的通行区域权限和日期。具体办法按各机场有关规定执行。

四、验证检查的注意事项

(1) 检查中要注意看证件上的有关项目是否有涂改的痕迹。

(2) 检查中要注意查看是否有冒名顶替的情况,注意观察持证人的外貌特征是否与证件上的照片相符。发现有可疑情况,应对持证人仔细查问。

(3) 查验证件时要注意方法,做到自然大方、态度和蔼、语言得体,以免引起旅客反感。

(4) 注意观察旅客穿戴有无异常,如遇戴墨镜、戴围巾、戴口罩、戴帽子等有伪装嫌疑的穿着,应让其摘下,以便于准确核对。

(5) 应注意工作秩序,集中精力,防止漏验证件或漏盖验讫章;验证中发现疑点时,要慎重处理,及时报告。

(6) 验证中要注意发现通缉、查控对象。

(7) 验证中发现疑点时,要慎重处理,及时报告。

(8) 根据机场流量、工作标准以及验证、前传、引导、人身检查岗位的要求,适时验放旅客。

五、证件检查的处置方法

(一) 证件检查情况处置程序

(1) 发现旅客的证件存在问题时,首先要将旅客的证件或机票掌握在检查员手中,并密切关注旅客。

(2) 在密切关注旅客的同时,应联系现场值班领导。

(3) 等现场值班领导到达后,向现场值班领导进行说明,并将相关手续及旅客转交值班领导进行处理。

(二) 涂改、伪造、冒名顶替证件的处理方法

(1) 旅客持涂改、伪造、变造、冒名顶替证件乘机是违法行为,发现后,立即报告值班领导,做好登记,移交机场公安机关审查处理。

(2)如果是境外人员非法持有国内居民身份证件时,应将其移交机场公安机关处理。

(3)如果上述旅客年龄已高(按法定离退休年龄掌握),经机场公安机关查明:证实身份且无前科的情况下,在收缴其非法证件并依法处罚后,可视情况由安检部门对其实施严格的安全检查,准予乘机。

(三)过期证件的处理方法

(1)旅客所持居民身份证过期时间不到 6 个月的,可予以放行;超过 6 个月的不予放行。

(2)旅客所持临时居民身份证过期,15 天以内经站值班领导批准可予以放行,超过 15 天的不予放行。

(四)旅客因故不能出示居民身份证件的处理方法

(1)旅客因故不能出示居民身份证件,但旅客持有其他允许的乘机的证件,可予以放行。

(2)旅客因故不能出示居民身份证件,但又不具备上述其他允许的乘机证件,则交现场值班领导处理。

练 习 题

1. 简述第二代居民身份证的识别方法。
2. 全民航统一制作的证件有哪些?
3. 简述证件检查的方法。
4. 简述过期证件的处理方法。

第十章　人身检查的实施

◎ 了解金属探测门的工作原理及性能特点;
◎ 掌握手持金属探测仪的检查程序及方法;
◎ 熟悉人身检查的重点对象及部位。

　　人身检查是安全检查过程中非常重要的环节,人身检查的实施包括金属探测门检查和人身检查,旅客在接受证件检查之后进入此环节。

第一节　人身检查概述

一、人身检查的程序

　　手工人身检查应按照由上到下,由里到外,由前到后的程序实施。

二、人身检查的方法

　　对旅客进行人身检查有两种方法:仪器检查和手工检查。在现场工作中通常采用仪器与手工相结合的检查方法。

　　仪器检查是指安检人员按规定的方法对旅客进行金属探测门检查或采取手持金属探测器等检查,以发现有无携带、藏匿危险品、违禁品。

三、人身检查的重点对象和重点部位

(一)人身检查的重点对象

(1)精神恐慌、言行可疑、伪装镇静者。

(2)冒充熟人、假献殷勤、接受检查过于热情者。

(3)表现不耐烦、催促检查或者言行蛮横、不愿接受检查者。

(4)窥视检查现场、探听安全检查情况等行为异常者。

(5)本次航班已开始登机、匆忙赶到安检现场者。

(6)公安部门、安全检查站掌握的嫌疑人和群众提供的有可疑言行的旅客。

(7)上级或有关部门通报的来自恐怖活动频繁的国家和地区的人员。

(8)着装与其身份不相符或不合时令者。

(9)男性中、青壮年旅客。

(10)根据空防安全形势需要有必要采取特别安全措施航线的旅客。

(11)有国家保卫对象乘坐的航班的其他旅客。

(12)检查中发现的其他可疑问题者。

(二)人身检查的重点部位

人身检查的重点部位为头部、肩胛、胸部、手部(手腕)、臀部、腋下、裆部、腰部、腹部和脚部。

第二节　金属探测门检查

金属探测门检查是实施人身检查的第一个环节,旅客经过金属探测门时,身上任何部位有金属物品,探测门相应部位的灯会显示红色,并发出报警声。

一、金属探测门的试运行

(1)当一种型号的金属探测门在机场首次安装时,或一台金属探测门被改变位置后,操作员都必须重新进行调试。

(2)金属探测门应调节至适当的灵敏度,但不能低于最低安全设置要求。

(3)安装金属探测门时应避免可能影响其灵敏度的干扰。

(4)测试时分别将测试器件放置在人体的右腋窝、右臀部、后腰中部、右踝内侧等部位,通过金属探测门进行测试。实施测试的人员在测试时不应该携带其他金属物品。

二、金属探测门的例行测试

(1)金属探测门如果连续使用(即从未关闭过),应至少每天测试一次,在接通电源后和对旅客检查前,都要进行测试。

(2)如果金属探测门的灵敏度与以前的测试相比有所下降,就应调高其灵敏度。

(3)每周应进行一次测试,测试时把测试器件分别放在身体的四个部位,即右腋窝、右臀部、后腰中部、右踝内侧部位,将结果加以比较,分析金属探测门的性能是否良好。

三、金属探测门的工作原理

脉冲式金属探测门的工作原理是设备发生的一连串的脉冲信号产生一个时变磁场,该磁场对探测区中的导体产生涡电流,涡流产生的次极磁场在接收线圈中产生电压,并通过处理电路辨别是否报警。

四、金属探测门的性能特点

脉冲式金属探测门具有独特的性能,符合主要安全标准和客户安全标准。它是通过感应寄生电流及均化磁场的数字信号处理方式而获得很高的分辨率,但发射磁场厚度很低,对心脏起搏器佩戴者、体弱者、孕妇、磁性媒质和其他电子装置无害。

五、金属探测门检查的方法

所有乘机旅客都必须通过安全门检查(政府规定的免检者除外)。旅客通过安全门之前,安全门前的引导员应首先让其取出身上的金属物品,然后引导旅客按次序逐个通过安全门(要注意掌握旅客流量)。如发生报警,应使用手持金属探测器或手工人身检查的方法进行复查,彻底排除疑点后才能放行。

对旅客放入盘中的物品,应通过 X 射线安检仪进行检查,如不便进行 X 射线安检仪检查的物品要注意采用摸、掂、试等方法检查是否藏匿违禁物品。

第三节　手工人身检查的程序方法

经过金属探测门检查后,站在探测门旁边的人身检查员会根据探测门报警部位,对旅客实施手工人身检查或手持金属探测器检查。

一、手工人身检查的定义

手工人身检查是指安全检查人员按规定的方法对旅客身体采取摸、按压、拍打等检查方法发现危险品、违禁品。

二、手工人身检查的注意事项

(1)检查时检查员双手掌心要切实接触旅客身体和衣服,因为手掌心面积大且触觉较敏锐,这样能及时发现藏匿的物品。

(2)不可只查上半身不查下半身,特别要注意检查重点部位。

(3)旅客从身上掏出的物品,应仔细检查,防止夹带危险物品。

(4)检查过程中要不间断地观察旅客的表情,防止发生意外。

(5)对女性旅客实施检查时,必须由女检查员进行。

三、手工人身检查的方法

检查人员面对旅客,先从旅客的前衣领开始,至双肩、前胸、腰部止;再请旅客转身,从后衣领起,至双臂外侧、内侧、腋下、背部、后腰部、裆部、双腿内侧、外侧和脚部止。冬季着装较多时,可请旅客解开外衣,对外衣也必须进行认真的检查。

四、手工人身检查的要领

检查要领主要是顺身体的自然形状,通过摸、按压、拍打,用手来感觉出藏匿的物品。拍打是指在手不离开旅客的衣物或身体的情况下用适当的力度进行按压,以感觉出旅客身体或衣物内不相贴合、不自然的物品。

五、从严检查的相关要求

对经过手工人身检查仍不能排除疑点的旅客,可带至安检室进行从严检查。

实施从严检查应报告安检部门值班领导批准后才能进行。从严检查必须由同性别的两名以上检查员实施。

从严检查应做好记录,并注意监视检查对象,防止其行凶、逃跑或毁灭罪证。

第四节　手持金属探测器检查的程序方法

一、手持金属探测器检查的定义

手持金属探测器检查是指安全检查人员使用金属探测器的方法对旅客实施人身检查，从而发现危险品、违禁品。

二、手持金属探测器检查的程序

从前衣领→右肩→右大臂外侧→右手→右大臂内侧→腋下→右上身外侧→右前胸→腰、腹部→左肩→左大臂外侧→左手→左大臂内侧→腋下→左上身外侧→左前胸→腰、腹部从右膝部内侧→裆部→左膝部内侧。

从头部→后衣领→背部→后腰部→臀部→左大腿外侧→左小腿外侧→左脚左小腿内侧→右小腿内侧→右脚→右小腿外侧→右大腿外侧。

三、引导岗位检查方法和程序

（1）引导员将衣物筐放于安全口一侧的工作台上。

（2）引导员站立于安全门一侧，面对旅客进入通道的方向，当有旅客进入检查通道时，引导员提示旅客将随身行李有序地放置于 X 射线安检仪传送带上，同时请旅客将随身物品取出放入衣物筐内，若旅客穿着较厚重的外套，应请其将外套脱下，一并放入衣物筐过机检查。

（3）引导员观察手检区手检员工作情况（即当手检员正在对旅客进行检查时，引导员应请待检旅客在安全门一侧等待，待手检员检查完毕），引导待检旅客有序通过安全门，合理控制过检速度，保证人身检查通道的畅通。

（4）对于易碎、贵重物品或其他特殊物品，应及时提醒开机员小心注意。

（5）对不宜经过 X 射线安检仪检查的物品，从安全门一侧交给手检员，并通知开包员检查。

四、手持金属探测器人身检查操作

（1）手检员面对或侧对金属探测门站立，注意观察安全门报警情况及动态，确定重点手检对象。

（2）当旅客通过金属探测门报告或有可疑对象时，手检员请旅客到安全门一侧接受检查。检查时，探测器所到之处，手检员应用另外一只手配合做摸、按、捏动作。

（3）手检过程中，应注意对头部、手腕、肩胛、胸部、臀部、腋下、裆部、腰部、腹部、脚部、衣领、领带、鞋、腰带等部位进行重点检查。

①如果手持金属探测器报警，手检员左手应配合触摸报警部位，以判明报警物品性质，同时请过检人员取出该物品进行检查。

②过检人员将报警物品从身上取出后，手检员应对该报警部位进行复检，确认无危险品后方可进行下一步检查。

（4）当检查到脚部有异常时，应让过检人员坐在椅子上，让其脱鞋接受检查。方法是：用手握住其脚踝判别是否藏有物品,确定其袜中是否夹带物品,检查完毕后,将旅客的鞋通过X射线安检仪检查,确认无问题后放行。

练 习 题

1. 金属探测门的性能特点是什么?
2. 简述手工人身检查的程序方法。
3. 简述手持金属探测器检查的程序方法。

第十一章　X 射线安检仪检查

学习目标

◎ 了解 X 射线的基础知识；

◎ 掌握 X 射线图像识别的方法；

◎ 掌握常见违禁物品的图像特征；

◎ 熟悉 X 射线安检仪开关机规程。

X 射线安检仪是一种能够产生 X 射线的设备。在安检过程中，X 射线安检仪主要用来检查旅客携带的行李物品。

第一节　X 射线安检仪基本知识

一、X 射线及 X 射线安检仪基本知识

（1）X 射线是一种电磁波，它的波长比可见光的波长短，穿透力强。

（2）X 射线安检仪的工作原理。

X 射线安检仪是利用 X 射线的穿透特征，由射线发生器产生一束扇形窄线对被检物体进行扫描。X 射线穿过传送带上移动的行李，根据 X 射线对不同物质的穿透能力不同，发生衰减，探测器接收到经过衰减的 X 射线信号，通过信号处理，将 X 射线信号转变为图像显示出来。

二、X 射线安检仪分类

（1）根据用途，设备分为以下三类：

①能量分辨型手提行李微量 X 射线安全检查设备。

②能量分辨型托运行李微量 X 射线安全检查设备。

③能量分辨型货物微量 X 射线安全检查设备。

（2）按射线对物体的扫描方式可分为：点扫描式、线扫描式和逐行扫描式三种。

（3）按图像显示方式可分为：隔行显示和 SVCA 逐行显示。

（4）按机械结构可分为：立式机（射线顶照或底照）、卧式机（射线侧照）、车载式 X 射线安检仪。

（5）X 射线安检仪通道分为：单通道和双通道。

三、图像的形成

X 射线安检仪图像的形成如图 11-1 所示。

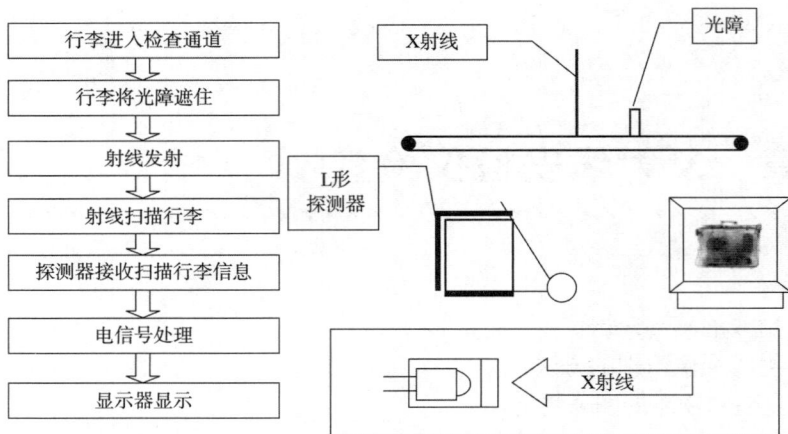

图 11-1　X 射线安检仪图像的形成

X 射线安检仪由外壳面板、显示器、键盘、电缆、防护铅帘、传送带、电源接通指示灯、等待指示灯、射线指示灯等组成。

四、X 射线安检仪开关机规程

(1)操作员使用仪器前应检查仪器外观是否完好。

(2)首先开启稳压电源,观察电压指示是否稳定在 220V(1±10%)的范围内。

(3)开启 X 射线安检仪电源,观察运行自检测程序正常后,开始检查工作。

(4)检查中,如遇设备发生故障,应立即报告值班领导。

(5)工作结束后,应关闭 X 射线安检仪电源及稳压电源。

(6)按要求认真填写设备运行记录。

五、常见问题的原因及解决方法

(一)X 射线安检仪无法开机

(1)主电源插头未插入或主电缆未接上。解决方法:接上电源。

(2)电源中断。解决方法:恢复主电源。

(3)急停开关被锁住。解决方法:将急停开关复位。

(4)无自检图像/等待指示灯不亮、电子器件失效。解决方法:必须由专业技术人员排除。

(二)无自检图像或自检图像不完整/开机后等待指示灯亮了一下

(1)显示器未与电源电缆正确连接,或显示器被关闭。解决方法:检查显示器主电源开关和电缆。

(2)显示器的调整不正确。解决方法:检查显示器的调整(参见所附的显示器操作手册)。

(3)视频电缆未连好。解决方法:检查接头。

(三)工作一段时间之后 X 射线安检仪停机

(1)传送带电机过热。解决方法:让 X 射线安检仪关机冷却大约 30min,然后再次开机。

(2)行李和行李之间的距离太短。解决方法:传送带上相邻行李之间的距离应至少保持为50厘米(成像系统将自动进行校准)。

(四)X射线安检仪图像受到干扰

在X射线安检仪附近有干扰源,如无法屏蔽无线电波的仪器或无线对讲机。解决方法:关掉无法屏蔽无线电波的仪器或无线对讲机,并使之与X射线安检仪保持至少1m的距离。

第二节 X射线安检仪图像识别

一、X射线安检仪图像颜色的含义

(1)红色——非常厚、X射线穿不透的物体。

(2)橙色——有机物(如炸药、毒品、塑料等)、危险品(原子序数10以内的物质)。

(3)绿色——混合物,即有机物与无机物的重叠部分。

(4)蓝色——无机物,重金属(原子序数大于10的物质)。

物质分类及物品厚度如图11-2、图11-3所示。

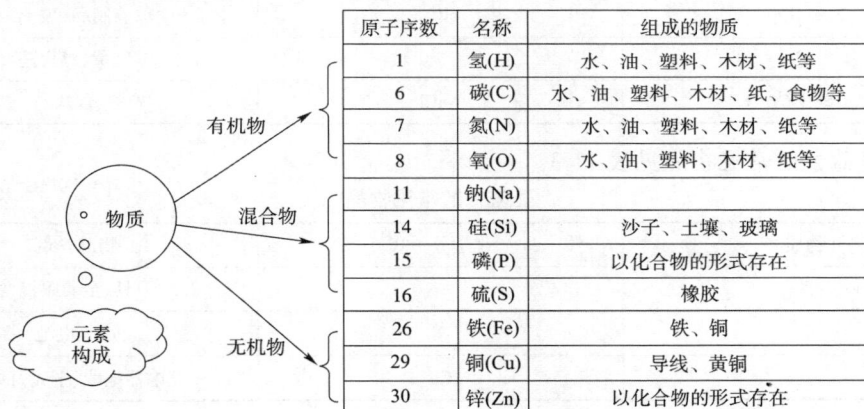

原子序数	名称	组成的物质
1	氢(H)	水、油、塑料、木材、纸等
6	碳(C)	水、油、塑料、木材、纸、食物等
7	氮(N)	水、油、塑料、木材、纸等
8	氧(O)	水、油、塑料、木材、纸等
11	钠(Na)	
14	硅(Si)	沙子、土壤、玻璃
15	磷(P)	以化合物的形式存在
16	硫(S)	橡胶
26	铁(Fe)	铁、铜
29	铜(Cu)	导线、黄铜
30	锌(Zn)	以化合物的形式存在

图 11-2 元素构成

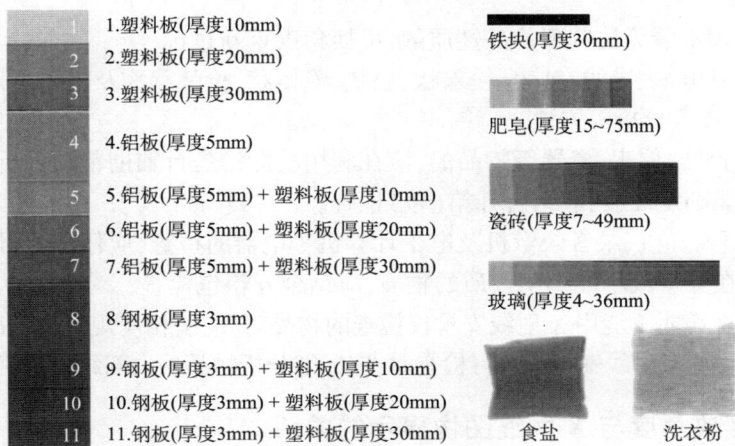

1.塑料板(厚度10mm)
2.塑料板(厚度20mm)
3.塑料板(厚度30mm)
4.铝板(厚度5mm)
5.铝板(厚度5mm) + 塑料板(厚度10mm)
6.铝板(厚度5mm) + 塑料板(厚度20mm)
7.铝板(厚度5mm) + 塑料板(厚度30mm)
8.钢板(厚度3mm)
9.钢板(厚度3mm) + 塑料板(厚度10mm)
10.钢板(厚度3mm) + 塑料板(厚度20mm)
11.钢板(厚度3mm) + 塑料板(厚度30mm)

铁块(厚度30mm)

肥皂(厚度15~75mm)

瓷砖(厚度7~49mm)

玻璃(厚度4~36mm)

食盐 洗衣粉

图 11-3 X射线安检仪图像显示颜色

二、呈不同颜色物品举例

（1）呈橙色的常见物品见表 11-1。

呈橙色的常见物品 表 11-1

物质	化学分子式	物品举例
水	H_2O	饮料、茶水、牛奶
酒精（乙醇）	C_2H_5OH	酒、医用酒精
甲基苯丙胺	$C_{10}H_{15}N$	冰毒、摇头丸、麻古
三硝基甲苯	$C_7H_5N_3O_6$	三硝基甲苯（TNT）炸药

（2）呈绿色的常见物品见表 11-2。

呈绿色的常见物品 表 11-2

物质	化学分子式	物品举例
铝	Al	摩丝瓶、铝制易拉罐
二氧化硅	SiO_2	玻璃制品、玻璃瓶
硫	S	硫黄、黑火药
氯化钠	$NaCl$	食盐

（3）呈蓝色的常见物品见表 11-3。

呈蓝色的常见物品 表 11-3

物质	化学分子式	物品举例
铁	Fe	刀具、金属眼镜盒
镍	Ni	镍氢电池
铜	Cu	充电器电线、铜壳打火机

三、X 射线安检仪图像识别的重点及处理方法

（1）图像模糊不清无法判断物品性质的，可换角度重新过包。

（2）发现似有电池、导线、钟表、粉末状、块状、液体状、枪弹状物及其他可疑物品的，应采用综合分析结合重点分析等方法。

（3）发现有容器、仪表、瓷器等物品的，应在利用功能键进行辅助帮助分析的情况下进一步识别，如仍不能确定性质，应结合开箱（包）检查。

（4）照相机、收音机、录音录像机及电子计算机等电器的检查，应仔细分析内部结构是否存在异常，如存在异常或不能判明性质的物质，应结合开箱包检查。

（5）如遇旅客声明不能用 X 射线安检仪检查的物品时，应按相应规定或情况处理，在了解情况后，如可以采用 X 射线安检仪进行检查时，应仔细分析物品的内部结构是否存在异常。

四、物品摆放角度与 X 射线图像显示的关系

立式 X 射线安检仪物品平放，显示的图像较佳；卧式机中物品立放，物体离 X 射线源越

近,图像显示的比例越大,见图11-4。

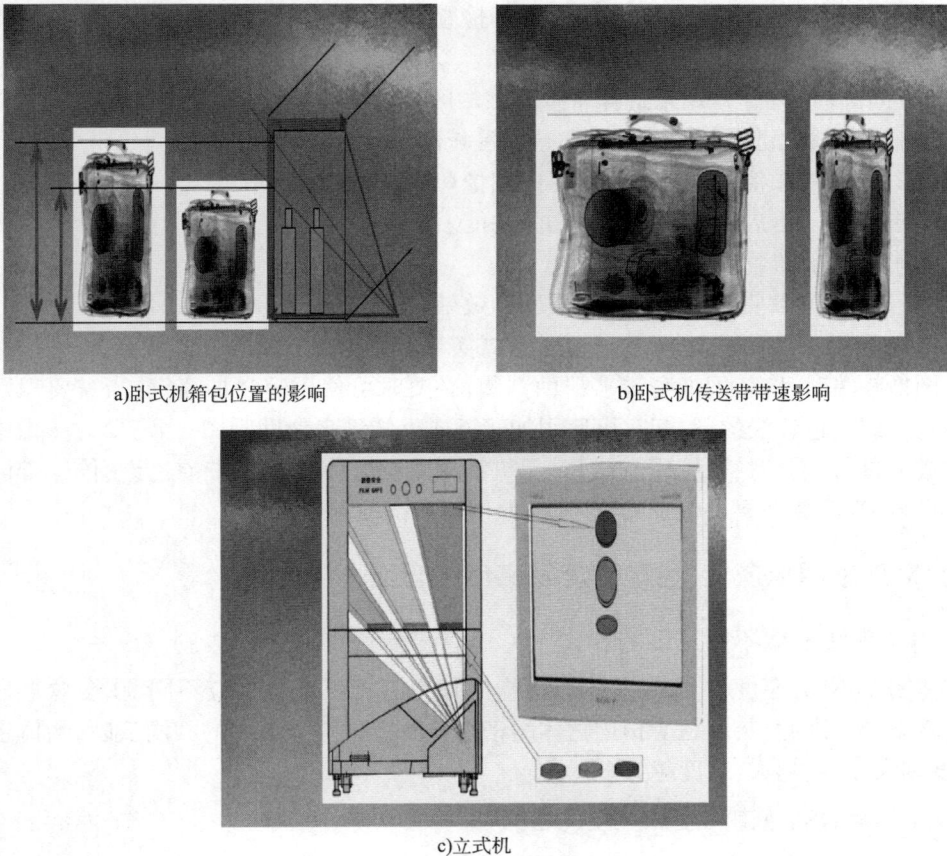

a)卧式机箱包位置的影响　　　　b)卧式机传送带带速影响

c)立式机

图11-4　物品摆放与图像关系

五、X射线安检仪功能键的应用

(1)当图像较暗时,应使用加亮键来帮助判图,必要时可使用超强加亮键。

(2)当需要识别密度较低的物品或颜色较浅的部分时,可使用加暗键或反转键来帮助判图。

(3)当需要对图像中不同物品的成分进行区分时,可使用有机物/无机物剔除键。

(4)使用传送带前进键、传送带倒退键控制传送带。

(5)当图像需要进一步判读时,应使用停止键控制传送带。

六、功能键含义

当图像出现时,X射线安检仪操作员应根据检查要求,使用加亮键、剔除键、反转键等功能键来辅助帮助识别图像中物品的特征和物品性质。以提高判图准确性,确保安全。

(1)紧急断电按钮:在出现紧急情况时,按下这个按钮可以使系统立即关闭。重新开机时,只要拨出这一按钮并按上电开关即可。

(2)传送带前进键:按下此键,传送带开始运转。

（3）传送带倒退键：持续按下此键，传送带倒退循环运转，直到此键被释放抬起时停止，系统在传送带反向运行期间一般不执行行李检查过程，除非系统被设置成反向扫描或连续扫描。

（4）方向键（选区键）：用来选择希望放大的区域，在放大状态下同样有效。

（5）ZOOM/放大键：每次按下此键，选中区域图像将被放大。

（6）彩色/黑白图像切换键：彩色/黑白图像切换。

（7）图像增强键：启动或关闭图像增强功能。

（8）剔除键：有机物或无机物剔除。

（9）反转键：可以使图像显示黑白反转的效果。

（10）加亮键：可以利用对比度增强的方式实现对图像中较暗物体的观察。

当图像较暗时，应使用加亮键来帮助判图，必要时可使用超强加亮键；当需要识别密度较低的物品或颜色较浅的部分时，可使用加暗键或反转键来帮助判图；当需要对图像中不同物品的成分进行区分时，可使用有机物/无机物剔除键。使用传送带前进键、传送带倒退键控制传送带；当图像需要进一步判读时，应使用停止键控制传送带。

七、X射线图像灰度、色饱和度及亮度的含义

（一）X射线图像不同灰度的含义

物体密度不同，厚度不同，X射线通过物体发生的衰减率也相应不同，在图像上显示的灰度也就不同。因此，灰度是所扫描物体的密度与厚度这两个参数的共同反映，物体密度越大，灰度越大；厚度越大，灰度越大。

（二）显示器的色饱和度和亮度的含义

色饱和度又称色浓度，是指彩色光所呈现出的彩色的深浅程度。亮度是光作用于人眼所引起的明亮程度的感觉。

第三节　识别X射线图像方法概述

X射线安检仪中，各种物品的形状各异，要想准确无误地识别，需要运用各种方法进行判断，以确保检查的准确性。

（1）整体判读法：具体来说就是由中间到四周整幅图像进行判读。观察图像的每个细节，判读图像中的物品是否相联系，有无电源、导线、定时装置、起爆装置和可疑物品。

（2）颜色分析法：即根据X射线安检仪对物质颜色的定义，通过图像呈现的颜色来判断物体的性质。

（3）形状分析法：即通过图像中物体的轮廓判断物体。有些物品虽然X射线穿不透，但轮廓清晰，可直接判断其性质。

（4）功能键分析法：具体来说就是充分利用功能键的分析功能对图像进行综合分析比较。反转键有利于看清颜色较浅物品的轮廓，有机物/无机物剔除键有利于判断物品的性质。

（5）重点分析法：具体来说就是抓住图像中难以判明性质、射线穿不透的物体，有疑点的地方重点分析。主要针对液体、配件、电子产品的检查。

（6）对称分析法：具体来说就是根据图像中箱包结构特点找对称点，主要针对箱包结构中不对称的点状物体或线状物进行分析比较，发现可疑物。

（7）共性分析法：即举一反三法，抓住某个物体的结构特征来推断其他同类物品。

（8）特征分析法：即结构分析法，抓住某个物体的结构中的一些特征进行判断。

（9）联想分析法：即通过图像中一个可判明的物品来推断另一个物品。

（10）观察分析法：即通过观察旅客来判断其所携带物品。

（11）常规分析法：即图像中显示的物品违反常规。

（12）排除法：即排除已经判定的物品，其他物品需要重点分析检查。

（13）角度分析法：即联想物品各种角度的图像特征加以分析判断。

（14）综合分析法：即利用上述方法中的几种，同时对图像进行判读。

在实际的X射线安检仪检查岗位工作时，可单独或综合利用上述14种识别X射线图像方法来帮助检查员识别X射线安检仪图像。上述的14种识别X射线图像的方法互相之间并非相互独立，而是互相关联、互为补充的，判图时应做到有机结合。

第四节　安全操作与防护

一、X射线安检仪的自我防护方法

目前，安全检查机构使用的X射线安检仪虽然采取了一系列防护措施，如整机用金属机壳封住（电子柜），通道两端铅帘门遮蔽，防止X射线泄漏。X射线安检仪采用有源器件，通电后传送带运行同时光障被物品遮挡才可能发X射线，X射线安检仪的这种功能是对工作人员最可靠的保护。虽然X射线安检仪有防护功能，但在X射线安检仪旁边的工作人员，还是应该有自我保护意识：不要在传送带运行时，将身体的某一部位伸入通道；不要破坏铅门帘；除必要的检修外，不要轻易打开机壳；不要轻易在打开机壳的情况下发射X射线等。

二、危险品的防护知识

（1）与危险品有关的一般应急程序：

①立即通知主管人员并向专业机构寻求支持。

②如果能够确保安全，对危险品进行识别。

③在确保安全的情况下，将其他包装件或财物与发生事故的危险品包装件隔离。

④避免接触包装件的内装物。

（2）如果身体或衣服沾染了内装物：

①用水冲洗。

②除去沾染的衣物。

③不要吃东西或吸烟。

④不要用手触摸眼睛、嘴巴和鼻子。

⑤到医院救治。

（3）确认可能受到危险品沾染的工作人员名单。

（4）必须通知主管当局（地方建管办、地区管理局和中国民用航空局）。

第五节　常见违禁物品的 X 射线图像特征

一、枪支弹药类的 X 射线图像基本特征

（一）枪支的 X 射线图像特征

由于枪支一般使用高分子金属制成，密度很大，因而在 X 射线安检仪中显示的图像灰度很大，在伪彩色图像一般呈暗红色。正放时，枪的外观轮廓明显，较易识别；侧放时，可通过分辨枪的结构和外观特征，如握柄、枪管、护环和准星等来识别。

（二）子弹的 X 射线图像特征

外观如日常所见，彩色图像中，正放时，弹头一般呈暗红色，弹壳一般呈蓝色。在图像中找子弹时，可按下图像增强键，寻找图像最黑点，再综合其外观结构特点，便可判别。若子弹平放时，呈一个暗红色圆点。

901 钢珠防爆弹呈短粗圆柱形，一头稍粗一点，正放时整个图像呈红色粗长条形，中部颜色稍深，按下该图像增强键隐约可见中部钢粒及尾部触点。

二、军（警）用械具类的 X 射线图像基本特征

（一）电击器

电击器的电源（电池）、升压装置（变压线圈或电容）、电击点（有的是两个或三个触头，有的是金属圆环）在图像中均呈暗红色，要注意把握其基本结构特征，与一些小件电器如收音机、电动剃须刀区分开来。

（二）手铐

手铐与拇指铐的主要结构有扣环和锁头，正放时极易辨认。平放时，大手铐的锁头在 X 射线安检仪伪彩色图像上一般呈暗红色长方形，扣环呈线状，但由于中空，故颜色较淡，一般能看到中间空隙。拇指铐平放时在 X 射线安检仪图像上呈较粗的直线状，像铁柄水果刀，但由于两边是指环，故直线两边比中间细。

（三）催泪器

由于内装物不同，催泪器在 X 射线安检仪伪彩色图像上分别显示为黄色或绿色；瓶口中心有金属喷头。

三、管制刀具的 X 射线图像特征

（一）匕首

正放时，一般可分辨出匕首的形状，可以比较明显地看到刀刃和刀柄。刀身一般呈蓝

色,刀锋颜色稍淡,刀柄为暗红色。平放时,整体为一深红色直线,较难分辨,但一样可看到较粗的刀柄两端。

(二)锁刀

正放时与铁柄水果刀图像相似,但仔细观察,可分辨出刀柄尾部带锁的部分,与刀柄其他部分的暗红色有区别。平放时其主要特征是呈直线状,直线的两端较中间粗,与实心柄的蝴蝶刀相似,但蝴蝶刀尾部有青色小点(小锁扣)。

(三)弹簧刀

正放时,图像类似匕首的刀柄部分,按加强键,在黑白图像中可见从头部至尾部有两条浅灰色细线。平放时,类似竖放的大型锁刀,但比锁刀多了一个开关。

(四)三棱刀

在X射线安检仪伪彩色图像上,其刀刃呈外有青蓝色毛边的深红色直线状。

四、爆炸物品类的X射线图像基本特征

(一)铁、铜壳电雷管

正放时,伪彩色图像为青蓝色细长条形,壳体一头类似导线的物体与之相连。

(二)纸壳电雷管

正放时,伪彩色图像为淡橘黄色的细长条形,管头部分颜色较深些,有一小黑点与类似导线的线状物相连。

(三)铁、铜壳非电火雷管

伪彩色图像与金属壳电雷管相似,但它是用塑料导火管作点火装置。因此,图像在无遮挡的情况下可能看到极淡的灰色线状物(导火管部分)与管头相连。

(四)铝、纸壳非电雷管

由于铝壳非电雷管管壁很薄,因此,它与纸壳非电雷管一样在伪彩色图像中呈橘黄色,但外壳相对较平整。而纸壳非电雷管颜色相对较浅。它们也是用塑料导火管作为点火装置,其管头部分图像与铁、铜壳非电雷管相似。

(五)铝、纸壳火雷管

图像中纸壳火雷管外壳模糊,铝壳火雷管外壳边缘较清晰平整,在图像上应注意发现壳中有深色阴影(火药),约占壳体的一半。铝、纸壳雷管在有障碍物的情况下识别较困难,须仔细辨别才能发现。

五、微型防卫器的X射线图像特征

微型枪类防卫器的X射线图像,在外观轮廓上多与一些日常生活用品相似,但微型枪类防卫器通常具有日常生活用品所没有的击发装置和弹槽。

(一)打火机型防暴枪

在图像中,若火机型防暴枪正放,可看到火机壳体内有两条弹槽。若火机枪平放,可看

到火机头旁有两个小孔,若装有催泪弹,则小孔较暗,但仍可辨认。其颜色较普通火机略深,尾部还可能看到模糊的电极。

(二)笔形防暴枪

图像上看笔体颜色较一般钢笔要深,在笔头的一段有弹槽,笔的中段即弹槽端部附近位置颜色尤深。有的笔形防暴枪在 X 射线安检仪图像上还可看到笔体内有两个针状黑点(击发点)。

(三)口红式防暴枪

由于枪体用塑料制成,所以图像顺色呈淡橘黄色,结构上分别有四个或两个弹槽。在壳体头部有一块金属片和击发电极,平放时图像是黑线(金属片)上有黑点(电极)。

六、利器、钝器的 X 射线图像特征

(一)利器

利器一般具有较明显的刀刃,正放时在 X 射线安检仪伪彩色图像上刀刃呈蓝色,且具有较明显的外形轮廓。

水果刀种类繁多,正放时,在 X 射线安检仪伪彩色图像上可较清晰地看到呈蓝色的刀刃,因此一般可通过其金属刀刃较容易地进行辨别;侧放时,一般整把刀呈暗红色线状,主要可通过刀柄上的金属铆钉(黑色小点)来辨认。有的水果刀没有铆钉,刀刃呈一线灰黑色,刀柄通常是塑料或木质,呈较淡的橘黄色。

单片裁纸刀正放时,刀片呈蓝色,刀片尾部有个小孔,这是其主要特征。侧放时,刀片呈一条黄黑色直线,线上有许多小间隙,这是其主要特征。整盒的裁纸刀片正放时,在 X 射线安检仪伪彩色图像上呈暗红色长条状,尾部有小孔。

手术刀正放时,在 X 射线安检仪伪彩色图像上刀刃呈青蓝色,侧放时呈暗红色直线状,中间比两端略粗。

剪刀正放时较易分辨形状,侧放时其 X 射线安检仪图像特征是两条暗红色直线、在一小黑点(铆钉)处交叉。

(二)钝器

钝器在 X 射线安检仪黑白图像上看,显示的灰度一般很大,从形状上也较易判别。

铁锤在 X 射线安检仪黑白图像上的主要特征是有一个灰度很大的锤头和一个用于手持的锤柄。

练 习 题

1. 简述 X 射线安检仪开关程序。
2. 简述 X 射线图像颜色的含义。
3. 简述子弹的 X 射线图像特征。

第十二章　开箱(包)检查

学习目标

◎ 了解常见物品的检查程序、方法;

◎ 掌握开箱(包)检查的程序、方法;

◎ 熟悉开箱(包)检查的重点对象。

开箱(包)检查是通道安全检查的最后一关,主要对 X 射线安检仪检查中有疑点的箱包进行复查,并对复查中有问题的物品做出处理。

第一节　开箱(包)检查的实施

一、开箱(包)检查的程序

(1)观察外层。看它的外形,检查外部小口袋及有拉链的外夹层。

(2)检查内层和夹层。用手沿行李包的各个侧面上下摸查,将所有的夹层、底层和内层小口袋检查一遍。

(3)检查包内物品。按 X 射线安检仪操作员所指的重点部位和物品进行检查。在没有具体目标的情况下应一件一件地检查。已查和未查的物品要分开,放置要整齐有序。如包内有枪支等物品,应先将之取出保管好,及时进行处理,然后再细查其他物品,同时要对物主采取看护措施。

(4)善后处理。检查后如有问题应及时报告领导,或交公安机关处理。没有发现问题的应协助旅客将物品放回包内,对其合作表示感谢。

二、开箱(包)检查的方法

一般是通过人的眼、耳、鼻、舌、手等感官进行检查,根据不同的物品采取相应的检查方法。主要有以下几种常用方法:看、听、摸、拆、掂、捏、嗅、探、摇、烧、敲、开等。

看:就是对物品的外表进行观察,看是否有异常,包袋是否有变动等。

听:对录音机、收音机等音响器材通过听的方法,判断其是否正常,此法也可以用于对被怀疑有定时爆炸装置的物品进行检查。

摸:就是直接用手的触觉来判断是否藏有异常或危险物品。

拆:对被怀疑的物品,通过拆开包装或外壳,检查其内部有无藏匿危险物品。

掂:对被检查的物品用手掂其重量,看其重量与正常的物品是否相等,从而确定是否进一步进行检查。

捏:主要用于对软包装且体积较小的物品,如洗发液、香烟等物品的检查,靠手感来判断有无异常物。

嗅:对被怀疑的物品,主要是爆炸物,化工挥发性物品,通过鼻子的嗅闻,判断物品的性质。基本动作应注意使用"扇闻"的方法。

探:对有怀疑的物品,如花盆、盛有物品的坛、罐等,如无法透视,也不能用探测器检查,可用探针进行探查,判断有无异物。

摇:对有疑问的物品,如用容器盛装的液体、佛像、香炉等中间可能是空心的物品,可以用摇晃的方法进行检查。

烧:对有怀疑的某些物品,如液体、粉末状、结晶状等物品,可取少许用纸包裹,然后用火点燃纸张,根据物品的燃烧程度、状态等判断其是否易燃易爆物品。

敲:对某些不易打开的物品如拐杖、石膏等,用手敲击,听其发音是否正常。

开:通过开启关闭开关,检查手提电话、传呼机等电器是否正常,防止其被改装为爆炸物。

以上方法不一定单独使用,常常是几种方法结合起来,以便更准确、快速地进行检查。

三、旅客携带的箱(包)分类

(一)按大小分类

(1)小型包。包括:手包、电脑包、腰包、女士单肩包、手提袋等。

(2)中型包。包括:双肩背包、旅行包、礼品箱、工具箱、手提箱等。

(3)大型包。包括:拉杆箱等。

(二)按材料分类

(1)软体包。包括:手包、电脑包、腰包、女士单肩包、手提袋、双肩背包、旅行包、礼品箱。

(2)硬体包。包括:拉杆箱、工具箱等。

四、开箱(包)检查操作

(1)开包员站立在X射线安检仪行李传送带出口处疏导箱包,避免过检箱包被挤、压、摔倒。

(2)当有箱包需要开检时,开机员给开包员以语言提示,待物主到达前,开包员控制需开检的箱包;物主到达后,开包员请物主自行打开箱包,对箱包实施检查。如箱包内疑有枪支、爆炸物等危险品的特殊情况下由开包员控制箱包,并做到人、物分离。

(3)开包检查时,开启的箱包应侧对物主,使其能通视自己的物品。

(4)根据开机员的提示对箱包进行有针对性的检查。已查和未查的物品要分开,放置要整齐有序。

①检查包的外层时应注意检查其外部小口袋及有拉锁的外夹层。

②检查包的内层和夹层时应用手沿包的各个侧面上下摸查,将所有的夹层、底层和内层小口袋完整地、认真地检查一遍。

(5)检查过程中,开包员应根据物品种类采取相应的方法(看、听、摸、拆、捏、掂、嗅、探、摇、烧)进行检查。

(6)开包员将检查出的物品请开机员复核。

①若属安全物品则交还旅客本人或将物品放回旅客箱包、协助旅客将箱包恢复原状。而后对箱包进行 X 射线安检仪进行复检。

②若为违禁品则进行移交处理。

(7)若过检人员申明携带的物品不宜接受公开开包检查时,开包员应交值班领导处理。

(8)遇有过检人员携带胶片、计算机软盘等不堪接受通过 X 射线安检仪检查时,应进行手工检查。

五、开箱(包)检查的重点对象(重点物品)

(1)用 X 射线安检仪检查时,图像模糊不清无法判断物品性质的。

(2)X 射线安检仪检查时,发现似有电池、导线、钟表、粉末状、液体状、枪弹状物及其他可疑物品的。

(3)X 射线安检仪图像中显示有容器、仪表、瓷器等物品的。

(4)照相机、收音机、录音录像机及电子计算机等电器。

(5)携带者特别小心或时刻不离身的物品。

(6)乘机者携带的物品与其职业、事由和季节不相适应的。

(7)携带者声称是帮他人携带或来历不明的物品。

(8)旅客声明不能用 X 射线安检仪检查的物品。

(9)现场表现异常的旅客或群众揭发的嫌疑分子所携带的物品。

(10)公安部门通报的嫌疑分子或被列入查控人员所携带的物品。

(11)旅客携带的密码箱(包)进入检查区域发生报警的。

六、开箱(包)检查的要求及注意事项

(1)开箱(包)检查时,物主必须在场,并请物主将箱(包)打开。

(2)检查时要认真细心,特别要注意重点部位如箱(包)的底部、角部、外侧小兜,并注意发现有无夹层。

(3)没有进行托运行李流程改造的要加强监控措施,防止已查验的行李箱(包)与未经安全检查的行李箱调换或夹塞违禁(危险)物品。

(4)旅客的物品要轻拿轻放,如有损坏,应照价赔偿。检查完毕,应尽量按原样放好。

(5)开箱(包)检查发现危害大的违禁物品时,应采取措施控制住携带者,防止其逃离现场,并将箱(包)重新经 X 射线安检仪检查,以查清是否藏有其他危险物品,必要时将其带入检查室彻底清查。

(6)若旅客申明所携带物品不宜接受公开检查时,安检部门可根据实际情况,避免在公开场合检查。

(7)对开箱(包)的行李必须再次经过 X 射线安检仪检查。

七、开箱包检查的情况处置

(一)对查出非管制刀具的处理

刀长超过 6cm 的非管制刀具不准随身携带,可准予托运。

国际航班如有特殊要求,经民航主管部门批准,可按其要求进行处理。

(二)对查出的走私物品移交海关处理

对查出的淫秽物品、毒品、赌具、伪钞、反动宣传品等,应做好登记并将人和物移交机场公安机关依法处理。

(三)对携带含有易燃物质的日常生活用品的处理

对含有易燃物质的日常生活用品,实行限量携带。具体品名、数量见《民用航空安全检查规则》(附件三)及《中国民航总局关于限制携带液态物品乘坐民航飞机的公告》。对医护人员携带的抢救危重病人所必需的氧气袋凭医院的证明可予以检查放行。

第二节 常见物品的检查方法

(一)仪器、仪表的检查方法

对仪器、仪表通常进行 X 射线安检仪透视检查,如 X 射线安检仪透视不清,又有怀疑,可用看、掂、探、拆等方法检查。看仪器、仪表的外表螺钉是否有动过的痕迹;对家用电表、水表等可掂其重量来判断;对特别怀疑的仪器、仪表可以拆开检查,清查里面是否藏有违禁物品。

(二)各种容器的检查方法

对容器进行检查时,可取出容器内的东西,采取敲击、测量的方法,听其发出的声音,分辨有无夹层,并检测容器的外高与内深、外径与内径的比差是否相符。如不能取出里面的东西,则可采用探针检查方法。

(三)各种文物、工艺品的检查方法

一般采用摇晃、敲击、听等方法进行检查,摇动或敲击时,听其有无杂音或异物晃动声。

(四)容器中液体的检查方法

对液体的检查一般可采用看、摇、嗅、试烧的方法进行。看容器、瓶子是否是原始包装封口;摇液体有无泡沫(易燃液体经摇动一般产生泡沫且泡沫消失快);嗅闻液体气味是否异常(酒的气味香浓,汽油、酒精、香水的刺激性大);对不能判别性质的液体可取少量进行试烧,但要注意安全。

(五)骨灰盒等特殊物品的检查方法

对旅客携带的骨灰盒、神龛、神像等特殊物品,如 X 射线安检仪检查发现有异常物品时,可征得旅客同意后再进行手工检查;在旅客不愿意通过 X 射线安检仪检查时,可采用手工检查。

(六)衣物的检查方法

衣服的衣领、垫肩、袖口、兜部、裤腿等部位容易暗藏武器、管制刀具、爆炸物和其他违禁物品。因此,在安全检查中,对旅客行李物品箱(包)中的可疑衣物要用摸、捏、掂等方式进行检查。对冬装及皮衣、皮裤更要仔细检查。看是否有夹层,捏是否暗藏物品,衣领处能暗藏一些软质的爆炸物品。掂重量是否正常。对衣物检查时应用手掌心进行摸、按、压,因为手掌心的接触面积大且敏感,容易查出藏匿在衣物中的危险品。

(七)皮带(女士束腰带)的检查方法

对皮带(女士束腰带)进行检查时,看边缘缝合处有无再加工的痕迹,摸腰带圈内是否有夹层。

(八)书籍的检查方法

书籍容易被人忽视,厚的书或者是捆绑在一起的书可能被挖空,暗藏武器、管制刀具、爆炸物或其他违禁物品。检查时,应将书打开翻阅检查,看书中是否有上述物品。

(九)笔的检查方法

看笔的外观是否有异常,掂其重量是否与正常相符,按下笔身的开关或打开笔身查看是否改装成笔刀或笔枪。

(十)雨伞的检查方法

雨伞的结构很特殊,往往被劫机分子利用。在其伞骨、伞柄中藏匿武器、匕首等危险物品以混过安全检查。在检查中,可用捏、摸、掂直至打开的方法进行检查,要特别注意对折叠伞的检查。

(十一)手杖的检查方法

注意对手杖进行敲击,听其发声是否正常,认真查看外观是否被改成拐杖刀或拐杖枪。

(十二)玩具的检查方法

小朋友携带的玩具也有可能暗藏匕首、刀具和爆炸装置。对毛绒玩具检查时.通常要看其外观,用手摸查有无异物;对电动玩具检查时,可通电或打开电池开关进行检查;对有遥控设施的玩具检查时,看其表面是否有动过的痕迹,摇晃是否有不正常的声音,掂其重量是否正常,拆开遥控器检查电池,看是否暗藏危险品。

(十三)整条香烟的检查方法

整条香烟、烟盒和其他烟叶容器一般都是轻质物品,主要看其包装是否有被重新包装的痕迹和掂其重量(每条香烟重量约为300g)来判断,对有怀疑的要打开包装检查。

(十四)摄像机、照相机的检查方法

对一般类型的摄像机,可首先检查其外观是否正常,有无可疑部件,有无拆卸过的痕迹,重点检查带匣、电池盒(外置电源)、取景窗等部分是否正常,对有怀疑的可让旅客进行操作以查明情况。对较复杂的大型摄像机,可征得旅客的同意进行 X 射线安检仪检查。内如没有胶卷,可以询问旅客是否可以打开照相机;也可以掂其重量来判断,如机内装有爆炸物,其重量会不同于正常照相机。对有怀疑的照相机可以按快门试拍来判断。

(十五)收音机的检查方法

一般要打开电池盒盖,抽出接收天线,查看其是否藏匿有违禁物品。必要时,再打开外壳检查内部。

(十六)录音机的检查方法

观察是否能够正常工作,必要时打开电池盒盖和带舱,查看是否藏有危险物品。

(十七)手提电脑的检查方法

检查外观有无异常,掂其重量是否正常,可请旅客将电脑启动,查看是否正常工作。对电脑的配套设备(鼠标、稳压器等)也要进行检查。

(十八)手机的检查方法

可用看、掂、开等方法进行检查。看外观是否异常,掂其重量,如藏匿其他物品会有别于正常手机,通过打开电池盒盖和开启关闭开关来辨。

(十九)乐器的检查方法

乐器都有发音装置。对弦乐器可采用拨(按)、听、看的方法,听辨发音是否正常,其能否正常发音,对管乐器材可请旅客现场演示。

(二十)口红、香水等化妆物品的检查方法

口红等化妆品易改成微型发射器,可通过掂其重量或打开进行检查。部分香水的外部结构在 X 射线安检仪屏幕上所显示图像与微型发射器类似,在检查时观看瓶体说明并请旅客试用。

(二十一)粉末状物品的检查方法

粉末状物品性质不易确定,可取少许用纸包裹,然后用火点燃纸张,观察其燃烧程度来判断是否属于易燃易爆物品。

(二十二)食品的检查方法

对罐装、袋装的食品的检查,掂其重量看是否与罐装、袋体所标注重量相符。看其封口是否有被重新包装的痕迹。觉察该物可疑时,可请旅客自己品尝。

(二十三)小电器的检查方法

诸如电吹风机、电动卷发器、电动剃须刀等小型电器可通过观察外观,开启电池盒盖,现场操作的方法进行检查。对于钟表要检查表盘的时针、分针、秒针是否正常工作,拆开其电池盒盖查看是否被改装成钟控定时爆炸装置。

(二十四)对鞋的检查方法

用看、摸、捏、掂等检查方法来判断鞋中是否藏有违禁物品。看:观看鞋的外表与鞋的内层;摸:用手的触感来检查鞋的内边缘等较为隐蔽之处,检查是否异常;捏:通过手的挤压来感觉进行判断;掂:掂鞋的重量与其正常相符,必要时可通过 X 射线安检仪进行检查。

第三节 暂存、移交的办理

一、暂存的定义

暂存物品是指不能由乘机旅客自己随身携带,旅客本人又不便于处置的物品。

对旅客携带的限量物品的超量部分,安检部门可予以定期暂存。办理暂存时,要开具单据并注明期限,旅客凭单据在规定期限内领取。

"暂存物品单据"是指具备物主姓名、证件号码、物品名称、标记、数量、新旧程度、存放期限、经办人和物主签名等项目的一式三联的单据。

在开具单据时必须按照单据所规定的项目逐项填写,不得漏项,一式三联,第一联留存,第二联交给旅客,第三联贴于暂存物品上以便旅客领取。安检部门收存的暂存物品应设专人专柜妥善保管,不得丢失。

"暂存物品单据"有效期限一般为一个月,逾期未领者,视为自动放弃物品,由安检部门酌情处理。

二、移交的定义

移交是指安检部门在安全检查工作中遇到的问题按规定移交给各有关部门。这里所说的移交包括三个方面,即移交机场公安机关、移交机组、移交其他有关部门。移交时,要办理好交接手续,清点所有物品。

(1)移交公安机关:安检中发现对可能被用来劫(炸)机的武器、弹药、管制刀具以及假冒证件等,应当连人带物移交所属民航机场公安机关审查处理。

(2)移交其他有关部门:对在安检中发现的被认为是走私的黄金、文物、毒品、淫秽物品、伪钞等,应连人带物移交相应的有关部门审查处理。

(3)移交机组:旅客携带的藏刀、腰刀、靴刀等在少数民族区域内乘坐飞机时可移交机组。

"移交物品单据"是指具有旅客姓名、证件号码、乘机航班、乘机日期、起飞时间、旅客座位号、始发地、目的地、物品名称、数量、经办人、接收人等项目的一式三联的单据。安检部门在检查工作中遇有问题需要三联,让接收人签名后,将第一联留存,第二联交给旅客,第三联交接收人。移交单据应妥善保管,以便存查。

对旅客遗留的物品,要登记清楚物品的数量、型号、日期,交专人妥善保管,方便旅客认领。

对旅客自弃的物品,安检部门要统一造册,妥善保管,经上级领导批准做出处理。

三、办理暂存、移交的程序

当检查员将旅客及其物品带至移交台后,移交员根据相关规定为旅客不能随身带上飞机的物品办理暂存、移交手续。

(一)属于暂存、移交范围的物品

1.旅客携带禁止随身携带或者托运的物品

(1)勤务中查获的枪支、弹药、警(军)械具类、爆炸物品类、管制刀具、易燃易爆物品、毒害品、腐蚀性物品、放射性物品、其他危害飞行安全的物品等国家法律、法规禁止携带的物品移交机场公安机关处理,并做违禁物品登记。

(2)对于旅客携带的少量医用酒精,移交员可让旅客将酒精交给送行人带回或自行处理。如果旅客提出放弃,移交员将该物品归入旅客自弃物品回收箱(筐)中。

2.禁止旅客随身携带但可作为行李托运的物品

(1)勤务中查获的禁止旅客随身携带但可作为行李托运的物品(如超长水果刀、大剪刀、剃刀等生活用刀,手术刀、雕刻刀等专业刀具,剑、戟等文艺表演用具,斧、凿、锥、加重或有尖的手杖等危害航空安全的锐器、钝器)。

(2)各种酒类物品及打火机、安全火柴。移交员应告知旅客可作为行李托运或交给送行人员;如果来不及办理托运,可为其办理暂存手续。

①办理暂存手续时,移交员要向旅客告知暂存期限为 30 天,如果超过 30 天无人认领,将不再为其保存。

a. 暂存物品收据一式三联。

b. 开具单据时必须按照单据规定的项目逐项填写,一联留存,一联交旅客收留,一联钉(粘)在"暂存物品袋"上。

②填写"暂存物品登记表"。

③国际航班的移交员还可根据航空公司的要求为旅客办理移交机组手续。填写"换取物品单据",并告知旅客下飞机时凭此单据向机组索要物品。

a. 换取物品收据一式三联。

b. 开具单据时必须按照单据规定的项目逐项填写,一联留存,一联交给旅客,一联粘贴于"移交袋"上,如"移交袋"不能容纳,可粘贴于被移交物品外包装上。

④如果旅客提出放弃该物品,移交员将该物品放入旅客自弃物品回收箱(筐)中。

3. 旅客限量随身携带的生活用品

(1)勤务中查获的需限量随身携带的生活用品(如摩丝、香水、杀虫剂、空气清新剂等),移交员可请旅客将超量部分送交送行友人带回或自行处理。国际安检打火机、火柴的携带按照中国民用航空局公安局〔2005〕820号文件《关于协助做好飞美航班禁止携带打火机的通知》的要求办理;对于携带的酒类物品,移交员可建议旅客交送行友人带回、办理托运或捐献。

(2)如果旅客提出放弃,移交员将该物品归入旅客自弃物品回收箱(筐)中。

4. 勤务中查获的毒品、文物、国家保护动物、走私物品

移交机场公安机关处理。对于国际(地区)出港航班旅客,应交海关或检疫部门处理。

5. 旅客(工作人员)丢失的物品

对于旅客(工作人员)丢失的物品:

(1)由捡拾人与移交员共同对捡拾物品进行清点、登记。

(2)捡拾物品在当日未被旅客取走的则上交机场派出所失物招领处,并取回公安机关开具的回执。

(二)移交手续

每天在勤务结束后,移交员将暂存物品、旅客自弃物品及《暂存物品登记表》上交值班员兼信息统计员。

(三)值班员兼信息统计员的责任

(1)对移交员上交来的暂存物品进行清点、签收,并保留《暂存物品登记表》。

(2)值班员兼信息统计员还要负责将暂存物品按日期分类,分别放置在相应的柜层中,以备以后旅客提取暂存物品时方便查找。

(3)负责对旅客自弃物品收存。

(四)暂存物品的领取及处理

(1)旅客凭"暂存物品收据"联在30日内领取暂存物品。物品保管员根据"暂存物品收据"上的日期、序列号找到旅客的暂存物品,经确认无误后返还领取人,同时,物品保管员将旅客手中的"暂存物品收据"联收回。

(2)对于30天内无人认领的暂存物品将其统一收存,再延长7天存放期,7天后若仍无人认领则视同无人认领物品上交处理。对于已经返还的暂存物品,则在《暂存物品登记表》

上注销,并将暂存表同无人认领物品一并上交。

(3)旅客自弃的物品定期回收处理。

民 航 精 神

民航精神还体现在我们对技术的追求和创新的精神。民航工作人员不断学习和提升自己的专业知识和技能,以应对不断变化的航空业务环境。积极参与技术创新和业务提升,努力提高航空服务的效率和质量。

【思政目标】通过引入本案例到课程中,深化学生对"平安民航"建设的认识,并强调民航工作人员在保障公共安全方面的重要作用。案例中的安检员通过严格的检查程序,成功查获了旅客非法携带的违禁品,体现了民航人的高度警觉性和专业能力。希望通过这一案例,培养学生的安全意识和责任感,使他们明白在任何情况下,都要坚守原则,严格落实安全规定,确保民航运输的安全与顺畅。

【思政案例】守牢安全防线|严格落实"平安民航"建设

某日 4 时 23 分,杭州机场安护部客检一科安检员在 T3 航站楼 22 号安检通道人身检查岗位值勤时,通过手工摸查,发现旅客姚某在右脚袜子内藏匿携带一次性打火机 3 个,通过询问发现其有一同行人员王某,随后对该两名人员实施脱鞋检查,发现王某右脚鞋底藏匿打火机 1 个。据了解,两人知道打火机属于禁运物品,但是为了下机后能迅速"抽上一口",还是决定"试一试""博一博"。经严格检查、测爆后,安护部将 2 人移交机场公安,公安对两人分别处以罚款 500 元行政处罚。

随后,安护部以本次查获作为案例,提醒全体检查员加强团伙藏匿携带违禁品的检查和防范,守牢安全防线,严格落实"平安民航"建设。

【教学效果预期】通过学习本案例,学生将能够更加直观地理解民航工作中安全检查的重要性和必要性。作为民航工作人员,不仅要具备扎实的专业技能,更要时刻保持高度的责任心和警惕性。通过这一案例的教学,希望学生能够内化民航精神,即严格、细致、专业的工作态度,以及始终将安全放在首位的意识。最终,期望学生在未来的职业生涯中,能够像案例中的安检员一样,做到守土有责、守土尽责,为民航安全贡献自己的力量。同时,也希望学生能够从中认识到,不管何时何地安检人员都要保持清醒的头脑和坚定的原则,确保每一次飞行都能安全起落,每一位旅客都能平安抵达。

练 习 题

1.简述开箱包检查的程序方法。

2.简述旅客携带衣物的检查方法。

3.怎样开具暂存、移交单据?

处置篇

第十三章　特殊旅客及特殊情况处置

◢◢◢◢◢◢◢◢◢◢◢◢◢◢◢◢◢◢◢◢◢◢◢◢◢◢◢◢◢◢◢◢◢◢◢◢◢

学习目标

◎ 了解特殊旅客检查的相关规定;
◎ 掌握特殊旅客检查及处置的方法。

对特殊旅客的检查是一项关系到安检工作质量和机场服务质量的特殊任务,对特殊旅客的检查要以法规为依据,对解决不了的问题要及时上报上级领导。

第一节　特殊旅客检查方法

一、特殊旅客检查时的注意事项

(1)检查时态度诚恳热情,举止大方庄重,语言文明礼貌。
(2)要主动周到地尽可能提供方便。
(3)要尊重旅客,对盲、聋、哑和残疾旅客检查时,不可催促或显得不耐烦。
(4)重要旅客乘机时要注意保密,在国家保卫对象乘坐航班时,注意对其他旅客的严格检查,严禁押送犯人、精神病患者。

二、免检对象的检查方法

《民用航空安全检查规则》第一章第四条规定,国务院规定的免检范围的人员,可免于安全检查。任何部门和个人都不得擅自扩大免检范围。凡属免检范围的人员乘坐民航班机或迎送贵宾,应事先与当地机场公安机关联系,办理免检手续。对不属免检范围而要求免检的人员,机场公安民警和安全检查人员要做好耐心解释工作;凡不听劝阻,拒不接受安全检查者,不准进入隔离区和乘坐飞机,损失自负。

三、重要客人的检查方法

由有关接待部门出具证明,安检部门凭要客通知单检查放行。重要客人(简称要客)通过安全门时如未报警,可不对其人身进行手工检查;其随身手提行李通过 X 射线安检仪检查时段,如无违禁物品,可不进行开箱包检查。如要客到达安检现场正值旅客较多的高峰时段,应优先安排要客通过。

四、伤、病、残、孕旅客的检查方法

(一)对伤、病旅客的检查方法

伤、病旅客一般都有亲友或医护人员护送,对护送人员及所有行李应通过安全门和 X 射线

机透视检查,对确实不能通过安全门的重伤、重病旅客,可安排1~2名与其同性别的检查员对其进行手工检查。对坐轮椅、躺担架的旅客可用探测器检查,其身体两侧及身后应尽量采取用手触摸的方法,必要时可请陪同人员或亲友协助,直到查清为止。对打有绷带或石膏的受伤旅客,应在医务人员的配合下进行检查,并查看其他有关证件和医院的诊断及治疗说明。

（二）对残障旅客的检查方法

残障旅客是指在心理、生理、人体结构上某种组织、功能丧失或者不正常,全部或者部分丧失以正常方式从事某种活动能力的人。残障旅客包括肢体残障、视力残障、听力残障、言语残障等。残障旅客与其他公民一样享有航空运输服务的权利,在为残障人士提供安全检查时,应保障安全、尊重隐私、尊重人格。如残障旅客请求做私下安全检查时,安检人员应及时安排。

（1）对肢体残障旅客的检查方法:应注意避开其他旅客,特别是对其假肢进行拆卸检查时,尽量不要损伤其自尊心或使其感到难堪。肢残旅客的电动轮椅,其蓄电池应符合中国民用航空局关于危险品的运输管理规定。

（2）对言语残障、听力残障旅客的检查:因其语言、听觉障碍,如检查人员不懂哑语,可用文字或手势告知其应该怎么做,但不能用手或用探测器推拉、拨带旅客。

（3）对视力障碍旅客的检查:视力障碍旅客乘机一般有亲友随同,检查时可在其随同人员的陪同下进行。

（4）对残障旅客助残设备的检查:对助残设备进行安全检查过程中,安检人员判断助残设备可能藏有武器或其他违禁物品的,可进行特殊程序的检查。

（5）对残障旅客服务犬的检查:服务犬是指为残障旅客生活和工作提供协助的特殊犬,包括辅助犬、导听犬、导盲犬。经承运人同意,满足乘机条件（身份证明和检疫证明）的残障旅客服务犬经安全检查后,可予以放行。

（三）对孕妇及患有某些疾病旅客的检查方法

首先应诚恳地向其说明检查仪器对胎儿及旅客的健康均无影响,尽量动员旅客自觉接受安全门检查。如不能使其解除顾虑,可改用手工检查。

五、对保密客人的检查方法

按照有关规定,保密客人凭中央对台领导小组办公室出具的乘机介绍信免验身份证件,但仍要进行安全检查。

六、对持"侦察证"乘机执行任务人员的检查方法

对持"侦察证"乘机执行任务的国家安全机关工作人员,可按正常安检程序对其实施安全检查,经过仪器检查未发现疑点的,不再进行手工人身检查和开箱包检查。

第二节　特殊情况的处置

一、拒不接受安全检查旅客的处置

对不接受安全检查的旅客,应向其讲明有关法律、法规,经说明仍不接受者,拒绝其登机,损失自负。

二、发现无机票、登机牌人员的处置

无机票、登机牌的情况，一般多为小孩，过安检时由大人背着或抱着进入隔离区或经其他途径进入隔离区的，安检人员一经查获，应立即将其控制起来，报告值班领导。

三、发现未办理出境手续人员的处置

发现未办理出境手续的人员欲乘坐国际航班时，交机场边防检查部门处理。

四、航班延误、备降后旅客强行登机的处置

航班延误、备降后旅客强行登机现象时有发生，这种情况多为旅客对天气、通信、飞行要求等原因不予理解和配合造成的。出现强行登机，监护人员要耐心劝阻，讲明有关安全的规定。劝阻无效时，及时报告值班领导，通知公安值班人员及有关部门处理。监护人员负责监视旅客在机坪停留情况，防止无关人员混入旅客中。

五、抢修飞机或执行紧急任务加入机组人员未经安检的处置

抢修飞机或执行紧急任务而加入机组的人员，来不及过安检的情况比较特殊。遇到这种情况，监护检查员要检查其登机手续是否齐备，核对其航班、飞机号、前往地点、姓名等是否属实，对其进行检查，并将情况报告值班领导。

六、民航工作人员特殊情况处置

（一）机场工作人员不按规定佩戴证件进入隔离区的处置

工作人员进入隔离区时，必须佩戴或出示通行证件。对未带证件、有证不戴的，检查员要予以制止；对冒用他人证件者要通知其所在单位或送交机场公安机关处理；对不服从管理的工作人员要进行批评教育，做好登记，上报领导；对态度蛮横、性质恶劣的，通报有关部门。

（二）机场工作人员携带未经安检的物品进入隔离区的处置

根据《中华人民共和国民用航空安全保卫条例》的规定：严禁利用工作之便将未经安检人员检查的物品装上航空器或带入隔离区。对违反规定者，安检人员应予以制止，对故意捎带危险品进入隔离区且拒不接受安检人员检查的，拒绝进入，因拒绝接受检查而影响工作的，责任自负。无理取闹或谩骂、殴打执勤人员的，交机场公安机关处理。

（三）机组人员携带特殊物品进入隔离区的处置

对机组携带的特殊物品，应按要求经过 X 射线安检仪检查，对难以用仪器检查的物品，检查人员可视情况经手工检查后放行；对机组携带电器或较大的超过携带规定的行李物品，应要求其托运，不得带上航空器；对机务部门携带的航材，不便过安检或来不及过安检的，凭航空公司证明信并经安检部门值班领导批准，检查人员凭证明放行。

七、其他情况的处置

（1）对有下列情形之一者，应带至安检值班室进行教育，情节严重的，交由民航公安机关处理。

①逃避安全检查的。

②妨碍安检人员执行公务的。

③携带危险品、违禁品又无任何证明的。

④扰乱安检现场工作秩序的。

（2）有下列威胁航空安全行为之一的，交由民航公安机关处理。

①携带枪支、弹药、管制刀具及其仿制品进入安检现场的。

②强行进入候机楼区不听劝阻的。

③伪造、冒用、涂改身份证件乘机的。

④隐藏携带危险品、违禁品企图通过安全检查的。

⑤在托运货物时伪报品名、弄虚作假或夹带危险物品的。

⑥其他威胁航空安全的行为。

练 习 题

1. 怎样对肢体残障的旅客进行检查？
2. 简述对保密客人的检查方法。
3. 对旅客强行登机的情况如何进行处置？

第十四章 爆炸物品基础知识

学习目标

◎ 了解炸药的分类、基本特征；

◎ 掌握各种炸药的性能；

◎ 熟悉炸药的识别方法和销毁方法。

爆炸物品具有威力大、破坏性强、易藏匿且仪器难识别的特点。为提高安检人员对爆炸物品的识别和处置能力，防止歹徒利用爆炸物品劫持、爆炸飞机或破坏机场，本章系统阐述爆炸物品的种类、性能特征、识别及处理方法等基础知识。

第一节 炸药的一般知识

一、炸药爆炸的基本特征

爆炸是物质发生变化的速度不断急剧加快，极短时间内放出大量热的现象。爆炸时温度与压力急剧升高，产生破坏或推动作用。就爆炸过程的性质来看，爆炸现象可分为物理爆炸、化学爆炸、核爆炸三大类。

凡是爆炸变化的速度极快并产生高温、高热和大量气体生成物的物质叫作炸药。炸药爆炸过程具有三个基本特征。

（1）放出大量的热。

化学反应过程中放出热量，这是第一个必要条件。有了这个条件，反应才能自行传播，而不需要外界的能量来维持反应的继续进行。因为要使分子产生化学反应，首先必须供给能量使其活化，如果反应不具有放热性，那么前一层分子在外界能量作用下发生反应后，就不能引发下一层分子反应，反应便不能自行传播下去，这样的物质不能制作炸药。

（2）反应速度极快。

爆炸过程的高速度也是炸药爆炸的必要条件。它是爆炸过程区别于一般化学反应过程的最重要标志。煤块在空气中燃烧时，可放出大量的热量，并生成气体，但因反应慢而不能产生爆炸。如果将煤块粉碎成极细的煤粉并按一定比例均匀悬浮在空气中，点火后便能产生爆炸。这是因为煤粉与氧气充分接触，反应非常迅速的缘故。

（3）产生大量的气体生成物。

因为炸药爆炸时对周围介质作用是通过高温高压气体的迅速膨胀来实现的，因此，在反应过程中有大量气体产物形成也是一个重要因素。1L 普通炸药在爆炸时可以产生 1000L

左右的气态产物,爆炸产生的气体产物,再加上快速性和放热性,这样在爆炸变化完成的瞬间,大量的气体仍占有原来炸药所占的容积,又被加热到高温,就变成了高温高压气体。这种高温高压的气体就能够对周围介质产生猛烈的冲击作用。

综上所述,只有同时具备放热性、快速性和生成大量气体三个条件的反应过程,才具有爆炸性。放热性给爆炸变化提供了能源,快速性则使能量集中,生成大量气体是能量转换的工作介质。具备以上三个特征的化学变化过程称为爆炸过程。所以凡在外界作用下,能产生快速爆炸变化,放出高热和生成大量气体的物质都可称为炸药。

二、炸药及其分类

(一)炸药

1. 炸药的感度

炸药在外界作用下发生爆炸变化的难易程度,称为炸药的感度。容易爆炸的称为感度大或敏感,不容易爆炸的称为感度小或钝感。炸药感度大小,以引起炸药爆炸所需的最小起爆能量来表示。炸药的感度越小,所需的起爆能量越大。炸药在一定的外界作用下才能发生爆炸,能够引起炸药爆炸变化的能量,称为起爆能。起爆能的形成有以下几种:

(1)机械能。如冲击、针刺、摩擦、枪弹射击。

(2)热能。如加热、火焰、火花。

(3)化学能。如高热化学反应放出的热量。

(4)电能。如电热、放电。

(5)炸药的爆炸能。

为使炸药爆炸达到最高速度,必须给予足够的起爆能。如起爆能不足,则不能引爆炸药或爆炸不完全。

2. 炸药的威力

炸药的威力是炸药爆炸时做功的能力。如爆破岩石,炸药的威力通常表现为所炸下的石方量的多少。炸药的威力越大,破坏的范围和体积就越大。威力取决于炸药爆炸时所产生的热量和气体的多少。

3. 炸药的猛度

炸药的猛度是指爆炸时粉碎与它接触的物体或介质的能力。如爆破岩石猛度通常表现为粉碎岩石的能力,炸药猛度越大,破坏的岩石就越碎。猛度主要与炸药的爆速有关:爆速越大,猛度也越大。

4. 炸药的爆速

爆轰波沿炸药传播的直线速度称为爆速。爆速主要与炸药的性质有关,同时还受许多因素的影响,如密度等。单质炸药的爆速是随着炸药密度的增加而增加的。硝铵炸药、机械混合炸药在通常条件下,起初爆速随密度的增加而增加,当密度增加达到某一极限时,爆速也达到某一最大值,以后如果密度再继续增加爆速反而下降。

一般炸药的爆速大约在每秒几千米到一万米。炸药的爆速与炸药爆轰时产生的化学反应速度是有区别而又有联系的两个概念。爆速是指爆轰波沿炸药传播的速度,也就是化学反应区前进的速度。而炸药的化学反应速度是指在化学反应中的放热的连锁反应的速度。

化学反应速度越快的炸药，其爆速相应越大。

（二）炸药的分类

炸药的品种很多，它们的组成、物理化学性质各不相同。分类的方法主要有两种：一是按照炸药的组成及分子结构的特点分类，另外是按炸药的用途进行分类。

1. 按炸药的组成分类

按炸药的组成，可将炸药分成单质炸药和混合炸药两大类。

（1）单质炸药。

单质炸药是爆炸化合物。它是一种单质成分的炸药。属于这类炸药的有：硝化甘油、太安、梯恩梯、黑索今、特屈儿、硝化棉、苦味酚、雷汞及氮化铅等。

（2）混合炸药。

混合炸药是指爆炸混合物。它至少由两种独立的化学成分组成。混合炸药的组成主要有以下三种：

①氧化剂。它是一种含氧丰富的成分，其本身可以是非爆炸性的氧化剂，也可以是含氧丰富的爆炸化合物。

②可燃物。它是一种不含氧或含氧较少的可燃物质。其本身可以是非爆炸性的可燃物，也可以是缺氧的爆炸化合物。

③附加物。它是为了某些目的而加入的物质。如加入某些附加物用以改善炸药的爆炸性能、成型性能、机械力学性能及抗高低温、抗潮湿性能等。附加物本身也可以是非爆炸物质或爆炸性物质。

2. 按炸药的用途分类

按炸药的用途，可将炸药分为：起爆药、猛炸药、火药（或称发射药）及烟火剂四大类。

（1）起爆药。

起爆药是用以起爆猛炸药的药剂。它是炸药中对外界作用最敏感的一类药剂，在较小的外界作用（如撞击、针刺、摩擦、火焰、电热等）下就能引起爆炸药发生爆炸变化，它的变化速度在很短的时间内即增至最大值。由于其爆炸增长速度很快，起爆猛炸药所用药盘很小。因此，起爆药常用以装填各种起爆器材和点火器材，如雷管、火帽等。

起爆药由于被用来引起其他炸药的爆炸，故也称为初级炸药、一次炸药、主发炸药或第一类炸药。

常用的起爆药有：氮化铅、雷汞、斯蒂酚酸铅、特屈拉辛、二硝基重氮酚等。

（2）猛炸药。

猛炸药爆炸时对周围介质产生强烈的机械作用，用作爆炸装药，可装填各种弹丸和爆炸性器材，如炮弹、航弹、鱼雷、水雷、地雷等。猛炸药的威力比起爆药大，感度比起爆药小，只有在较大的外界作用下才能发生爆炸，在实用上通常用起爆药来引爆。因此，猛炸药又称为次发炸药、高级炸药、二次炸药或第二类炸药，在工程爆破中常称为破坏药。

常用的猛炸药有：梯恩梯、黑索今、太安、特屈儿、奥克托今、硝铵炸药、胶质炸药、塑性炸药等。

（3）火药。

火药又称为发射药。火药能在没有外界助燃剂（如氧气）参与下进行快速燃烧，产生高温高压的气体。常用的火药除黑火药外，用途较多的是由硝化棉、硝化甘油为主要成分，外加部分添加剂胶化而成的无烟火药。

（4）烟火剂。

烟火剂包括照明剂、信号剂、燃烧剂、发烟剂、发光剂等。它们在燃烧时发生相应的烟火效应。烟火剂通常由氧化剂、金属粉或有机物及少量黏合剂混合组成。

三、各种常见炸药的性能

（一）起爆药

1. 雷汞

化学名称：雷酸汞。由金属汞、稀硝酸、乙醇、盐酸和紫铜等制成。分子式为 $Hg(CNO)_2$，分子量为284。

（1）物理性能：雷汞为白色或灰色的结晶体，灰色雷汞主要是因为存在着有机杂质，但其爆炸性能与白色雷汞相似。

雷汞难溶于水，含有10%的水分时只能燃烧而不爆炸，含有30%的水分时甚至不能点燃，但其干燥时，对震动、撞击和摩擦极为敏感，而且容易被火星和火焰引起爆轰。

雷汞是起爆药中感度最大的一种。遇轻微的冲击、摩擦、火花、火焰影响都能引起爆炸。在沸水中煮时，即行分解。但不溶于一般的有机溶剂，易溶于乙醇、丙酮、氨及氨化钾的水溶液。

（2）化学性能：雷汞在干燥及常温条件下，不与金属作用，在潮湿情况下，与铜生成摩擦敏感的碱性雷酸铜；与镁铝发生激烈作用，与锌、锡、铝发生缓慢作用，与镍不起作用。因此，装有雷汞的雷管外壳用铜或纸，而不用其他金属制作。与稀硫酸或硝酸处理时缓慢分解；与浓盐硫作用时发生爆炸；与强碱作用时即分解；与弱碱作用时分解缓慢。

（3）毒性：雷汞有甜的金属味，有毒。其毒性与金属汞相似。雷汞粉尘能使鼻、喉、眼的黏膜痛痒，长时期连续接触使皮肤发生痛痒，甚至引起湿疹病。

（4）销毁方法：戴好防毒面具和手套，充分浸湿后在不断搅拌下加入10%~25%的硝酸钠使其完全溶解。

2. 氮化铅

化学名称：由氮化钠和硝酸铅制成。分子式为 $Pb(N_3)_2$，分子量为291。

（1）物理性能：氮化铅为白色的粉状结晶体，吸湿性不同于雷汞，在潮湿的状态下也不失去爆炸性能。难溶于冷水，稍溶于沸水和硝酸钠、醋酸水溶液中。易溶于乙醇、乙醚和氨水中。

（2）化学性能：硫酸与氮化铅作用强烈，碱溶液能分解氮化铅，生成碱性氮化物。长时间在水、酸和碱中煮沸时，会发生分解。在碳酸气的作用下，会逐渐变成碳酸盐，敏感降低。将其加热到200℃时，在短时间内发生分解，能失去爆炸性能。

（3）毒性：氮化铅是一种有毒物质。尤其是氮氢酸为无色易挥发且有毒的液体，浓度很小的气态也能使人头晕，浓度大时甚至会使人停止呼吸。其水溶液能使皮肤腐烂。氮化铅是起爆能力最大的一种起爆药，但感度比雷汞要迟钝得多，它与镍和铅不起作用，装有氮化铅的雷管壳不用铜而用铅制成。

（4）销毁方法：先湿润，再将收集起来的氮化铅用500倍的水浸湿，再慢慢加入12倍量的25%亚硝酸钠，搅拌后，加入14倍量36%的硫酸，搅拌后再用水稀释。

3. 斯蒂酚酸铅

化学名称三硝间苯二酚铅。由斯蒂酚酸（三硝基间二酚）、硝酸铅和碳酸氢钠化合而成。分子式 $C_6H(NO_2)O_2P_6H_2O$，分子量为468。

（1）物理性能：其外观为黄色、橙色或淡红色、棕色斜方形针状晶体，在水中的溶解度很小。难溶于苯、甲醇等有机溶剂中。微溶于酒精、乙醚和汽油中，较易溶于浓醋酸中。在阳光下会变暗而分解，不挥发。

（2）化学性能：遇硫酸或硝酸则分解产生相应的铅盐及斯蒂酚酸。与金属不发生作用，是斯蒂酚酸铅的特点，可装填于任何金属火工品壳体内。

（3）毒性：斯蒂酚酸铅无毒。

（4）销毁方法：用硫酸或硝酸溶解。

（二）猛炸药

1. 梯恩梯

梯恩梯属于芳香族硝基化合物。它的化学名称为2,4,6-三硝基甲苯，代号TNT，由甲苯用硝硫混酸分段硝化而制得。分子式 $CH_3C_6H_2(NO_2)_3$，分子量227。

（1）物理性能：外观呈无色针状或细小的柱状结晶。工业品梯恩梯为淡黄鳞片状结晶。在水中溶解度很小，易溶于丙酮、苯、甲苯等有机物溶剂和硝酸中。其溶解度随温度升高而增大。

（2）化学性能：在常温下，其对酸是稳定的，溶于冷浓酸中不发生反应，加水稀释时又析出。对碱是敏感的，与碱反应生成红色或棕色的敏感物。不与金属及其氧化物作用，便于装药使用。与不对称三硝基甲苯与亚硫酸钠作用非常迅速，还会被强氧化剂氧化。可以长期储存，在常温储存10年，其性质不变。

（3）毒性：梯恩梯有毒。其蒸汽和粉尘通过呼吸道、消化道及皮肤接触而进入体内。中毒分急性和慢性两种。

（4）销毁方法：少量的可用火燃烧的方法进行销毁。

2. 黑索金

黑索金，分子式 $(CH_2)_3N_3(NO_2)_3$，分子量222。

黑索金属于环状硝基胺炸药，它的化学名称为环三亚甲基三硝胺，代号RDX。

（1）物理性能：外观呈白色粉状结晶，无臭无味。它几乎不溶于水，溶于浓硝酸，难溶于甲苯、乙醚、苯、乙醇等有机溶剂中，易溶于丙酮。常用丙酮结晶来精制黑索金。

（2）化学性能：它是一种中性物质，不与稀酸作用。浓硫酸在低温不能溶解（不分解），但用水稀释时又析出。纯黑索金不与金属作用，与重金属（如铁和钢）的氧化物混合时，形成不稳定的化合物。此化合物易分解，至100℃时会着火。

（3）毒性：有毒。通过消化道、皮肤和呼吸道进入人体，其中以消化道为主。中毒分急性和慢性。

（4）销毁方法：加热分解。

3. 太安

太安，分子式 $C_5H_8N_4O_{12}$，分子量为316。

太安属于支链多元醇硝酸酯炸药。化学名称为季戊四醇四硝酸酯,代号 PETN。

(1)物理性能:外观呈白色结晶粉末。钝化后的太安为玫瑰色。常形成针状或柱状形晶体,但这种结晶的流散性差。可以在醋酸乙醇中再结晶,生成流散性较好的立方晶体,几乎不溶于水。溶于丙酮、乙醇、乙酸乙酯,微溶于苯、甲苯、甲醇、乙醇、乙醚、环己酮等。最好的溶剂是丙酮。

(2)化学性能:太安是中性物质。与碱长期作用时,会使其皂化。与金属不起作用。100℃时用水处理会发生水解。

(3)毒性:稍有毒性。能引起血压降低,呼吸短促,但因其蒸汽气压低且不溶于水,所以毒性不明显。

(4)销毁方法:用 10% ~25% 硫化钠溶液分批分解处理。

4.硝化甘油

硝化甘油,分子式 $C_3H_5N_3O_3$,硝化甘油的化学名称为三硝酸甘油酯,代号 NG,由甘油与硝硫混酸经酸化而制得。

(1)物理性能:纯硝化甘油为无色或淡黄色的油状液体。工业品为淡黄色或黄褐色,有水珠存在时呈乳白色。有甜味,不吸湿,不溶于甘油,但溶于水。

(2)化学性能:属化学危险品,这种液体可因震动而爆炸。苛性碱易使硝化甘油分解为非爆炸性物质。

(3)毒性:硝化甘油有毒,当吸入蒸汽或液体溅在皮肤上时,会引起头痛。

(4)销毁方法:放入 18% 的硫化钠溶液中。

5.硝化棉

硝化棉或硝化纤维素都是绡维素的硝酸酯,代号 NC。

(1)物理性能:硝化棉为白色纤维状的固体物质,无臭无味。外形与原料纤维素相似,具有纤维的管状结构,不易卷曲,微显光泽,弹性较小,受压后不易恢复原状。加热时不溶化,不挥发,也不具有热塑性,吸湿不大,不溶冷、热水,可以长时间洗涤。它能溶解于许多溶剂中,如丙酮、硝化甘油、乙酸乙酯、醇醚混合液、二硝甲苯等。

(2)化学性能:硝化棉对酸作用的稳定性比精制棉大得多。煮沸硝化棉,也不改变其性质。对碱作用很敏感,碱能使硝化棉脱硝和氧化。碱的浓度愈大,温度愈高,作用时间愈长,反应愈厉害。

(3)毒性:硝化棉有毒。

6.硝铵炸药

硝铵炸药是以硝酸铵为主要成分的混合炸药。

(1)物理性能:硝酸铵是一种化肥。外观常为浅黄色或灰白色。含氮量34.98%,纯硝酸铵无色结晶,工业品中由于含有微量的铁盐和铁的氧化物而常带有淡黄色,它吸湿性很强。易溶于水、易结块。常用沥青和石蜡作为防潮剂。

(2)化学性能:与金属反应后,生成硝酸盐和氮。硝酸铵对铜、铅、锌、镍等都起反应。与铝、铁、锡及其氧化物不起反应,所以在注装硝铵炸药时,通常用铝做工具器材。硝酸铵是强氧化剂。

(3)毒性:硝铵炸药有毒,腐蚀性很强。

（4）销毁方法：加水。

7. 液体炸药

液态单质炸药：硝基甲烷。硝基甲烷是一种挥发性的无色液体。能溶于水，能与所有的有机溶液混合。硝基甲烷有毒。

液态混合炸药：硝酸-硝基苯液体混合炸药。浓度为98%的工业硝酸和浓度98%的工业硝基苯，以72∶28的质量比配成的液体混合炸药具有良好的爆炸性能，可代替一般工业炸药。在常温下为棕色透明液体，对金属有腐蚀性，有毒。

8. 塑性炸药

塑性炸药的种类很多，如塑1、2、4炸药（在国际上通常以"C族炸药"作代称）。它是以黑索金为主要成分，与非爆炸性的黏合剂、增塑剂混合而成。塑性炸药为白色或略带黄色，吸湿性小，具有良好的可塑性。爆速极快，威力相当 TNT 当量的112%～123%。塑性炸药的摩擦感度比 TNT 灵敏，但枪弹贯穿不爆炸、不燃烧，可以捻成不同形状使用，便于伪装，正是由于它的这些特性而被恐怖分子广泛使用。

9. 黏性炸药

黏性炸药是以黑索金为主要成分，与非爆炸性的黏结剂、软化剂混合而成。

黏性炸药外观为浅红色发黏的面团状物质，在27～50℃时不硬化、不渗透、不变质，稳定性较好。

黏性炸药对撞击、摩擦的感度比 TNT 灵敏，枪弹贯穿不爆炸，可直接黏附于各种材料上实施爆炸。

10. 橡皮炸药

橡皮炸药以黑索金为主要成分，天然橡胶为黏结剂，硫黄等为配合，橡皮炸药外观呈灰白色，其表面光滑、平整均匀，能自由曲绕，不产生弹性变形均匀，不出现萎缩现象，在40～50℃以内使用，不变形、不老化，安定性好。对撞击、摩擦的感度比 TNT 灵敏，但枪弹贯穿不爆炸、不燃烧。

（三）火药

1. 黑火药

黑火药，是我国古代四大发明之一，距今已有一千多年的历史。黑火药是由硝石、硫黄和木炭按一定比例组成的机械混合物。在燃烧时产生大量的烟，故又称有烟火药。黑火药又分为粉状黑火药和粒状黑火药两类，具有较大的吸湿能力，在民间广泛用作烟火、爆竹等的装药。

2. 无烟火药

无烟火药是继黑火药后发展起来的火药，在燃烧过程中很少有烟。无烟火药分为单基、双基和三基火药。单基火药是以硝化棉为单一能量成分的溶塑火药。双基火药是以硝化棉和硝化甘油两种主要能量成分组成的火药。三基火药是由硝化棉、硝化甘油及硝基胍组成的单基火药主要用于枪、炮的发射药。双基和三基火药主要用于战术火箭弹、导弹、航弹等主装药、续航药、起飞药等。

（四）烟火剂

烟火剂爆炸形式主要是燃烧，而不允许产生爆轰。烟火剂通常由氧化剂、可爆物等组成的机械混合物。如由硝酸锌、硝酸镁及树脂组成的照明剂中,硝酸锌是氧化剂、镁是燃烧时发出明亮火焰的可燃物。树脂是黏合剂,也起钝化和可燃作用。

烟火剂主要用于装填以下种类烟火器材:

(1)照明器材,用于夜间照射目标及地形。

(2)信号器材,用于夜间或白天发放信号。

(3)发光器材,用于修正射击。

(4)发烟器材,用于施放烟幕。

(5)燃烧器材,用于纵火。

(6)试射弹及目标指示弹,用于试射及指示目标。

(7)模拟器材,用于模拟弹药爆炸、武器射击等。

第二节　火　工　品

火药和炸药只有受到一定的外界能量作用后才会发生爆炸变化。火工品(即火具)就是一种用以激起火药和炸药发生爆炸变化的专用制品。它主要用来点燃发射装药和起爆爆炸装药。

一、火工品的分类

根据火工品作用时产生爆炸的不同形式,火工品分为点火器材和起爆器材。点火器材的火工品有火帽、电点火具、拉火管和导火索等。起爆器材的火工品有引信雷管、工程雷管(火焰雷管、电雷管、延期雷管和针刺雷管)、导爆索等。

(一)点火器材火工品

1. 火帽

火帽内装感度灵敏的摩擦药或击发火药,受到外界作用时可以产生火焰。火帽按用途可分为:

(1)药筒火帽。应用于枪、炮、弹的底火中。

(2)引信火帽。应用于炮弹、航弹、地雷等的引信中。

火帽按外界激发能产生的形式可分为:

(1)摩擦火帽。也称拉火帽,用拉火丝与摩擦药的摩擦作用使火帽装药发火。

(2)撞击火帽。利用撞针撞击火帽的装药发火。

(3)针刺火帽。利用击针刺击火帽的装药发火。

(4)电发式火帽。利用电解使火相发火。

按尺寸大小把引信火帽分为:

(1)专用小型火帽。尺寸为 $3.05\text{mm} \times 2.25\text{mm}$。

(2)小型火帽。尺寸为小于 $3.05\text{mm} \times 3.5\text{mm}$。

(3)中型火帽。尺寸为小于 $4.25\text{mm} \times 4.6\text{mm}$。

(4)大型火帽。尺寸为小于 5.71mm。

2. 导火索

导火索(又名导火线),以黑火药粉(粒)为药芯,以棉线导火索纸等作包缠物,沥青作防潮剂而制成。外观白色,用火焰点燃;用于传递火焰引爆雷管,也可直接引燃黑火药。燃烧速度在正常状态下为 100 ~ 125m/s。喷火强度有效距离不小于 50mm。导火索防潮性强,将导火索放入水中浸 5 小时后,燃烧速度仍为 95 ~ 125m/s。

3. 拉火管

拉火管由拉火帽(内装发火药)、管壳(纸或塑料)、拉火丝、摩擦药和拉火杆等组成。拉火帽和拉火丝由金属制成。拉火管主要用于点燃导火索。在特殊情况下,也可直接引爆雷管以起爆炸药,或直接引爆黑火药药包。

(二)起爆器材火工品

1. 雷管的分类

(1)按用途分类

①工程雷管,用于各种爆破工程中。

②引信雷管,用于各种弹药的起爆引信中。

(2)按引起爆轰的激发冲能的形式分类

①火焰雷管,也称燃发雷管,是由导火索、火帽、延期药、扩焰药的火焰而发生爆炸作用的。

②针刺雷管,也称刺发雷管。它是由击针的刺击而发生爆炸作用的。

③电雷管,是由各种形式的电能而发生爆炸作用的。

(3)按作用时间分类

①瞬发雷管。

②延期雷管(秒延期和毫秒延期)。

2. 导爆索

普通导爆索用黑索金药芯,以棉麻纤维及导火索纸为包缠物,以沥青作为防潮剂而制成。外观为红色、绿色或两条红螺旋形线。普通导爆索用 8 号雷管引爆,主要用于引爆单个药包或同时引爆包群,其爆速为 6500m/s,导爆索不吸湿,在水中浸泡 24h 也不影响传爆。

二、火工品的用途

火工品在弹药中的应用,大致有以下几个方面:

(1)在各种弹药(枪、炮和火箭弹)中,用于点燃各种发射装药。

(2)在照明弹、燃烧弹、宣传弹和跳雷弹中,用于点燃抛射装药。

(3)在引信中,作为控制引信作用的时间元件。

(4)在引信中,还用于起爆传爆药柱或直接起爆爆炸装药。

(5)在工程爆破中用于传爆或起爆炸药包。

三、火工品爆炸事故特征

(1)火工品爆炸突发性强,预警时间短。火灾、雷击、交通事故、操作不当和人为破坏可能造成火工品爆炸。

(2)事故主要发生在火工品仓库、运输途中、施工现场(隧道内、井下、露天爆破、结构物拆除等爆破施工区域)。

（3）火工品爆炸事故除因雷击引起多发的夏季雷雨季节外，其他情况不受季节影响，该事故通常都会造成人员伤亡，影响工程施工和周边人民生产生活，危害严重，社会影响恶劣。

（4）火工品爆炸事故发生前，多存在管理漏洞，如有消防隐患、火工品附近有明火出现、看守人员思想情绪不稳定、导火索长度不足、起爆网络不连通、爆破人员未经培训无证上岗、隧道掘进边钻孔边装药、哑炮排除不完全、在残眼打钻等。

第三节 爆炸装置

一、爆炸装置的组成

常用的爆炸装置（即爆炸物）很多，性能各异，形状、尺寸、重量不同，但各种爆炸装置主要由主装药、发火装置（引信）、外壳三部分组成。按制式可分为制式和非制式两类。

（一）制式的爆炸装置

制式的爆炸装置通常由三个火工元件组成。

（1）转换能量的火工元件，包括火帽和雷管。

（2）控制时间的火工元件，包括延期管和时间药盘。

（3）放大能量的火工元件，包括加强药柱和传爆管。

（二）组成的一般规律

（1）瞬发引信的第一火工元件一般为雷管（火焰雷管除外）。

（2）火药延期、引信和药盘延期（包括自炸药盘）引信、第一火工元件为火帽。

（3）延期管和时间药盘，一般设有加强药柱，使火焰雷管可靠起爆。

（4）气孔延期药不用延期药和加强药柱，让火焰经过空腔和小孔直接引爆雷管，可得到千分之几秒的延期时间。

（5）为增强发火可靠性，有时采用两个拉火帽，两根导火索和两个火焰雷管，同时起爆。

（6）导爆药柱和传爆管用以逐级放大雷管输出的爆轰，使主装药完全起爆。

（三）非制式爆炸装置

非制式爆炸装置的特点是制造容易、就地取材、形式多样、简单巧妙、识别困难。但与制式爆炸装置一样，由主装药、发火装置（引信）和外壳组成。非制式、爆炸装置主装药一般多采用梯恩梯、硝铵炸药和黑火药等。

二、爆炸装置的分类

（一）制式爆炸装置的分类

制式爆炸装置形式多样、品种繁多，主要从爆炸装置的基本构造、发火原理来进行分类。

1. 机械发火引信爆炸装置

（1）压发引信。

压发引信由引信体、压帽、触角、压发杆、击针、击针簧、火帽保险销等组成。控制装置使击针的细部被压发杆的卡槽卡住，击针簧被压缩呈待发状态，当压帽或压帽上的触角受到

9kgf 以上的压力,压发杆下降圈孔对正击针时,击针失去控制,在击针簧弹力的作用下,冲击火帽而发火。

(2)拉发引信。

拉发引信由引信体、拉火杆、击针、击针簧、火帽和上下保险销等组成。设置后,抽出上下保险销,由于拉火杆的尾部插在击部杆的裂叉头内,使裂叉头张开被引信体的束孔卡住,击针被压缩不能下降,呈待发状态。当拉火环受到 2~2.5kgf 的拉力时,杆的尾部从击针杆的裂叉头内拉出,此时裂叉头收缩,击针失去了孔的控制,在击针簧伸张力的作用下,冲击火帽而发火。

(3)松发引信。

松发引信由引信体、固定座、击发杆、弹簧、击针、火帽和上下保险销等组成。设置时,引信上部的活闩一端挑起击发杆,另一端用上保险销控制在固定座上,压上 1kg 以上的重物,抽出上、下保险,即成待发状态。当移开引信上的重物时,击发杆失去活闩的控制在弹簧的弹力作用下打击击针,冲击火帽而发火。

2. 化学延期引信

化学延期引信由引信体、酸液玻璃瓶铜管、支撑金属丝、击针、击针簧、火帽和指示保险片等组成。正常状态下,击针被支撑金属丝控制,弹簧处于压缩状态。使用时,用钳子将铜管夹扁,以致玻璃瓶破裂,玻璃开始腐蚀支撑金属丝,当支撑金属丝被腐蚀很细而不能适应击针簧的张力时被拉断,击针失去控制,冲击火帽而发火。其延长时间的长短,根据酸液的浓度和气温而定,延期时间最短的为 3min,最长的可达 23 个昼夜。

3. 电发火引信

(1)压发电引信。

平时电雷管的一端与电池的一极相连,另一端连接在开闭器的控制板上。电池的另一端连接在开闭器,中间用弹簧支撑,电路断开。当上板受到一定压力时,上板下降,上板上的金属片与底板上的金属片相接形成回路,电雷管爆炸。

(2)松发电引信。

平时电雷管的一端与电池的一极相连,另一端连接在开闭器的孔里,压发杆由弹簧支撑,当压发杆上放置一定的重物时,推动弹簧伸张,压发杆上移,使压发杆中间突出部的金属片与控制板上的金属片形成回路,电雷管爆炸。

(3)拉发电引信。

松发电引信可改进为拉发电引信,压发杆的移动由拉火栓控制。当拉火栓上受到一定的拉力时,拉火栓被拉出,弹簧伸张,压发杆上移,压发杆中间突出部的金属与控制板上的金属片相接,形成回路,电雷管爆炸。

(二)非制式爆炸装置的分类

非制式爆炸装置从制作来讲可分为两类:一类是利用制式的枪弹、炸药、雷管等制成;另一类是因地制宜,就地取材制作的。

1. 书本炸弹

将一本书中间挖空,安装上电池、雷管、弹簧圈及炸药,有的装上松发或拉发引信,当打开书封面时它便爆炸。

2. 电筒炸弹

电筒炸弹分为两种：一种是电点火的，是将电池和电雷管连接在电筒开关，装上炸药，当推电筒开关时便爆炸；另一种是点火引爆的，是在电筒中装上炸药、导火索，打开电筒的反光镜，用火柴可点燃导火索进行爆炸。

3. 钟表定时爆炸物

（1）将两块导电金属片和钟表分别固定在一块木板上，两块金属片分别接通电池及雷管，并连接装药。用一根细绳捆结在一块金属片上，与钟表上的闹铃发条的旋钮相接，铃响时旋钮便拉紧绳子，两块金属片相接导电而引起爆炸。

（2）将电点火爆炸物线路的一端接在闹钟壳体上，另一端插在表蒙适当位置上，当指针转动接触到后端时，沟通电路产生爆炸。将电点火爆炸物线路的一端接在闹钟壳体上，另一端接在闹钟的闹铃发条旋钮上或闹铃上，当闹钟响铃时，两端接通，产生爆炸。

4. 收录机爆炸物

电雷管分别与录放音头上的电极片、机体内的水银开关、机盖上的反拆卸电开关连接在一起。机体内装有电池供收录机广播和起爆电雷管，当录音胶带放完打开盖或搬动机体造成倾斜时，均会沟通电路而引起爆炸。

5. 瓶子自制爆炸物

瓶内装有液体炸药，将拉发摩擦引信连接在木塞上，当打开瓶子时引起爆炸。

制造非制式爆炸物可利用的东西很多，如水壶、食品铁皮盒、烟斗、钢笔等。在检查中要特别注意。

三、爆炸装置的识别与处理

（一）爆炸装置的识别

1. 手工检查法

一般通过眼、耳、手等感官的感觉和借助简单工具，检查可疑物品和可疑部位有无暗藏的爆炸装置。特别注意犯罪分子可能将爆炸装置拆开分别带上飞机，登机后进行组装。因此，检查中应注意只要发现与爆炸物有关的部件，哪怕是一节电池、一根导线、一点炸药，也要追查到底。

2. 技术检查法

（1）X 射线透视法。

利用 X 射线透视检查可疑物品内是否暗藏有爆炸物，是一种比较可靠的方法。借助检查仪器来发现爆炸物可以大大提高发现率，特别是对爆炸物的金属部件较为有效。从目前来说用纯粹非金属制成的爆炸物还不多，也不容易。因此，要充分利用 X 射线安检仪透视和其他方法进行检查识别。X 射线对密度不同的物质贯穿的强度不同，在荧光屏上会出现明暗不同的影像，同样厚度的物质，密度大的影像较暗，密度小的则影像较明亮。对暗藏爆炸物的物品进行 X 射线透视检查时，由于爆炸装置外壳、引信、雷管、电池导线等部件的物质密度较大，而且各个形状与一般日用品不同，在荧光屏上会出现较暗的影像，根据各个影像的形状、明暗度和它们的相互关系位置，可以查明爆炸装置的种类构造和在物品内的位置，对一种可疑物品可通过几种不同角度进行透视检查，可得到较为正确的结论。

（2）炸药探测器。

PD2 型炸药探测器主要用于检查爆炸装置，通过吸入其散发在空气中的炸药分子来与氮气发生作用，以显示数字或产生声音来报警。PD2 型炸药探测器由手持传感器、一套可变探测头、电池和氢气钢瓶组成。传感器装置的气体开关有一个放射源。放射量大约 18 千伏，检测是通过蒸汽进行的。探测器的正常工作周期为 3.5 秒，前 2 秒为空气取样，后 1.5 秒对空气进行分析。分析结果用数字显示，探测器的检查气体在进行分析的同时，被自身的气体清洗干净，因此，可以立即进行下一周期的工作，每一周期的分析完成后，用两位数字以闪烁显示表明爆炸物气体的能量，如能量超过规定的标准，探测器将报警。必要时，也可通过耳机接受报警。

（3）化学喷显法。

化学喷显法是利用化学显色反声的原理，制成喷雾显色剂，与微量炸药作用时，能产生特殊颜色，用来识别或判断炸药存在与否的方法简称为喷显法或喷显技术。目前我国已研制出两种喷显剂，即 TNT 喷显剂和 RDX 及硝酸酯类喷显剂。使用喷显剂的优点是速度快，常温下 8～15s 完成反应，灵敏度高，炸药限量 0.2μg，误报率低、抗干扰性强、便于携带、使用方便。

（4）电子听诊器。

电子听诊器主要是用来检查可疑物品和可疑部位内是否暗藏有机械定时爆炸装置，听机械摆动声音，同医学所用的听诊器的原理相同。

（二）对爆炸装置的处理

1. 处理爆炸装置的原则

（1）爆炸装置是具有较大杀伤力的装置，万一爆炸，将引起严重的后果。因此，在处置爆炸装置时（包括可疑爆炸物）要慎重。

（2）要尽可能不让爆炸物在人员密集的候机楼内爆炸，万一爆炸也要尽可能最大限度地减少爆炸破坏的程度，要千方百计保障旅客、民航工作人员和排爆人员的安全。

（3）发现爆炸装置（包括可疑爆炸物）后，应禁止无关人员触动，只有经过专门训练的专职排爆人员才可以实施排爆。

2. 处理爆炸装置的准备工作

（1）建立排爆组织。

如确定对爆炸装置进行处置，要成立排爆小组，除领导指挥外，要由有防爆专业知识和有经验的专职排爆人员实施。另外，还要组织医护、消防抢救小组，使其处于待命状态。

（2）准备器材。

排除爆炸装置是一项危险性极大的工作，为保障排爆人员生命安全，应尽可能利用一些防护器材和排爆工具。防护器材主要有机械手、防爆筐（箱）、防爆毯、防爆服、防爆头盔等，也可用沙袋将爆炸物围起。排爆工具主要有钳子、剪子、刀具、竹签、长棍、高速水枪、液态氮。

（3）清理现场。

在排爆现场，应将爆炸物附近的仪器设施全部转移，不能移动的，采取防护措施。现场的门窗要打开，以防万一爆炸，冲击波可得到释放。如果爆炸物是可转移的，要事先确定排爆地点,通常是在附近没有人员、建筑物和飞机的偏僻地点。如临时确定改变地点,应及时清理该区的铁质硬物,方案确定的地点最好事先放置排爆掩体等设施。

(4)疏散无关人员。

即使最有经验的排爆人员,用最有效的排爆器材和工具去处置爆炸物,也难以百分之百地保证爆炸物不爆炸。因此,在处置爆炸物之前应考虑疏散无关人员。疏散之前大致判断一下爆炸物:首先判断爆炸物真假,以决定是否疏散人员;然后判断其威力,以决定在多大程度、多大范围内疏散人员。疏散方式有三种:

①不撤离。当某件被怀疑为爆炸物的物品有明显的证据是非爆炸物,判断其几乎没有多大杀伤力时,可不疏散旅客和其他人员,只做适度的警戒。

②局部撤离。当某件物品被确认为爆炸物,但威力不很大时,可对旅客和其他人员在一定范围内进行疏散。

③全部撤离。当判断爆炸物的威力很大时,要撤离在飞机上和建筑物内的全部人员。

3.处置爆炸装置的程序

(1)对爆炸物的判断。

①判断真假、威力,以及是否有定时装置。

②判断是否有水平装置。

③判断是否有松、压、拉等机械装置。

④判断是否有其他防拆卸装置。

(2)对爆炸装置进行处置。

处置的方法有三种:

①就地销毁。如确定爆炸物不可移动,采用就地引爆的方法进行销毁。为减少损失,销毁时可将爆炸物用沙袋围起来。

②就地人工失效。失效法是对处于危险状态的延期和触发式爆炸物,首先使其引信失去功能,再对整个爆炸物进行拆卸,使引信和弹体(炸药)分开的方法。

③转移爆炸物。当爆炸物位于候机楼和飞机停机坪等主要场所,其装有反拆卸装置但无把握进行人工拆卸,且爆炸物能移动时,将爆炸物转移到安全地方进行处理。

？练 习 题

1.简述爆炸物品的特征。

2.怎样识别爆炸装置?

3.简述处置爆炸装置的程序和方法。

第十五章　安检紧急情况处置方案

学习目标

◎ 了解紧急情况处置的原则;
◎ 掌握紧急情况的种类及处理方案;
◎ 熟悉民航安检应急管理步骤。

有效的地面安全措施可以遏制劫、炸机等突发事件,这是自 20 世纪 70 年代以来各国采取强有力的安全检查措施而取得的明显效果。但是,我们也应看到,当前世界上的劫、炸机事件仍不断发生,一些航空事业发达、机场防范严密的国家也不能幸免。因此,各机场都有必要根据本机场的具体情况建立健全应急机构,制订出处理各种紧急情况的应急计划,并组织人员、机构不断地进行演练,以提高应急处置能力。

第一节　紧急情况处置的原则和任务

一、紧急情况处置的基本原则

紧急情况的发生原因情况复杂,时间紧迫,突变性大,危险性大,涉及面广,给处置工作带来许多困难,指挥员和参加处置的人员往往没有仔细考虑和研究的时间。因此,指挥员和处置人员应根据平时制订的预案,结合当时的具体情况,进行果断、灵活的处置。

处置紧急情况和拟定紧急情况处置预案应遵循以下基本原则:

(1)树立安全第一的原则。安检部门在制订紧急处置方案或处置紧急情况时,要从保障民用航空安全出发,具体地讲,要以保障旅客及机组人员的生命安全为基本前提;同时,也要最大可能地考虑参与处置人员自身的安全,尽量避免不必要的人员伤亡,使预案真正体现保障安全的宗旨。

(2)和平解决与武力解决相结合的原则。和平解决,是通过政治攻势,与歹徒进行谈判,对其加以说服,使其终止犯罪行为。武力解决,是在谈判不成,或不必谈判,非武力不能解决而采取强制措施加以解决。用什么办法解决,要根据当时的具体情况,由指挥员报告有关决策机构做出决断。

(3)临危不惧,机警灵活的原则。紧急情况都是在瞬间突然发生的,常常出乎人们的意料。当紧急情况发生时,往往容易使人惊慌失措。因此,作为安检人员来说,既要有临危不惧大无畏气魄,又要有遇事沉着冷静、机警灵活地处置各种突发事件的能力,使种种紧急情况得到妥善及时地处置。

(4)迅速、及时的原则。处置突发事件,贵在及时。紧急情况的发生,往往在瞬间就可能造成财产损失甚至人员伤亡,能否处置成功,关键要看指挥员和参与处置的人员是否能把握好时机。在事件发生的初期或事件未发生之前,采取及时、果断的措施,迅速加以处置,制服歹徒,防止灾难性后果的发生。

(5)服从命令,听从指挥,协同作战的原则。处置突发事件,必须由纪律严明、训练有素的专门人员实施。紧急情况发生后,参与处置的人员必须服从命令、听从指挥,防止处置工作中出现漏洞,或因私自行动而影响整个处置工作的顺利实施。

二、安全检查部门在紧急情况处置中的任务

在应急救援小组的统一领导下,协助机场其他单位,做好维护现场秩序,疏散旅客,协助公安、武警抓获制服犯罪分子,抢救伤员,搞好现场维护的工作,为处理紧急情况创造良好的条件。

第二节　民航安检应急管理的重要性及步骤

一、民航安检应急管理的重要性

应急管理是民用机场安全管理体系中非常重要的环节。根据 2019 年 3 月 2 日《国务院关于修改部分行政法规的决定》修订的《民用机场管理条例》第 26 条明确要求:"机场管理机构应当根据运输机场突发事件应急预案组织运输机场应急救援的演练和人员培训。机场管理机构、航空运输企业以及其他驻场单位应当配备必要的应急救援设备和器材,并加强日常管理"。作为民航空防地面安全的专职保障单位,安检部门紧密结合安检工作特点开展好应急管理工作,能够有效地将一些可能造成重大影响的突发事件控制在起始阶段,减少民航机场重大应急救援事件发生的频率。因此,民航安检部门必须将应急管理工作作为安全管理工作的重要组成部分,不断提高应急管理能力。

二、民航安检应急管理步骤

(一)广泛收集资料,编制安检应急预案

一方面广泛收集编制预案所需各种资料,包括国内外相关法律法规、应急预案、国内外同类事件、本单位相关规章制度等。另一方面机场的应急预案要紧贴基层各安检岗位的实际,例如:验证、人身检查、开包、开机岗位都有发生非法干扰事件的风险。机场安检应急管理部门应有针对性地制订"安检验证员发现疑似查控对象时的情况处置""人身复查时发现旅客身上有疑似爆炸装置和爆炸物时的情况处置""开机时发现旅客随身行李中有疑似爆炸装置和爆炸物时的情况处置""安检机房某部位发生爆炸时的情况处置""不明身份人员从安检通道强行冲入隔离区的情况处置""机房内发生意外伤害的情况处置""人身复查时发现旅客身上带有疑似毒品时的情况处置""开机时发现旅客身上带有疑似毒品时的情况处置"等多种应急情况处置预案。

(二)定期组织各种安检应急情况专项演练

机场应急管理部门应将安检人员针对应急预案的培训和演练制度化、日常化,使安检人

员能真正做到发生应急事件时临危不乱、从容应对。安检部门在每年一到两次参加机场应急指挥中心统一组织的大规模的全面演习的基础上,还必须立足安检各个岗位的工作特点,组织各种专项演练,提高全员的应急意识。通过演练,可以检验预案的实用性、可用性、可靠性,检验干部员工是否明确自己的职责和应急行动步骤,检验和提高各部门的响应速度和处置能力,提高对事故的警惕性,同时发现应急预案的不足之处,为改进提供参考。

(三) 建立健全应急管理制度,形成系统安全管理体系

民航安检部门要把应急管理寓于日常管理之中,把工作着力点前移,建立健全应急管理制度,形成系统安全管理体系,切实做到防患于未然,确保突发事件一旦发生,能够及时有效处置。一方面应急预案要定期根据安全形势的变化、部门职责的变化和对实践认识的不断加深及时修订;另一方面要树立全员的应急处置意识,从而增强第一时间预防和处置各类突发事件的能力。

第三节 安检部门应急预案

一、安检部门紧急情况处置的人员组成

(1)安检部门领导负责组织指挥本部门各单位的工作。
(2)安检现场执勤的安检科、监护科的部分人员。
(3)安检部门机关人员。
(4)保障车辆的驾驶员。

二、紧急情况的种类及处置方案

(一) 犯罪分子携带凶器、炸药劫持人质,强行闯入隔离区时的处理方案

(1)发现情况迅速报告值班领导,领导立即报当天省(区、市)管理局、机场值班领导,并及时通报公安值班民警。
(2)值班领导迅速组织监护、安检科的职工各自把好自己的关口。
(3)安检科负责隔离区和检查通道旅客。
①停止安全检查,立即封闭检查通道,对未检旅客进行疏散。
②疏散安检现场的旅客,设法稳住罪犯。
③依据上级指示协助公安、武警部队制服歹徒。
(4)监护科的任务:
①部分监护人员协助安检科疏散旅客。
②加强飞机监护和隔离区的警戒。
③把好各通道,禁止无关人员进入现场。
④依据上级指示迅速增援安检现场。

(二) 候机室发生爆炸、火灾或强烈地震处理方案

(1)发现情况,立即报告值班领导,值班领导立即报告上级值班领导并通报公安、消防部门。

（2）值班领导迅速组织当天值班人员赶赴现场。

（3）部分人员负责疏散隔离区旅客，协助有关部门抢救伤员、病人、老人和孩子。

（4）协助有关部门做好其他工作。

（5）依据上级指示做好善后工作，收集上报有关情况。

（三）遇劫飞机迫降本机场或犯罪分子在本机场停机坪强行登机处理方案

（1）接到上级通报后，立即按机场应急方案要求，集合有关人员迅速赶往现场。

（2）停止对旅客、行李的检查工作，疏散旅客，封闭检查通道，维护好隔离区、候机厅秩序。

（3）协助公安、警卫部门加强警戒，严禁无关人员靠近飞机。

（4）监护科加强对其他飞机的监护，防止犯罪分子乘机破坏。

（5）监护科协同其他部门在飞机周围设置障碍，防止飞机滑行或再次升空。

（6）安检人员按上级指示协助有关部门做好其他工作。

（7）部分安检人员协助医务人员抢救伤员。

（8）收集情况，上报有关部门。

（四）具体情况下的应急方案

分别按省（区、市）局（机场）一级、二级、三级应急方案要求进行。

第四节　民航安检紧急突发情况处理案例

一、长春龙嘉国际机场旅客安检行李被打开引发争执

（一）案例描述

2019年2月17日，某旅客发表微博讲述自己在长春龙嘉国际机场安检时，安检员要求将自己的一个小包重新过扫描机，扫描完毕后发现自己的包被打开、包里的东西散落在安检盒里，随即与安检人员引发争执，造成心理不愉快。

（二）机场处理结果描述

2019年2月20日，长春龙嘉国际机场通过官方微博就此事发布情况说明，以下为全文。

2月17日，某旅客在长春龙嘉国际机场安全检查过程中与安检员发生争执，并于2月17日在新浪微博发布相关信息，现将相关情况说明如下：

（1）在事件处理过程中，安检人员服务意识不强、沟通能力弱，现场值班员现场协调不力，造成旅客误解并发生争吵，没有为旅客提供良好的乘机环境，长春龙嘉国际机场给予真诚的致歉。

（2）针对当事安检人员及现场值班员在事件处理中的不当行为，相关部门已进行了深入调查，长春龙嘉国际机场将按照相关规定进行严肃处理。同时，长春龙嘉国际机场将以此为戒，加强安检人员业务技能及服务意识的培训教育。

（3）长春龙嘉国际机场作为长春市乃至吉林省的重要窗口，高度重视旅客任何投诉诉求和意见反映，会积极与旅客沟通联系，了解情况，处理解决。长春龙嘉国际机场投诉电话为

0431—77783118，并在"长春龙嘉国际机场"微信公众号开通"我要吐槽"栏目，欢迎广大旅客持续关注、监督长春龙嘉国际机场，并对我们的服务工作多提宝贵意见，为提升长春龙嘉国际机场服务品质、营造温馨的乘机环境共同努力。

（三）案例分析

本次安检过程引发争议的原因主要在于安检人员的服务过程不够严谨。严格来讲，工作人员服务过程采取的措施是没有问题的。旅客携带行李物品如存在可疑情况时，物品必须经过二次检查，如存在可疑情况时，是需要经过开箱包检查的。安检人员未经旅客允许擅自打开旅客小包从而引起旅客的不满和投诉。如果机场应急管理部门有预案，日常工作人员按照预案规定流程处理就不会出现此类的争议。

二、惠州机场旅客违规过安检遭拒辱骂机场人员被行拘

（一）案例描述

2019年2月18日下午，旅客查女士准备由惠州机场乘机至重庆万州，在过安检过程中，安检人员在其随身携带的手提行李内发现一瓶化妆品，随后按照工作程序予以开包确认。当安检员告知其携带的一瓶150mL的护肤品超量，不得随身携带，但可以办理行李托运或寄送后，查女士情绪非常激动，认为安检人员故意刁难，并质疑安检员开包检查的行为。

当安检员详细向其声明和解释中国民用航空局关于化妆品携带规定并再次劝其办理托运时，查女士不但不接受安检人员建议，还辱骂安检员，并执意要将所携带的超量液态物品带入机场控制区内，导致该安检通道被迫关闭，严重扰乱安检现场秩序。随后，机场公安对查女士采取取消当日登机资格，行政拘留5日的处罚。

（二）案例分析

根据中国民用航空局相关规定，乘坐国内航班的旅客，可以随身携带少量旅行自用的液态化妆品（包括液体、膏状、凝胶状、喷雾等），每种化妆品限带一件，其容器容积不得超过100mL，并应置于独立袋内，接受开瓶检查。需要特别注意的是，如果化妆品的容器容积超过100mL，即使该容器未装满，也无法随身携带，需要办理托运。安检人员对查女士的处理方式符合安检的相关政策法规和行业规定，该旅客的行为扰乱了民航机场的正常秩序，因而受到了来自机场公安行政拘留的处罚。

三、白云国际机场旅客手提五箱食品过安检险误机

（一）案例描述

2019年2月19日上午5时许，旅客张先生及其家人准备乘坐飞往上海的飞机，在白云国际机场T2航站楼的安检通道接受安全检查。当他们把随身行李（五个纸皮箱）放进X射线安检仪检查时，开机员小萍觉得异常，便通知开包员小极对该五个纸皮箱进行开包检查。开包员小极在经过张先生的同意下把他那五个已经打包好的纸皮箱打开，发现里面全是冷冻食品，并发现每个箱子都有2~3瓶结了冰的矿泉水，因数量较多，开包员查看了张先生的登机牌，发现他离登机时间只有7min，如果让他们到外面托运可能会耽误登机。

"先生您好，根据中国民用航空局的规定，液体是不允许随身携带的。"开包员解释。张

先生说:"是我家人帮我打包的,用来保鲜这些食物,不能带就丢了吧。"于是开包员迅速将冰块处理,并协助张先生将所有纸皮箱打包好,最后张先生及其家人终于在登机时间前进入了隔离区,顺利登机。

(二)案例分析

根据中国民用航空局的规定,液体是不能随身带上飞机的。本案例中,安检人员的工作流程非常规范,在严格按照法律法规制度的框架下处理特殊情况,又积极地为旅客协调解决问题,可以成为民航机场安检人员处理特殊情况的榜样。

民 航 精 神

民航精神是我们的共同追求,是我们作为民航从业人员的责任和使命。民航人将始终保持对工作的热爱和敬业精神,以更高的标准要求自己,为民航事业的繁荣和发展贡献自己的力量。

【思政目标】通过本案例的教学,将民航精神与课程思政紧密结合,达到以下目标:一是培养学生的职业操守和社会责任感,让学生深刻理解在民航行业中,每一位工作人员都肩负着保障旅客安全、提供优质服务的重要使命。二是强化学生的团队协作精神,案例中三亚机场多部门通力合作,确保了特殊旅客的安全登机,这体现了民航工作中团队协作的重要性。三是激发学生的创新意识和应变能力,在面对特殊情况时,能够迅速作出反应,制定并执行有效的解决方案。

【思政案例】全员在岗在位|特殊旅客服务"温暖在线"

2023年1月18日13时许,三亚凤凰国际机场(以下简称"三亚机场")迎来一名特殊旅客,该名旅客因骨折原因需紧急返回北京进行手术治疗,因其不能以正常坐姿乘坐飞机,导致旅客无法正常登机。接到保障任务后,在三亚机场急救中心全力保障、各部门通力协作下,启动担架旅客保障程序,最终顺利确保该名旅客安全登机。

这是2023年三亚机场迎来的第6起担架保障工作。根据工作安排,急救中心提前对接做好患者交接准备,协调安全检查站、汽车运输服务部等多部门做好旅客保障准备。旅客到达后由机场急救中心转运至指定机位,在确保航空器担架安装稳定后,将患者稳妥转运至航空器上。

截至1月18日,三亚机场累计实施医疗出诊43起、紧急医疗转运10起、航空医疗担架转运6起、紧急医疗飞行保障4起,医疗救助保障工作量较往年有大幅度增长。为此,三亚机场急救中心共计投入4辆复苏型救护车,全员在岗在位,确保特殊旅客服务、医疗保障服务持续温暖在线。

【教学效果预期】通过学习本案例,学生将能够深刻领会到民航精神中的责任感、协作与创新。预期学生在未来的职业生涯中,能够将这种精神内化于心、外化于行,不仅在技术层面做到精湛,更在服务态度上体现人文关怀。同时,也希望学生能够通过此案例,提升对紧急情况的应对能力,学会在复杂多变的工作环境中保持冷静,做出正确决策,为民航事业的持续发展和旅客的安全出行贡献力量。

1. 简述紧急情况处置的基本原则。
2. 候机室发生爆炸、火灾或者强烈地震时应怎样处理?

英语篇

第十六章　安检人员常用英语知识

第十六章　安检人员常用英语知识

学习目标

◎ 了解安检英语的基础知识；

◎ 熟悉机场安检英语广播；

◎ 掌握安检日常英语会话。

　　民航安全检查员不仅担负安全检查的重要使命，同时还应熟练使用英语处理国际旅客安检常见问题。本章通过工作词汇、工作对话、情景对话、广播等安检英语基础知识，全方位提高安检员英语运用能力，同时附上阅读文章以做学习检测。

第一节　常用工作词汇

一、Check-in Procedures　登机手续

1. administration [əd͵mɪnɪˈstreɪʃən] 管理

2. airline counter [ˈeəlaɪn] [ˈkaʊntə] 航空公司柜台

3. airport construction fee [ˈeəpɔ:t] [kənˈstrʌkʃən] [fi:] 机场建设费

4. boarding card/pass [ˈbɔ:dɪŋ] [kɑ:d]/[pɑ:s] 登机牌

5. boarding time [ˈbɔ:dɪŋ] [taɪm] 登机时间

6. check in [tʃek] [ɪn] 办理登机手续

7. check-in procedures [ˈtʃek͵ɪn] [prəˈsi:dʒəz] 登机手续

8. check-in time [ˈtʃek͵ɪn] [taɪm] 办理登机手续时间

9. depart [dɪˈpɑ:t] 启程，出发

10. departure gate [dɪˈpɑ:tʃə] [geɪt] 登机口

11. departure lounge [dɪˈpɑ:tʃə] [laundʒ] 候机室

12. departure time [dɪˈpɑ:tʃə] [taɪm] 起飞时间

13. destination [͵destɪˈneɪʃən] 目的地

14. domestic departure hall [dəˈmestɪk] [dɪˈpɑ:tʃə] [hɔ:l] 国内出发厅

15. domestic flight [dəˈmestɪk] [flaɪt] 国内航班

16. international departure hall [͵ɪntəˈnæʃənəl] [dɪˈpɑ:tʃə] [hɔ:l] 国际出发厅

17. international flight [͵ɪntəˈnæʃənəl] [flaɪt] 国际航班

18. see sb. off [si:] [ˈsʌmbədɪ] [ɒf] 为某人送行

19. take off ['teɪk] [ɒf] 起飞

20. transit passenger ['trænsɪt] ['pæsɪndʒə] 过境旅客

21. travel document ['trævl] ['dɒkjumənt] 旅游文件

22. trunk lines [trʌŋk] [laɪnz] 干线

23. feeder lines ['fiːdə] [laɪnz] 支线

24. scheduled flight ['ʃedjuːld] [flaɪt] 定期航班

25. non-scheduld flight [nɒn] ['ʃedjuːld] [flaɪt] 不定期航班

26. quarantine ['kwɒrəntiːn] 检验检疫

27. immigration [ˌɪmɪ'greʃən] 边检

28. customs ['kʌstəmz] 海关

29. airport fee ['eəpɔːt] [fiː] 机场费

30. construction [kən'strʌkʃ(ə)n] 建设

31. diplomatic passport [dɪpləmætɪc] ['pæspɔrt] 外交护照

32. passport control ['pɑːspɔːrt] [kən'trəul] 验证

33. security check [sɪ'kjʊərətɪ] [tʃek] 安检

二、Flight Delays　航班延误

1. accommodation [əˌkɒmə'deɪʃən] 住宿

2. alternate flight [ɔːl'tɜːnɪt] [flaɪt] 备选航班

3. announcement [ə'naʊnsmənt] 广播通知

4. apologize [ə'pɒlədʒaɪz] 道歉

5. bad weather conditions [bæd] ['weðə] [kən'dɪʃənz] 天气状况不佳

6. delay [dɪ'leɪ] 延误

7. flight number [flaɪt] ['nʌmbə] 航班号

8. inconvenience [ˌɪnkən'viːnjəns] 不便

9. meal [miːl] 膳食

10. mechanical difficulties [mɪ'kænɪkəl] ['dɪfɪkəltɪz] 机械故障

11. poor visibility [puə] [ˌvɪzɪ'bɪlɪtɪ] 能见度差

12. weather forecast ['weðə] ['fɔːkɑːst] 天气预报

13. departure(take off) [dɪ'pɑːtʃə] 起飞

三、Security Check　安检

1. aggressive tool [ə'gresɪv] [tuːl] 攻击性器械

2. ammunition [ˌæmju'nɪʃən] 弹药

3. common practice ['kɒmən] ['præktɪs] 惯例

4. conveyor belt [kən'veɪə] [belt] 传送带

5. corrosive article [kə'rəusɪv] ['ɑːtɪkl] 腐蚀性物品

6. dangerous article ['deɪndʒrəs] ['ɑːtɪkl] 危险物品

7. explosive article [ɪksˈpləusɪv] [ˈɑːtɪkl] 易爆物品

8. forbidden article [fəˈbɪdn] [ˈɑːtɪkl] 违禁物品

9. hand-held metal detector[hændˈheld] [ˈmetl] [dɪˈtektə] 手持式金属探测器

10. hijack [ˈhaɪdʒæk] 劫机

11. inflammable article [ɪnˈflæməbl] [ˈɑːtɪkl] 易燃物品

12. personal search [ˈpəːsənl] [səːtʃ] 人身检查

13. poisonous article [ˈpɔɪzənəs] [ˈɑːtɪkl] 有毒物品

14. prevention [prɪˈvenʃən] 防止

15. radioactive article [ˌreɪdɪəuˈæktɪv] [ˈɑːtɪkl] 放射性物品

16. security check procedures [sɪˈkjuərɪtɪ] [tʃek] [prəˈsiːdʒəz] 安检手续

17. terrorism [ˈterəˌrɪzəm] 恐怖主义（行为）

18. walk-through metal detector [ˈwɔːkˈθruː] [ˈmetl] [dɪˈtektə] 通过式金属探测门

19. weapon [ˈwepən] 武器

20. X-ray machine [ˈeksreɪ] [məˈʃiːn] X 射线安检仪

21. terrorism [ˈterərɪzəm] 恐怖活动

四、Identification Check 验证

1. accord with [əˈkɔːd] [wɪð] 一致，符合

2. air ticket [eə] [ˈtɪkɪt] 机票

3. delegation [ˌdelɪˈgeɪʃən] 代表团

4. expire [ɪksˈpaɪə] 到期，期满

5. form a queue [fɔːm] [ə] [kjuː] 排队

6. group visa [gruːp] [ˈviːzə] 团体签证

7. identification [aɪˌdentɪfɪˈkeɪʃən] 身份证件

8. identity card [aɪˈdentɪtɪ] [kɑːd] 身份证

9. in charge of [ɪn] [tʃɑːdʒ] [əv] 负责

10. line up in sequence [laɪn] [ʌp] [ɪn] [ˈsiːkwəns] 按顺序排好队

11. means of identification [miːnz] [əv] [aɪˌdentɪfɪˈkeɪʃən] 身份证明

12. passport [ˈpɑːsˌpɔːt] 护照

13. photo [ˈfəutəu] 照片

14. regulation [ˌregjuˈleɪʃən] 规定

15. tour group [tuə] [gruːp] 旅游团

16. tour guide [tuə] [gaɪd] 导游

17. transferable [trænsˈfəːrəbl] 可转让的

18. valid [ˈvælɪd] 有效的

19. in charge of [ɪn] [tʃɑːdʒ] [əv] 负责

五、Personal Search 人身检查

1. beep sound [biːp] [saʊnd] 嘟嘟声

2. belongings [bɪˈlɔːŋɪŋz] 财物

3. business card holder [ˈbɪznɪs] [kɑːd] [ˈhəʊldə] 名片夹

4. buzz [bʌz] 嗡嗡作响

5. calculator [ˈkælkjuˌleɪtə] 计算器

6. chewing gum [ˈtʃuːɪŋ] [gʌm] 口香糖

7. cigarette [ˌsɪgəˈret] 香烟

8. coin [kɔɪn] 硬币

9. cooperation [kəʊˌɒpəˈreɪʃən] 合作

10. key [kiː] 钥匙

11. lighter [ˈlaɪtə] 打火机

12. hand check [ˈhænd] [ˈtʃek] 手工检查

13. metal item/object/thing [ˈmetl] [ˈaɪtəm]/[ˈɒbdʒɪkt]/[θɪŋ] 金属物品

14. mobile phone [ˈməʊbaɪl] [fəʊn] 手机

15. plate [pleɪt] 盘子

16. pocket [ˈpɒkɪt] 口袋

17. restricted area [rɪsˈtrɪktɪd] [ˈeərɪə] 隔离区

18. spectacles case [ˈspektəklz] [keɪs] 眼镜盒

19. health [helθ] 健康

20. beeper [ˈbɪpə] bp 机

21. manual search(physical search)手工检查

六、Baggage Search 行李检查

1. aerated beverage [ˈeəreɪtɪd] [ˈbevərɪdʒ] 碳酸饮料

2. alcoholic beverage [ˌælkəˈhɔːlɪk] [ˈbevərɪdʒ] 带酒精的饮料

3. bottle [ˈbɒtl] 瓶子

4. bottom [ˈbɒtəm] 底部

5. can [kæn] 罐头

6. carry-on baggage [ˈkærɪˌɒn] [ˈbægɪdʒ] 手提行李

7. check desk [tʃek] [desk] 检查台

8. claim [kleɪm] 认领

9. confiscate [ˈkɒnfɪskeɪt] 没收

10. contraband [ˈkɒntrəbænd] 违禁品

11. crew [kruː] 机务人员

12. deliver [dɪˈlɪvə] 移交

13. hairspray ['heəspreɪ] 发胶

14. juice [dʒuːs] 果汁

15. kitchen knife ['kɪtʃɪn] [naɪf] 菜刀

16. laptop ['læptɒp] 笔记本电脑

17. limit ['lɪmɪt] 限制, 限量

18. liquid article ['lɪkwɪd] ['aːtɪkl] 液态物品

19. mineral water ['mɪnərəl] ['wɔːtə] 矿泉水

20. mousse [muːs] 摩丝

21. oxygen container ['ɒksɪdʒən] [kən'teɪnə] 氧气袋

22. receipt [rɪ'siːt] 收据

23. restricted article [rɪs'trɪktɪd] ['aːtɪkl] 受管制物品

24. scissors ['sɪzəz] 剪刀

25. surgical knife ['səːdʒɪkəl] [naɪf] 手术刀

26. tin [tɪn] 听, 罐

27. tool [tuːl] 工具, 器械

28. tool kit [tuːl] [kɪt] 工具箱

29. transfer list of restricted articles ['trænsfə] [lɪst] [əv] [rɪs'trɪktɪd] ['aːtɪklz] 受管制物品移交单

30. yogurt ['jɒgət] 酸奶

七、Special Check　特殊检查

1. ambassador [æm'bæsədə] 大使

2. authorization letter [,ɔːθəraɪ'zeɪʃən] ['letə] 授权书

3. bullet ['bʊlɪt] 子弹

4. captain ['kæptɪn] 机长

5. cardiac pacemaker ['kaːdɪæk] ['peɪsmeɪkə] 心脏起搏器

6. consul ['kɒnsəl] 领事

7. consul-general ['kɒnsəl] ['dʒenərəl] 总领事

8. counselor ['kaʊnsələ] 参赞

9. dean of the diplomatic corps [diːn] [əv] [ðə] [,dɪplə'mætɪk] [kɔːz] 外交使团团长

10. diplomat ['dɪpləmæt] 外交官

11. diplomatic pouch [,dɪplə'mætɪk] [paʊtʃ] 外交信袋

12. diplomatic representative [,dɪplə'mætɪk] [reprɪ'zentətɪv] 外交代表

13. handicapped passenger ['hændɪkæpt] ['pæsɪndʒə] 残疾旅客

14. pistol ['pɪstl] 手枪

15. special envoy ['speʃəl] ['envɔɪ] 特使

16. VIP(very important person) [viː] [aɪ] [piː] (['verɪ] [ɪm'pɔːtənt] ['pəːsn]) 要客, 重要人物

17. wheelchair ['wiːl'tʃeə] 轮椅

八、Access Control　通道监护

1. apron ['eɪprən] 停机坪

2. expiry date [ɪks'paɪərɪ] [deɪt] 到期日

3. information desk [ˌɪnfə'meɪʃən] [desk] 问讯台

4. restricted area permit [rɪs'trɪktɪd] ['eərɪə] ['pəːmɪt] 隔离区通行证

5. staff entrance [stɑːf] ['entrəns] 员工通道

6. uniform ['juːnɪfɔːm] 制服

7. working hours ['wəːkɪŋ] [aʊz] 工作时间

九 Security Check of Checked Baggage and Cargoes　托运行李和货物的安检

1. erect [ɪ'rekt] 竖起

2. fragile article ['frædʒaɪl] ['ɑːtɪkl] 易碎物品

3. lock [lɒk] 锁，上锁

4. pack [pæk] 包装

5. separate ['sepəreɪt] 分开

6. trunk [trʌŋk] 大箱子，大衣箱

第二节　常用工作会话

1. Which flight are you going to take? 您要乘坐哪个航班？
   Flight CA981. CA981 航班。

2. Are you going to take a domestic or an international flight? 您要乘坐国内还是国际航班？
   An international flight. 国际航班。

3. Where are you going? / What's your destination? 您要前往哪里？/您的目的地是什么？
   I'm going to Beijing. 我要去北京。

4. What's the check-in time for my flight? 我的航班什么时候开始办理登机手续？
   One hour before departure. 起飞前一小时。

5. Is it time to check in for flight MU551? MU551 航班开始办理登机手续了吗？
   The check-in hasn't begun yet. It'll begin in 30 minutes. 还没开始办理登机手续。
   30min 以后开始。

6. Please go to the airline counter to check-in for your flight. 请到航空公司柜台为您的航班办理登机手续。

7. Please go through the identification check and security check over there. 请到那里办理验证和安检。

8. I heard an announcement that my flight was delayed. Could you tell me why? 我从广播里得知我的航班被延误了，你能告诉我原因吗？
   Could you tell me what your flight number is? 您能告诉我您的航班号是什么吗？

9. Do you know why my flight has been delayed? 你知道我的航班为何被延误了吗？

It is due to bad weather conditions. 因为天气状况不佳。

10. Could you tell me why Flight CA945 hasn't departed yet? 你能告诉我 CA945 航班为何还不起飞？

I'm sorry to tell you that your flight has been delayed owing to mechanical difficulties. 非常抱歉地告诉您,您的航班由于机械故障被延误了。

11. Could you tell me why the flight to Beijing was delayed? 你能告诉我去北京的航班为何被延误了吗？

All flights before nine were delayed because of poor visibility this morning. 由于今天上午能见度差,9 时以前的航班都被延误了。

12. What's the extent of the delay? 要延误多久？

About 2 hours. 大约两小时。

13. When do you expect it to depart? 你认为何时会起飞？

Sorry, we don't know the extent of the delay yet. And according to the latest weather forecast, there is going to be a change in the weather. 对不起,现在还不知道要延误多久。而且根据最新的天气预报,天气会有变化。

14. When will the flight be ready for departure? 航班何时会起飞？

We will inform you as soon as the time is fixed. 时间一确定下来我们就会通知您的。

15. Well, that's a long delay! 好吧,延误时间好长啊!

We're terribly sorry for the inconvenience caused by this delay. 我们对航班延误带来的不便深表歉意。

16. Do you mean that I have to stay here for the night? 你的意思是我不得不在这里过夜了？

I'm afraid so, but the airline will be responsible for your meals and accommodations. 恐怕是的,但是航空公司会负责给您提供膳宿的。

17. Can you suggest an alternate flight? / Can you put me on another flight to Beijing? 你是否能建议一个备选航班？ / 你是否能把我安排到另一个去北京的航班上？

Ok, let me check. 好,让我查一下。

18. I have just checked in for Flight MU586. What should I do now? 我刚办完了 MU586 的登机手续。现在该做什么呢？

You should go through the identification check and security check. 您应该去办理验证和安检。

19. How should I go through the security check? 我该怎样接受安检？

Just put your carry-on baggage on the conveyor belt which will take it to be screened by X-ray machine. Then you should go through that gate where the workers will give you a personal search. 您就把手提行李放在传送带上接受 X 射线安检仪检查。然后您走过安检门,在那里工作人员会对您进行人身检查。

20. How long will the search take? 检查要花多长时间？

It depends. If you don't have any forbidden articles, it will be very quick. 视情况而定。如果您没有违禁物品的话,会很快的。

21. What kind of things cannot be taken on board? 哪些东西不能带上飞机？

It's forbidden to carry any kind of weapons, ammunition, aggressive tools and inflammable, explosive, corrosive, radioactive, poisonous articles on board. 任何武器、弹药、攻击性器械以及易燃、易爆、腐蚀性、放射性、有毒物品都严禁带上飞机。

22. What's the security check for? 为何要安检？

The security check is carried out for passengers' own safety. It's also for the prevention of hijackings and terrorism. 安检是为了旅客自身的安全，也是为了防止劫机事件和恐怖主义行为。

23. Does everyone have to go through a personal search? 每个人都必须接受人身检查吗？

Yes, a personal search is made on all passengers both at home and abroad. 是的，人身检查是针对所有国内外旅客进行的。

24. What will happen to me if I refuse the security check? 如果我拒绝接受安检会怎样呢？

Anyone who refuses that will not be allowed to board the plane. 任何拒绝接受安检的人都不允许登机。

25. Good morning. Please form a queue and go through the identification check and security check one by one. 早上好，请排好队，依次接受验证和安检。

26. Hello, Sir/Miss/Madam, please get your passport, identity card, air ticket and boarding card ready for check. 您好，先生/小姐/女士，请准备好您的护照、身份证、机票和登机牌以便检查。

27. Passengers, if you haven't got a boarding card and a baggage claim tag, please go to the airline counter to go through the check-in procedures first. 旅客们，如果你们还没有拿到登机牌和行李牌，请先到航空公司柜台办理登机手续。

28. Sorry sir, you have to check in this piece of baggage for it is too bulky. Otherwise, it will cause you a lot of inconvenience. 对不起先生，您这件行李体积太大，必须托运。否则，它会给您带来许多不便。

29. Excuse me, are you the head of this delegation? / Who is the tour guide of this tour group? 请问，您是这个代表团团长吗？ / 谁是这个旅游团的导游？

30. Excuse me, are you a member of this delegation/tour group? 对不起，您是这个代表团/旅游团的成员吗？

31. Show me your group visa, please! 请出示团体签证。

32. In order to quicken the pace of the security check, passengers in this tour group are required to line up in sequence according to the list of air tickets. 为了加快安检速度，请本旅游团的旅客按机票名单的先后顺序排队。

33. Excuse me, that machine doesn't work. This way, please! 对不起，那台机器坏了。请您走这边！

第三节 情景对话

SI：Security Inspector 安检员

PAX：Passenger 旅客

Dialogue ❶ *Checking the pass*(通行检查)

SI：Good morning, madam. Your boarding card and passport, please.

PAX：Here you are.

SI：Where are you going?

PAX：I'm going to Vancouver.

SI：OK. You can pass the gate with your luggage, please.

PAX：Thanks a lot. Bye.

SI：Bye. Wish you a pleasant journey.

安检员:早上好,女士。请出示您的登机牌和护照。

旅客:给你。

安检员:您去哪里?

旅客:我去温哥华。

安检员:好的。您可以带行李走过那道门。

旅客:谢谢。再见!

安检员:再见! 祝您旅途愉快!

Dialogue ❷ *Checking the pass*(通行检查)

SI：Good morning, Miss. Please show me your boarding card and passport.

PAX：Here you are.

SI：What is your destination?

PAX：Haikou.

SI：Sorry, Miss. You haven't got a boarding card yet.

PAX：Oh, really? How can I get one?

SI：Please go to the check-in counter over there. Do you see that indicator board? Just under that.

PAX：Oh, thanks.

SI：You are welcome. Please go there with your luggage, check in and get a boarding card.

安检员:早上好,女士。请出示您的登机牌和护照。

旅客:给你。

安检员:您的目的地是哪里?

旅客:海口。

安检员:抱歉,女士。您没有出示登机牌。

旅客:啊,是吗? 我怎么领登机牌?

安检员:请去那里的值机柜台。您看见那个指示牌了吗? 就在那下面。

旅客:啊,谢谢。

安检员:不用谢。请带行李去那里办理值机手续,就可以领登机牌了。

Dialogue ❸ *At the security inspection counter*(在安检口)

SI:Good afternoon, sir. Have your boarding pass and passport out please.

PAX:Good afternoon. Here you are.

(*The security inspector checks the boarding pass and passport and then return them to the passenger.*)

SI:Sir, please take off your shoes, put your carry-on baggage on the belt and go through the gate here.

(*The passenger goes through the gate and no alarm sets off.*)

SI:Checking is done, sir. Please take all your belongings and may you a happy journey!

PAX:Thanks a lot!

安检员:下午好,先生。请出示您的登机牌和护照。

旅客:下午好。给你。

(安检员检查登机牌和护照,然后归还给旅客。)

安检员:先生,请脱鞋,将随身行李放在传送带上,走过这道门。

(旅客走过安检门,没有报警声。)

安检员:先生,检查完了。请带好您的随身物品,祝您旅途愉快!

旅客:谢谢!

Dialogue ❹ *At the security gate*(在安全门)

(*A passenger goes through the gate and the metal detector makes a beep.*)

SI:Excuse me, but do you have any metal objects on you?

PAX:Metals? What metals?

SI:Oh, metal keys, coins, ball-point pen, cigarette lighters, calculator and so on.

PAX:What about my watch?

SI:No, it's not included. Please stand here, on the platform… Please turn around. What's that in your hip pocket?

PAX:Oh, it's my lighter.

SI:Could you take it out? Flammable items cannot be taken with you into the aircraft.

PAX:Oh, I wasn't aware of that. But it's passed on to me by my grandfather. It has special meaning to me. Could you do me a favor?

SI：Well sir, you can have it depositedtemporarily at our place for up to one month. Within a month, you can take this receipt to the security office to get your things back. If you can't come back within a month, we won't keep it for you.

PAX：That's great. Thank you very much.

SI：It's my duty, sir.

（一位旅客走过安检门，报警声响起。）

安检员:对不起,打扰一下,您随身携带金属物品了吗?

旅客:金属? 什么金属?

安检员:呃,金属钥匙,硬币,圆珠笔,香烟的打火机,计算器等。

旅客:我的手表呢?

安检员:它不包含在内。请站在这个安检台上……请转身。您裤子后口袋里是什么?

旅客:啊,是我的打火机。

安检员:请您将它拿出来好吗? 易燃物品不允许带上飞机。

旅客:啊,我不知道。但是它是我的爷爷传给我的。它对我有特殊意义。你能行个方便吗?

安检员:先生,您可以将它暂存在我们这里,最多存放一个月。一个月之内,您带上这张收据,到我们的安检办公室,可以取回您的物品。如果您一个月后回不来,我们不再为您保存物品。

旅客:太好了,谢谢!

安检员:这是我的职责,先生。

Dialogue ❺ *At the security gate*（在安检门）

SI：Madam, please put your carry-on luggage on the belt, remove your shoes, and walk through the gate here.

PAX：OK, sir.

(*The passenger goes through the gate and the metal detector makes a beep.*)

SI：Anything else in your pocket?

PAX：Ah, it's my keys.

SI：Madam, you should put all your metallic objects such as keys, coin, jewelry,cell phone into the basket.

PAX：Sorry, I forget it.

安检员:女士,请将您的随身行李放在传送带上,脱鞋并走过这道门。

旅客:好的,先生。

(这位旅客走过安检门,报警声响起。)

安检员:您口袋里有其他物品吗?

旅客:啊,是我的钥匙。

安检员:女士,您应该将所有的金属物品,如钥匙、硬币、首饰和手机放在安检篮里。

旅客:对不起,我忘记了。

Dialogue ❻ *Checking with hand detector*(用手持式金属探测器检查)

SI：Hello, sir. Please stand on the platform.

PAX：Okay.

SI：Oh, what's this?

PAX：A ceramic knife.

SI：Oh, let me see. What a sharp knife! According to the regulations in our country, this kind of knife is not permitted on the aircraft.

PAX：Really? I didn't know anything about it. But what can I do now?

SI：You can leave it with us for safe keeping for no more than a month, or abandon it.

PAX：Then please keep it for me till the next time I come here.

SI：Well I need your passport to write the receipt. Please sign your name here.

PAX：Thank you.

SI：You're welcome. Just don't forget to come back within a month.

PAX：Sure. I will.

安检员:您好,先生。请站到这个安检台上。

旅客:好的。

安检员:啊,这是什么?

旅客:一把陶瓷刀。

安检员:啊,让我看看。好锋利的刀! 根据我国规定,这种刀不允许带上飞机。

旅客:真的吗? 我不知道这个规定。我该怎么办?

安检员:你可以把它交给我们保管,可以寄存一个月以内,或者丢弃它。

旅客:那请帮我保管,直到我下次来这里。

安检员:我需要您的护照,以便填写收据。请在这里签名。

旅客:谢谢。

安检员:不客气。别忘了一个月内回来。

旅客:好的,一定。

Dialogue ❼ *Hand check*（手工检查）

(The passenger goes through the gate and the alarm sets off.)

SI1：I'm sorry, madam, but you have to take the additional screening.

PAX：OK, but I have a pacemaker. I'm afraid the hand detector will damage it.

SI1：Well, we will check you with hand, please take the pat down check.

PAX：Okay, but I would like to be checked by a female inspector, if you don't mind.

SI1：Sure, it's your right. Please wait here.

(The inspector asks a female inspector to hand-check the passenger.)

SI2：This way please, madam. Hold out your arms and stand with your feet apart on the platform.

(A chewing gum is found in the passenger's back pocket.)

SI2：Madam, anything with aluminum foil, like chewing gum or cigarettes will make the detector beep.

PAX：I'm terribly sorry, sir. I didn't know. I should take it out.

SI2：That's all right, madam. You are all set, thank you for your cooperation. Please take all your personal items with you. Have a nice journey!

PAX：Thank you, sir.

（一位旅客走过安检门，报警声响起。）

安检员1：抱歉女士，您需要接受额外筛查。

旅客：好的，但是我戴了心脏起搏器。我担心手持式探测器会损伤我的起搏器。

安检员1：呃，我们会对您进行手工检查，请接受拍身检查。

旅客：好的，但是我想让女性安检员来给我检查，如果你不介意的话。

安检员1：当然不，这是您的权利。请在这里稍候，女士。

（这位安检员找了一位女性安检员来给乘客手工检查。）

安检员2：这边请，女士。请伸出双臂，双脚分开，站在安检台上。

（旅客的衣服后口袋里发现了一颗口香糖。）

安检员2：女士，任何带铝箔包装的物品，如口香糖、香烟等，都会使金属探测器发出响声。

旅客：非常抱歉。我不知道。我应该把它拿出来的。

安检员2：没关系。好了，感谢您的配合。请带好您的个人物品。祝您旅途愉快！

旅客：谢谢你，先生。

Dialogue ❽ *Checking carry-on luggage*（检查随身行李）

SI：Excuse me, sir. I must open your suitcase for further check.

PAX：Yes, please.

SI：What's in it?

PAX：Some odds and ends.

SI：Excuse me, sir. You should take your laptop out of the case and put it in the conveyor.

PAX：Sorry, I didn't realize. I was supposed to take my laptop out. But will the X-ray damage my computer?

SI：Oh, don't worry about it. The X-ray machine won't do any harm to the laptop at all.

PAX：All right.

SI：What's this? You can't pack wrapped gifts in your carry-on baggage, please open the wrappage.

（*The passenger opens the wrappage.*）

PAX：Oh, it's my son's birthday gift, a toy pistol.

SI：Sorry, sir. According to the regulations, mimic weapons are not allowed to be taken into the passenger cabin.

PAX：Sorry, I didn't know that before. What shall I do with it now?

SI：May I suggest that you get your handbag checked?

PAX：That's a good idea. Thank you.

SI：You're welcome. Have a good trip！

安检员：打扰一下，先生。我需要打开您的箱子做进一步的检查。

旅客：好的，请便。

安检员：箱子里有什么？

旅客：一些零碎的东西。

安检员：打扰一下，先生。您应该把您的笔记本电脑从箱子里拿出来，放到传送带上。

旅客：抱歉我没想到应该把笔记本电脑拿出来。但是 X 射线会损坏我的电脑吗？

安检员：啊，不用担心。X 射线安检仪不会对您的笔记本电脑造成任何损伤。

旅客：好的。

安检员：这是什么？您不能将带包装的礼物放在随身行李里，请打开包装。

（*旅客打开了包装。*）

旅客：啊，这是我儿子的生日礼物，一把玩具枪。

安检员：抱歉，先生。根据规定，仿真武器不允许带入客舱。

旅客：抱歉，我之前不知道。我现在该怎么做？

安检员：我建议您将这个手提包托运。

旅客：好主意。谢谢！

安检员：不客气。祝您旅途愉快！

Dialogue ❾ *Checking carry-on luggage*(检查随身行李)

SI：Good morning, sir. Please open your bags so we can check them. After that you can pick them up right behind that X-ray machine.

PAX：But I've got unexposed film in my bag.

SI：That's all right. You can take it out if you wish, but this machine will not damage the film.

PAX：Fine.

SI：Could you tell me what's in your bag, please?

PAX：Let me see. I've got some clothes, a shaving kit and some souvenirs.

SI：Nothing else?

PAX：I don't think so.

SI：Do you mind my opening it?

PAX：Not at all. Oh, there is an umbrella I forgot about.

SI：That's what we saw on the scanning screen then. You know, we have to be careful. Sorry to have bothered you.

PAX：That's all right.

安检员：早上好,先生。请打开您的包以便我们查验。之后您可以在 X 射线安检仪的后面取回您的包。

旅客：但是我包里装了未曝光的胶卷。

安检员：没关系。您可以将胶卷取出,但是这台机器不会对胶卷造成损伤。

旅客：好的。

安检员：请问您能告诉我包里装了什么吗?

旅客：我想想。我有一些衣服,剃须用品,还有一些纪念品。

安检员：没有其他的了吗?

旅客：我想没有。

安检员：您介意我打开您的包吗?

旅客：没问题。啊,包里有把伞,我刚才忘了。

安检员：这就是我们在扫描屏上看到的。你知道,我们得小心行事。抱歉打扰你。

旅客：没关系。

Dialogue ❿ *Checking carry-on luggage*(检查随身行李)

SI1：Excuse me, sir? Could you please empty your pockets of all the metal things and put them in this tray.

PAX：Including my keys and coins?

SI1：Yes. Could you please put the bag on the conveyor belt, and your camera, too?

PAX：But my camera is loaded.

SI1：All right. We'll check it by hand. Now, walk through this gate and collect them at the other side over there.

PAX：All right.

SI2：Is this your bag?

PAX：Yes.

SI：Sorry, but we will have to open it for a further check.

PAX：OK.

SI2：Thank you. What's this?

PAX：Oh, these are my razor blades.

SI2：Sorry, it's not permitted to be taken on board according to the new regulations.

PAX：Oh, sorry. I didn't know the regulations. What should I do with it?

SI2：You could leave it with us until you come back. But you must come back within 30 days. Or you can abandon it.

PAX：Ok. I'll abandon it.

SI2：That's ok. You may take your bag. Hope you enjoy your flight.

PAX：Thanks.

安检员1：打扰一下,先生？请清空您的衣服口袋,取出所有的金属物品,并放到这个安检篮里。

旅客：包括我的钥匙和硬币吗？

安检员1：是的。您可以将您的包和相机放到传送带上吗？

旅客：但是我的相机装好了胶卷。

安检员1：好的。那我们会手工检查。请走过这道门,在那边拿您的包。

旅客：好的。

安检员2：这是您的包吗？

旅客：是的。

安检员2：抱歉,我们需要打开它,做进一步的检查。

旅客：好的。

安检员2：谢谢。这是什么？

旅客：啊,这是我的剃刀刀片。

安检员2：抱歉,根据新规定,它不允许被带上飞机。

旅客：啊,抱歉。我不知道这个规定。我该怎么办？

安检员2：你可以把它交由我们保管,直到您下次回来。但您得在30日之内返回。或者您可以丢弃它。

旅客:好的。那我丢弃了。

安检员:好的。请拿好您的包。希望您旅途愉快!

旅客:谢谢!

Dialogue ⓫ *Special Circumstances*(特殊情况)

SI:Excuse me, Madam. This way, please. Please show me your boarding pass and passport.

PAX: I'm a diplomat. According to the international practice, our documents and luggage are exempt from examination.

SI: Sorry. That's true for the customs check but this is the security check which every passenger, including diplomats, must go through. This is also international practice.

PAX: I'm a counselor of Embassy in Shanghai. I enjoy diplomatic immunity.

SI: I'm sorry. Even an ambassador has to go through this check. We implement this check for the safety of all the passengers including you. We hope you will cooperate with us.

PAX: What if I refuse the check?

SI: If so, you will not be allowed to go on board. That is according to the Civil Aviation Regulations of our government.

PAX: All right. I give in this time. But I still want to write a letter to your government about this.

SI: Sorry. I'm just an inspector. It is my responsibility to do things according to our government regulations. You could accuse me of doing something wrong, but in my opinion, as a diplomat, you should know how to respect the regulations of other countries.

安检员:打扰一下,女士。请走这边。请出示您的登机牌和护照。

旅客:我是外交官。根据国际惯例,我们的文件和行李可豁免检查。

安检员:抱歉,那是海关检查,但这是安全检查。每位旅客,包括外交官,都要接受安检。这也是国际惯例。

旅客:我是上海大使馆的参赞。我享受外交豁免权。

安检员:抱歉,即便是大使也需要接受安检。我们实施安检是为了所有旅客的安全,也包括您的安全。希望您配合我们。

旅客:如果我拒绝接受检查呢?

安检员:如果这样,将不允许您登机。这是根据我国的民航规定。

旅客:好吧。这次我妥协了。但我要写一封信给你们的政府,投诉这件事。

安检员:抱歉,我只是一名安检员。我的职责是按照政府规定办事。如果我哪里做错了,您可以投诉我。但依我看,作为一名外交官,您应该知道尊重他国的规定。

Dialogue ⑫　*Patrolling in the airport terminal sterile area*(在机场候机隔离区巡逻)

SI：Whose briefcase is this?

PAX：It's mine.

SI：What about this one?

PAX：Oh, it's also mine.

SI：OK. Have you been checked, madam?

PAX：Yes, I'm waiting for my daughter. She is going through the gate.

SI：I see. Would you mind waiting inside the Departure Hall? It's very crowded here.

PAX：Sorry. I'll go there.

安检员：这是谁的公文包?

旅客：是我的。

安检员：这个呢?

旅客：啊,也是我的。

安检员：好的,您过安检了吗?

旅客：是的。我在等我的女儿,她正在过安检门。

安检员：我知道了。您是否介意去候机厅里面等候呢? 这里太拥挤了。

旅客：抱歉。我马上去。

第四节　机场广播

Announcement 1

Ladies and Gentlemen,

May I have your attention, please? Welcome to Airport international Charles de Gaulle. Security controls on the carriage of liquids in hand baggage by departing passengers are now in force at our airport. The security restrictions for carriage of liquids are：all liquids items carried in hand baggage must be stored in containers of 100ml or less. Containers must be placed in transparent re-sealable plastic bag of one liter or less, which must close completely. The plastic bag must be placed separately from other hand baggage for inspection at the security point. Only one transparent plastic bag per passenger is permitted. Exceptions include medicine, baby milk/food and special dietary requirements. For the safety of yourself and other passengers, we need your understanding and support. Thank you for your cooperation.

广播词一

女士们、先生们:

请注意。欢迎来到巴黎戴高乐国际机场。目前,本机场实施针对离港旅客随身携带液体的安保措施。携带液体的安全规定为：随身行李里的所有液体物品必须装在100mL 及以下的容器内。容器必须放置在透明的、可重复密封的不超过 1L 的塑料袋中,且必须完全封口。此塑料袋需与其他随身行李分开放置,以便在安检口接受检查。每位乘客只允许携带一个透明塑料袋。药品、婴儿食用的奶或食物,以及特殊膳食不在此列。为了您和其他旅客的安全,我们需要您的理解与支持。感谢您的配合。

Announcement 2

Ladies and Gentlemen,

May I have your attention, please? Welcome to Hong Kong International Airport. All departing passengers are required to have both boarding pass and passport for inspection by airport security personnel. Dangerous goods are posing a risk to the safety of the aircraft and are not allowed on board, either as checked or hand baggage. They include: briefcases with alarm devices; gases; corrosives such as mercury or wet cell batteries; explosives such as fireworks; flammable liquids such as lighter fuel; flammable solids such as fire lighters and matches. To avoid unnecessary delays, make sure you do not pack any prohibited articles either in your hand baggage or checked baggage. For the safety of yourself and other passengers, we need your understanding and support. Thank you for your cooperation.

广播词二

女士们、先生们：

请注意。欢迎来到香港国际机场。所有的离港旅客都必须持登机牌和护照,以便机场安检人员进行检查。危险品会给飞机的安全带来风险,托运行李和手提行李中的危险品均禁止携带登机。危险品包括：带警报器的公文包、汽油、易腐蚀物品如水银或潮湿的手机电池、爆炸物如烟花、易燃液体如打火机油、易燃物如打火机和火柴。为避免不必要的延误,请确保您没有在您的托运行李和手提行李中携带违禁品。为了您和其他旅客的安全,我们需要您的理解与支持。感谢您的配合。

第五节 阅读理解

The Importance of Security Check

As a result of the airplane hijackings that have taken place with increasing frequency, almost all airports all over the world have instituted pre-boarding security checks for weapons and even, in some places, for potentially dangerous or demented persons. These procedures usually consist of a baggage search and some sort of personal search for concealed weapons. And this is ordinarily done with an electronic metal detector.

In almost all cases, the actual search is carried out by government agents rather than airline personnel. A few passengers will complain about it in no uncertain terms. The point that the agent must make, of course, is that the search is being made for the passenger's own protection. Most passengers will readily accept this fact and endure the brief unpleasantness with good humor. And the fact is, the security regulations have really worked. Hijackings have been cut to zero or near zero in those countries with the strictest regulations.

(156 words)

Decide whether the following statements are true or false according to the passage. Write T/F accordingly.

1. Almost all airports instituted security check for weapons because of airplane hijacking.

2. Security procedures consist of a baggage search and personal search.

3. Security check can only be done with electronic metal detector.

4. The actual search is done by airline personnel.

5. The security regulations have worked.

答案:TTFFT

译文
安检的重要性

由于劫机事件发生频率不断升高,几乎全球所有的机场都实施了登机前的安检。安检针对武器,甚至在有些地方针对潜在危险的或疯狂的人。这些安检手续通常包括开包检查和一定程度上的人身检查,以防携带武器。检查通常由电子金属探测器来完成。

几乎所有情况下,实际的搜查是由政府人员而不是航空公司人员来实施。少数旅客会明确表示对此抱怨。搜查人员要让旅客清楚的是,搜查是为了旅客的自身安全。大多数旅客准备好接受这一事实,遇到不愉快的事情时,也能一笑了之。实际上,安检规定真的发挥了作用。在那些实施最严格安检规定的国家,劫机事件发生率降为零或接近零。

民 航 精 神

民航精神是民航从业人员在工作中所展现出的一种积极、专业的态度和行为准则。作为从事民航服务工作的人员,要我们不断提高自己的英语水平和专业知识,以更好地应对不同国家乘客的需求。始终坚守使命,以安全为首要原则,为乘客提供优质的英语服务。

【思政目标】通过本案例的教学,目的是在于让学生深刻理解民航精神中"安全第一、服务至上"的核心价值观。案例强调在机场这一国际文化交流的重要场所,工作人员不仅需具备专业技能,更应拥有跨文化沟通的能力。课程将着重培养学生的国际视野和跨文化交流能力,让学生们认识到在民航工作中,每一次的服务都是中国形象的展示,都是让中国走向世界、让世界了解中国的机会。同时,通过民警王刚的助人行为,引导学生树立服务意识,学会在日常工作中主动、热情地为旅客提供帮助,展现中国民航的良好风貌。

【思政案例】文化交流的重要场所丨让中国走向世界,让世界了解中国

"教中国人学好外语,让中国走向世界;教外国人学好汉语,让世界了解中国"。中国对外文化交流越来越频繁,机场就是文化交流的非常重要的场所。安检人员须掌握并熟练运用日常英语会话,加强工作效率,促进文化交流。

2020年2月18日深夜,两名俄罗斯旅客从外地途经哈尔滨,准备次日乘火车赶往满洲里,由于语言不通在机场与工作人员交流中遇到障碍,正在附近值守的巡逻四大队民警王刚看到情况后,立即过来尝试着用英语与两位旅客交流,问题解决后,王刚又将二人送到哈站,由于进驻指定宾馆时间太晚房间已满,王刚又帮忙沟通,让两位旅客顺利入住。

2月27日,又有两位外籍旅客要中转去满洲里,在航班出口通道处登记时,由于听不懂工作人员的询问而不知所措。恰好王刚负责分流工作,经过沟通后,引导两位旅客前往机场大巴售票处,帮他们购买了车票,并嘱咐大巴驾驶员到站后提醒二位下车,两位外国旅客对王刚的热心帮助连连表示感谢。

【教学效果预期】通过学习本案例,学生将能够认识到民航工作人员在文化交流中的重要作用,并激发他们的职业荣誉感和责任感。预期学生能够在未来的工作中,更加注重提升自身的外语交流能力,以更好地服务外籍旅客,促进国际文化交流。同时,学生也将学会如何在面对语言和文化障碍时,采取积极有效的沟通方式,提高服务质量,展现中国民航的高效与专业。最终,希望通过这样的课程思政教学,培养出既具备专业技能,又拥有高度职业素养和国际视野的民航人才。

技能篇

第十七章 安检技能操作

第十七章　安检技能操作

安检技能操作是民航安检员的立身之本，是安全检查知识的综合体现，主要包括证件检查、人身检查、X射线安检仪操作、开箱（包）检查四项技能。

第一节　证件检查实操训练

一、实训目标与要求

通过本项目的训练，使学生能够准确辨认出身份证的真假，并掌握各种问题证件的处理方法。

二、实训设备与工具

安检验证台，身份证30张，工作人员证件2张，客票、登机牌各8张，安检验讫章1个。

三、实训方法与手段

10～20人为一组（每个自然班分为2～3组）。教师进行证件检查方法的讲解及示范，各小组分别模拟旅客和验证人员进行练习。

四、实训内容

（一）第一代身份证的识别

（1）看有效期。查验证件有效期与持证人的年龄、签发日期三者的关系。

16～25周岁证件有效期为10年。

26～45周岁证件有效期为20年。

46周岁以上证件有效期为长期。

（2）看分配顺序码。

15位编码看最后三位数，男士为奇数，女士为偶数。

18位编码看倒数2、3、4位数，最后一位是识别码。

分配顺序码中出现999、998、997、996四个顺序号分别为男女百岁以上老人专用的特定编码。

（3）看版面。

一般证件的主体颜色为红绿二色，经济特区的主体颜色为海蓝色（深圳、珠海、汕头、厦门标识为"T"字盾牌，海南为"五指山"和"太阳"）。

1999 年以后颁发的证件有"长城"图案和"中国 CHINA"标识。

少数民族证件上有少数民族文字和汉字组成(蒙古族是蒙文在前,汉字在后;其他少数民族是少数民族文字在上,汉字在下)。

民族自治区证件上的"出生年月日"项目为"出生日期"。

真身份证网纹暗淡,头像盖住网纹;假身份证网纹清晰,网纹盖住头像。

(4)看印章。

真身份证印章字体清晰、间距相等。

真身份证与假身份证的公安局的"局"字不同。

(5)看鸡尾。

真身份证鸡尾巴有一处断开。

(6)看"年"的字体。

真身份证的"年"字在民族的下方正中间。

(7)看正面线条。

真身份证正面右上角第四行有一格线不交叉。

(8)看花瓣。

真身份证花瓣有一处不交叉,假身份证完全交叉。

(二)第二代身份证的识别

(1)看颜色。

扭索花纹采用彩虹印制,真证颜色从浅蓝色→浅粉色→浅蓝色。

真身份证正面写意,图案采用荧光印制,背面采用定向光变色膜。

(2)看版面。

真身份证正面以写意的"万里长城"为背景,"国徽"图案在正面左上方突出位置,颜色为红色。

背面有长城烽火台印记,照片下面有"中国 CHINA"标识。

底纹中隐含有微缩字符,微缩字符由"居民身份证"汉语拼音字头"JMSFZ"组成。

少数民族身份证上由少数民族文字和汉字组成。

(3)看分配顺序码。

18 位编码看倒数 2、3、4 位数,男士为奇数,女士为偶数。

(4)看尺寸。

第二代身份证的尺寸是国际信用卡标准尺寸。即证件与我们日常使用的各种信用卡的大小一致。

(5)仪器识别。

真证里面有芯片,储存本人的信息资料。

(三)临时身份证的识别

临时身份证的有效期分为 3 个月和一年两种。

以下情况发给有效期为 3 个月的临时身份证:

(1)尚未申领到居民身份证的人。

(2)居民身份证丢失、损坏未补领到证件的人。

以下情况发给有效期为一年的临时身份证:

16周岁以上常住人口待定人员。

有效期为"3个月"的,使用阿拉伯数字填写;有效期为"一年"的,使用汉字填写。

(四)机场工作人员证件的识别

全国各机场使用的控制区证件代码有所不同:

(1)用英文字母(A、B、C、D…)表示允许持证人通过(到达)的区域。

(2)用阿拉伯数字(1、2、3、4…)表示允许持证人通过(到达)的区域。

(3)用中文直接描述允许持证人通过(到达)的区域。

进入机场控制区证件检查的一般方法:

(1)看证件外观式样、规格、塑封、印刷、照片是否与规定相符,是否有效。

(2)检查持证人与证件照片是否一致,确定是否是持证人本人。

(3)看持证人到达的区域是否与证件限定的范围相符。

(4)如有可疑,可向证件所注的使用单位或持证人本人核问情况。

(五)客票、登机牌的检查方法

(1)检查客票、登机牌的日期、航班号、旅客姓名、座位号、目的地是否相符。

(2)安检人员检查完毕,在登机牌上加盖验讫章。

五、实训注意事项

教师讲解身份证的识别方法,学生分组按照标准进行实操训练,由教师进行监督,保证良好的训练秩序。

第二节 人身检查实操训练

一、实训目标与要求

通过本项目的训练,使学生了解手持金属探测器的结构、原理,掌握人身检查的程序、方法以及在实际操作中应该注意的问题。

二、实训设备与工具

金属探测器2个、模拟违禁物品若干。

三、实训方法与手段

10~20人为一大组(每个自然班分为2~3大组),2人为一小组,教师进行人身检查方法的讲解及示范,各小组分别模拟旅客和人身检查员进行练习。

四、实训内容

(一)人身检查的程序

由上到下,由里到外,由前到后。

(二)手工人身检查的方法

检查人员面对旅客,先从旅客的前衣领开始,至双肩、前胸、腰部止;再请旅客转身,从后衣领起,至双臂外侧、内侧、腋下、背部、后腰部、裆部、双腿内侧、外侧和脚部止。冬季着装较多时,可请旅客解开外衣,对外衣也必须进行认真的检查。

(三)手工人身检查的注意事项

(1)检查时,检查员双手掌心要切实接触旅客身体和衣服,因为手掌心面积大且触觉较敏锐,这样能及时发现藏匿的物品。

(2)不可只查上半身不查下半身,特别要注意检查重点部位。

(3)旅客从身上掏出的物品,应仔细检查,防止夹带危险物品。

(4)检查过程中要不间断地观察旅客的表情,防止发生意外。

(5)对女性旅客实施检查时,必须由女检查员进行。

(四)手工人身检查的要领

检查要领主要是顺身体的自然形状,通过摸、按压、拍打,用手来感觉出藏匿的物品。"拍打"是指在手不离开旅客的衣物或身体的情况下用适当的力度进行按压,以感觉出旅客身体或衣物内不相贴合、不自然的物品。

(五)金属探测器的使用

使用金属探测器时,先打开探测器的开关,绿灯亮表示已打开,在检查的过程中如遇到金属物品或违禁物品红灯就会闪烁,同时发出响声。在使用金属探测器时,应注意轻拿轻放,定期调整灵敏度。

(六)手持金属探测器检查的程序

(1)从前衣领→右肩→右大臂外侧→右手→右大臂内侧→腋下→右上身外侧→右前胸→腰、腹部→左肩→左大臂外侧→左手→左大臂内侧→腋下→左上身外侧→左前胸→腰、腹部从右膝部内侧→裆部→左膝部内侧。

(2)从头部→后衣领→背部→后腰部→臀部→左大腿外侧→左小腿外侧→左脚左小腿内侧→右小腿内侧→右脚→右小腿外侧→右大腿外。

(七)手持金属探测器检查的注意事项

(1)检查时,探测器所到之处,手检员应用另外一只手配合做摸、按、捏的动作。

(2)手检过程中,应注意对头部、手腕、肩胛、胸部、臀部、腋下、裆部、腰部、腹部、脚部、衣领、领带、鞋、腰带等部位进行重点检查。

(3)如果手持金属探测器报警,手检员左手应配合触摸报警部位,以判明报警物品性质,同时请过检人员取出该物品进行检查。

(4)过检人员将报警物品从身上取出后,手检员应对该报警部位进行复检,确认无危险品后方可进行下一步检查。

(5)当检查到脚部有异常时,应让过检人员坐在椅子上,让其脱鞋接受检查。方法是:用手握住其脚踝判别是否藏有物品,确定其袜中是否夹带物品,检查完毕,将旅客的鞋过 X 射线机检查,确认无问题后放行。

(八)人身检查礼貌用语的训练

您好,请接受人身检查!

您好,请伸开双臂!

您好,请转过身!

您好,请脱鞋接受检查!

五、实训注意事项

教师先做人身检查示范,每个小组分别进行练习,练习过程中注意人身检查的顺序及时间要求。训练过程中多请学生来判断纠正错误,以加深印象和对服务的理解。

第三节 X 射线安检仪操作训练

一、实训目标与要求

通过本项目的训练,使学生掌握安检 X 射线安检仪的构造、使用方法和注意事项,最终达到独立操作,并能辨认出常见的违禁物品的图像特征。

二、实训设备与工具

X 射线安检仪、电脑、各种乘机违禁物品。

三、实训方法与手段

10～20 人为一大组(每个自然班分为 2～3 大组),2 人为一小组。教师进行 X 射线安检仪使用方法的讲解及示范操作,各小组分别进行练习。

四、实训内容

(一)X 射线安检仪的组成

X 射线安检仪由外壳面板、显示器、键盘、电缆、铅防护帘、传送带、电源接通指示灯、等待指示灯、射线指示灯等组成。

(二)X 射线安检仪分类

(1)按射线对物体的扫描方式可分为:点扫描式、线扫描式和逐行扫描式三种。

(2)按图像显示方式可分为:隔行显示和 SVCA 逐行显示。

(3)按机械结构可分为:立式机(射线顶照或底照)、卧式机(射线侧照)、车载式 X 射线安检仪。

(4)X射线安检仪通道分为:单通道和双通道。

(三)X射线安检仪开关机规程

(1)操作员使用仪器前应检查仪器外观是否完好。

(2)首先开启稳压电源,观察电压指示是否稳定在220V(1±10%)的范围内。

(3)开启X射线电源,观察运行自检测程序正常后,开始检查工作。

(4)检查中,如遇设备发生故障,应立即报告值班领导。

(5)工作结束后,应关闭X射线安检仪电源及稳压电源。

(6)按要求认真填写设备运行记录。

(四)X射线安检仪功能键含义

(1)紧急断电按钮:在出现紧急情况时,按下这个按钮可以使系统立即关闭。重新开机时,只要拨出这一按钮并按上电开关即可。

(2)传送带前进键:按下此键,传送带开始运转。

(3)传送带倒退键:持续按下此键,传送带倒退循环运转,直到此键被释放抬起时停止,系统在传送带反向运行期间一般不执行行李检查过程,除非系统被设置成反向扫描或连续扫描。

(4)方向键(选区键):用来选择希望放大的区域,在放大状态下同样有效。

(5)ZOOM/放大键:每次按下此键,选中区域图像将被放大。

(6)彩色/黑白图像切换键:彩色/黑白图像切换。

(7)图像增强键:启动或关闭图像增强功能。

(8)剔除键:有机物或无机物剔除。

(9)反转键:可以使图像显示黑白反转的效果。

(10)加亮键:可以利用对比度增强的方式实现对图像中较暗物体的观察。

(五)X射线安检仪图像颜色的含义

(1)红色——非常厚、X射线穿不透的物体。

(2)橙色——有机物(如炸药、毒品、塑料等)、危险品(原子序数10以内的物质)。

(3)绿色——混合物,即有机物与无机物的重叠部分。

(4)蓝色——无机物,重金属(原子序数大于10的物质)。

(六)常见违禁物品的图像特征

(1)子弹的X射线图像特征。

外观如日常所见,彩色图像中,正放时,弹头一般呈暗红色,弹壳一般呈蓝色。在图像中找子弹时,可按下"图像增强键",寻找图像最黑点,再综合其外观结构特点,便可判别。若子弹平放时,呈一个暗红色圆点。

(2)匕首的X射线图像特征。

正放时,一般可分辨出匕首的形状,比较明显地看到刀刃和刀柄。刀身一般呈蓝色,刀锋颜色稍淡,刀柄为暗红色。平放时,整体为一深红色直线,较难分辨,但一样可看到较粗的刀柄两端。

(3)水果刀的 X 射线图像特征。

水果刀种类繁多,正放时,在 X 射线安检仪伪彩色图像上可较清晰地看到呈蓝色的刀刃,因此一般可通过其金属刀刃较容易地进行判别;侧放时,一般整把刀呈暗红色线状,主要可通过刀柄上的金属铆钉(黑色小点)来辨认。有的水果刀没有铆钉,刀刃呈一线灰黑色,刀柄通常是塑料或木质,呈较淡的橘黄色。

(4)裁纸刀的 X 射线图像特征。

单片裁纸刀正放时,刀片呈蓝色,刀片尾部有个小孔,这是其主要特征。侧放时,刀片呈一条黄黑色直线,线上有许多小间隙,这是其主要特征。整盒的裁纸刀片正放时,在 X 射线安检仪伪彩色图像上呈暗红色长条状,尾部有小孔。

五、实训注意事项

教师先做 X 射线安检仪操作示范,每个小组分别进行练习,练习过程中应认真观察图像特征。训练过程中应按正确的方法开关 X 射线安检仪,正确识别图像特征。

第四节 开箱(包)检查实操训练

一、实训目标与要求

通过本项目的训练,使学生掌握开箱包检查的方法和注意事项,最终达到独立操作,并能准确辨认出常见的违禁物品。

二、实训设备与工具

拉杆箱、托盘、各种模拟物品

三、实训方法与手段

10～20 人为一大组(每个自然班分为 2～3 大组),2 人为一小组,教师进行开箱包检查的讲解及示范操作,各小组分别进行练习。

四、实训内容

(一)开箱(包)检查程序

(1)观察外层。看它的外形,检查外部小口袋及有拉链的外夹层。

(2)检查内层和夹层。用手沿行李包的各个侧面上下摸查,将所有的夹层、底层和内层小口袋检查一遍。

(3)检查包内物品。按 X 射线安检仪操作员所指的重点部位和物品进行检查。在没有具体目标的情况下应逐件进行检查。已查和未查的物品要分开,放置要整齐有序。如包内有枪支等物品,应先将之取出保管好,及时进行处理,然后再细查其他物品,同时要对物主采取看护措施。

(4)善后处理。检查后如有问题应及时报告领导,或交公安机关处理。没有发现问题的应协助旅客将物品放回包内,对其合作表示感谢。

(二)开箱(包)检查操作程序

(1)开包员站立在 X 射线安检仪行李传送带出口处疏导箱包,避免过检箱包被挤、压、摔倒。

(2)当有箱包需要开检时,开机员给开包员以语言提示,待物主到达前,开包员控制需开包的箱包,物主到达后,开包员请物主自行打开箱包,对箱包实施检查(如箱包内疑有枪支、爆炸物等危险品的特殊情况下由开包员控制箱包,并做到人物分离)。

(3)开包检查时,开启的箱包应侧对物主,使其能通视自己的物品。

(4)根据开机员的提示对箱包进行有针对性的检查。已查和未查的物品要分开,放置要整齐有序。

①检查包的外层时应注意检查其外部小口袋及有拉锁的外夹层。

②检查包的内层和夹层时应用手沿包的各个侧面上下摸查,将所有的夹层、底层和内层小口袋完整、认真地检查一遍。

(5)检查过程中,开包员应根据物品种类采取相应的方法(看、听、摸、拆、捏、掂、嗅、探、摇、烧)进行检查。

(6)开包员将检查出的物品请开机员复核。

①若属安全物品则交还旅客本人或把物品放回旅客箱包、协助旅客将箱包恢复原状,而后对箱包进行 X 射线安检仪复检。

②若为违禁品则做移交处理。

(7)若过检人员申明携带的物品不宜接受公开开包检查时,开包员应交值班领导处理。

(8)遇有过检人员携带胶片、计算机软盘等不堪接受通过 X 射线安检仪检查时,应进行手工检查。

(三)开箱(包)检查的要求及注意事项

(1)开箱(包)检查时,物主必须在场,并请物主将箱(包)打开。

(2)检查时要认真细心,特别要注意重点部位如箱(包)的底部、角部、外侧小兜,并注意发现有无夹层。

(3)没有进行托运行李流程的箱(包)要加强监控措施,防止已查验的行李箱(包)与未经安全检查的行李箱(包)调换或夹塞违禁(危险)物品。

(4)旅客的物品要轻拿轻放,如有损坏,应照价赔偿。检查完毕,应尽量按原样放好。

(5)开箱(包)检查发现危害大的违禁物品时,应采取措施控制住携带者,防止其逃离现场,并将箱包重新经 X 射线安检仪检查,以查清是否藏有其他危险物品,必要时将其带入检查室彻底清查。

(6)若旅客申明所携带物品不宜接受公开检查时,安检部门可根据实际情况,避免在公开场合检查。

(7)对开箱(包)的行李必须再次经过 X 射线安检仪检查。

(四)开箱(包)礼貌用语的训练

您好,请接受开箱(包)检查!

您好,这是违禁物品,按规定不能携带,您可以办理暂存!

谢谢合作,祝您一路顺风!

(五)箱(包)内常带物品的检查方法

(1)衣物的检查方法。

衣服的衣领、垫肩、袖口、兜部、裤腿等部位容易暗藏武器、管制刀具、爆炸物和其他违禁物品。因此,在安全检查中,对旅客行李物品箱包中的可疑衣物要用摸、捏、掂等方式进行检查。对冬装及皮衣、皮裤更要仔细检查。看是否有夹层,捏是否暗藏有异常物品。衣领处能暗藏一些软质的爆炸物品。掂衣物重量是否正常。对衣物检查时应用手掌心进行摸、按、压,因为手掌心的接触面积大且敏感,容易查出藏匿在衣物中的危险品。

(2)雨伞的检查。

雨伞的结构很特殊,往往被劫机分子利用,在其伞骨、伞柄中藏匿武器、匕首等危险物品以混过安全检查。在检查中,可用捏、摸、掂直至打开的方法进行检查,要特别注意对折叠伞的检查。

(3)书籍的检查。

书籍容易被人忽视,厚的书或者是捆绑在一起的书可能被挖空,暗藏武器、管制刀具、爆炸物及其他违禁物品。检查时,应将书打开翻阅检查,看书中是否有上述物品。

(4)玩具的检查。

小朋友携带的玩具有可能暗藏匕首、刀具和爆炸装置。对毛绒玩具检查时,通常要看其外观,用手摸查有无异物;对电动玩具检查时,可通电或打开电池开关进行检查;对有遥控设施的玩具检查时,看其表面是否有动过的痕迹,摇晃是否有不正常的声音,掂其重量是否正常,拆开遥控器检查电池,看是否暗藏危险品。

(5)口红、香水等化妆物品的检查。

口红等化妆品易改成微型发射器,可通过掂其重量或打开进行检查。部分香水的外部结构在 X 射线安检仪屏幕上所显示图像与微型发射器类似,在检查时观看瓶体说明并请旅客试用。

(6)食品的检查。

对罐、袋装的食品的检查,掂其重量看是否与罐、袋体所标注重量相符。看其封口是否有被重新包装的痕迹。觉察该物可疑时,可请旅客自己品尝。

(7)小电器的检查。

诸如电吹风机、电动卷发器、电动剃须刀等小型电器可通过观察外观,开启电池盒盖,现场操作的方法进行检查。对于钟表要检查表盘的时针、分针、秒针是否正常工作,拆开其电池盒盖查看是否被改装成钟控定时爆炸装置。

五、实训注意事项

教师做开箱(包)检查示范,每个小组分别进行练习,练习过程中注意开箱(包)检查的正确手法。训练过程中多请学生来判断纠正错误,反复训练,做到手法熟练。

附录 《中华人民共和国民用航空法》摘录

　　《中华人民共和国民用航空法》是为了维护国家的领空主权和民用航空权利，保障民用航空活动安全和有秩序地进行，保护民用航空活动当事人各方的合法权益，促进民用航空事业的发展而制定的法律。《中华人民共和国民用航空法》于1995年10月30日由第八届全国人大代表大会常务委员会第十六次会议审议通过，自1996年3月1日实施。施行24年以来，《中华人民共和国民用航空法》不断与时俱进，分别于2009年、2015年、2016年、2017年、2018年进行了五次修改。该法共包含16章，总计214条。以下是《中华人民共和国民用航空法》部分内容摘录。

第一章　总　则

　　第一条　为了维护国家的领空主权和民用航空权利，保障民用航空活动安全和有秩序地进行，保护民用航空活动当事人各方的合法权益，促进民用航空事业的发展，制定本法。

　　第二条　中华人民共和国的领陆和领水之上的空域为中华人民共和国领空。中华人民共和国对领空享有完全的、排他的主权。

　　第三条　国务院民用航空主管部门对全国民用航空活动实施统一监督管理；根据法律和国务院的决定，在本部门的权限内，发布有关民用航空活动的规定、决定。国务院民用航空主管部门设立的地区民用航空管理机构依照国务院民用航空主管部门的授权，监督管理各个地区的民用航空活动。

　　第四条　国家扶持民用航空事业的发展，鼓励和支持发展民用航空的科学研究和教育事业，提高民用航空科学技术水平。国家扶持民用航空器制造业的发展，为民用航空活动提供安全、先进、经济、适用的民用航空器。

第八章　公共航空运输企业

　　第一百条　公共航空运输企业不得运输法律、行政法规规定的禁运物品。公共航空运输企业未经国务院民用航空主管部门批准，不得运输作战军火、作战物资。禁止旅客随身携带法律、行政法规规定的禁运物品乘坐民用航空器。

　　第一百零一条　公共航空运输企业运输危险品，应当遵守国家有关规定。禁止以非危险品品名托运危险品。禁止旅客随身携带危险品乘坐民用航空器。除因执行公务并按照国家规定经过批准外，禁止旅客携带枪支、管制刀具乘坐民用航空器。禁止违反国务院民用航空主管部门的规定将危险品作为行李托运。危险品品名由国务院民用航空主管部门规定并公布。

　　第一百零二条　公共航空运输企业不得运输拒绝接受安全检查的旅客，不得违反国家规定运输未经安全检查的行李。公共航空运输企业必须按照国务院民用航空主管部门的规定,对承运的货物进行安全检查或者采取其他保证安全的措施。

第一百零三条　公共航空运输企业从事国际航空运输的民用航空器及其所载人员、行李、货物应当接受边防、海关等主管部门的检查;但是,检查时应当避免不必要的延误。

第一百零四条　公共航空运输企业应当依照有关法律、行政法规的规定优先运输邮件。

第十三章　对外国民用航空器的特别规定

第一百七十三条　外国人经营的外国民用航空器,在中华人民共和国境内从事民用航空活动,适用本章规定;本章没有规定的,适用本法其他有关规定。

第一百七十四条　外国民用航空器根据其国籍登记国政府与中华人民共和国政府签订的协定、协议的规定,或者经中华人民共和国国务院民用航空主管部门批准或者接受,方可飞入、飞出中华人民共和国领空和在中华人民共和国境内飞行、降落。对不符合前款规定,擅自飞入、飞出中华人民共和国领空的外国民用航空器,中华人民共和国有关机关有权采取必要措施,令其在指定的机场降落;对虽然符合前款规定,但是有合理的根据认为需要对其进行检查的,有关机关有权令其在指定的机场降落。

第一百七十五条　外国民用航空器飞入中华人民共和国领空,其经营人应当提供有关证明书,证明其已经投保地面第三人责任险或者已经取得相应的责任担保;其经营人未提供有关证明书的,中华人民共和国国务院民用航空主管部门有权拒绝其飞入中华人民共和国领空。

第一百七十六条　外国民用航空器的经营人经其本国政府指定,并取得中华人民共和国国务院民用航空主管部门颁发的经营许可证,方可经营中华人民共和国政府与该外国政府签订的协定、协议规定的国际航班运输;外国民用航空器的经营人经其本国政府批准,并获得中华人民共和国国务院民用航空主管部门批准,方可经营中华人民共和国境内一地和境外一地之间的不定期航空运输。前款规定的外国民用航空器经营人,应当依照中华人民共和国法律、行政法规的规定,制定相应的安全保卫方案,报中华人民共和国国务院民用航空主管部门备案。

第一百七十七条　外国民用航空器的经营人,不得经营中华人民共和国境内两点之间的航空运输。

第一百七十八条　外国民用航空器,应当按照中华人民共和国国务院民用航空主管部门批准的班期时刻或者飞行计划飞行;变更班期时刻或者飞行计划的,其经营人应当获得中华人民共和国国务院民用航空主管部门的批准;因故变更或者取消飞行的,其经营人应当及时报告中华人民共和国国务院民用航空主管部门。

第一百七十九条　外国民用航空器应当在中华人民共和国国务院民用航空主管部门指定的设关机场起飞或者降落。

第一百八十条　中华人民共和国国务院民用航空主管部门和其他主管机关,有权在外国民用航空器降落或者飞出时查验本法第九十条规定的文件。外国民用航空器及其所载人员、行李、货物,应当接受中华人民共和国有关主管机关依法实施的入境出境、海关、检疫等检查。实施前两款规定的查验、检查,应当避免不必要的延误。

第一百八十一条 外国民用航空器国籍登记国发给或者核准的民用航空器适航证书、机组人员合格证书和执照,中华人民共和国政府承认其有效;但是,发给或者核准此项证书或者执照的要求,应当等于或者高于国际民用航空组织制定的最低标准。

第一百八十二条 外国民用航空器在中华人民共和国搜寻援救区内遇险,其所有人或者国籍登记国参加搜寻援救工作,应当经中华人民共和国国务院民用航空主管部门批准或者按照两国政府协议进行。

第一百八十三条 外国民用航空器在中华人民共和国境内发生事故,其国籍登记国和其他有关国家可以指派观察员参加事故调查。事故调查报告和调查结果,由中华人民共和国国务院民用航空主管部门告知该外国民用航空器的国籍登记国和其他有关国家。

第十五章 法 律 责 任

第一百九十一条 以暴力、胁迫或者其他方法劫持航空器的,依照刑法有关规定追究刑事责任。

第一百九十二条 对飞行中的民用航空器上的人员使用暴力,危及飞行安全的,依照刑法有关规定追究刑事责任。

第一百九十三条 违反本法规定,隐匿携带炸药、雷管或者其他危险品乘坐民用航空器,或者以非危险品品名托运危险品的,依照刑法有关规定追究刑事责任。企业事业单位犯前款罪的,判处罚金,并对直接负责的主管人员和其他直接责任人员依照前款规定追究刑事责任。隐匿携带枪支子弹、管制刀具乘坐民用航空器的,依照刑法有关规定追究刑事责任。

第一百九十四条 公共航空运输企业违反本法第一百零一条的规定运输危险品的,由国务院民用航空主管部门没收违法所得,可以并处违法所得一倍以下的罚款。公共航空运输企业有前款行为,导致发生重大事故的,没收违法所得,判处罚金;并对直接负责的主管人员和其他直接责任人员依照刑法有关规定追究刑事责任。

第一百九十五条 故意在使用中的民用航空器上放置危险品或者唆使他人放置危险品,足以毁坏该民用航空器,危及飞行安全的,依照刑法有关规定追究刑事责任。

第一百九十六条 故意传递虚假情报,扰乱正常飞行秩序,使公私财产遭受重大损失的,依照刑法有关规定追究刑事责任。

第一百九十七条 盗窃或者故意损毁、移动使用中的航行设施,危及飞行安全,足以使民用航空器发生坠落、毁坏危险的,依照刑法有关规定追究刑事责任。

第一百九十八条 聚众扰乱民用机场秩序的,依照刑法有关规定追究刑事责任。

第一百九十九条 航空人员玩忽职守,或者违反规章制度,导致发生重大飞行事故,造成严重后果的,依照刑法有关规定追究刑事责任。

第二百条 违反本法规定,尚不够刑事处罚,应当给予治安管理处罚的,依照治安管理处罚法的规定处罚。

民 航 精 神

民航精神还体现在对技能的追求和创新的精神。安检人员不断提升安检技能,学习和采纳最新的安检技术和方法,积极参与培训和演练,不断提高自己的技术水平和应对突发情况的能力。勇于创新,不断寻求改进安检工作的方式和方法,为航空安全贡献自己的力量。

【思政目标】结合本案例,引导学生深入理解民航精神的核心内涵,即"安全第一、服务至上、精益求精、团结协作"。通过对李芳这位机场安检人从"安检小白"到"技术能手"的奋斗历程的学习,激发学生对民航职业的尊重和热爱,培养学生成为具有高尚职业道德、精湛职业技能和强烈服务意识的民航人才。同时,通过案例分析,引导学生认识到持之以恒的学习态度、勇于创新的职业精神以及团队合作的重要性,为学生未来的职业生涯奠定坚实的思想基础。

【思政案例】以匠人铸匠心,践行真情服务|为每一位旅客保驾护航

工者谓之精,千雕万琢,心承之而不折;匠其运乎神,一创一造,思新之如春江。对于机场安检人而言,以匠人铸匠心,践行真情服务,为每一位旅客保驾护航,是贯穿安检职业生涯的不懈追求与奋斗目标。李芳从业安检 8 年时间,凭借自己的不懈努力和坚忍执着,通过2021 年广西首届职工安全检查员职业技能大赛决赛中取得的优异成绩,荣获"中南民航技术能手"称号。

从"安检小白"到"技术能手"来自日积月累的耕耘与钻研,不积跬步无以至千里,不积小流无以成江河。从广西机场管理集团有限责任公司 2017 年"青年岗位能手",到中国民航机场安全检查员职业技能竞赛个人优秀奖,再到 2021 年广西首届职工安全检查员职业技能大赛民航组个人全能第一名、理论知识项目第一名、人身检查项目第一名、图像识别项目第二名、开箱包项目第三名(同时也是民航组团体比赛第一名和团队通道赛第一名的参赛队员),士不可以不弘毅,任重而道远,李芳在一次次的磨炼中突飞猛进,为集团公司和桂林机场取得了荣光。

【教学效果预期】通过学习李芳的先进事迹,学生将深刻体会到民航行业对职业道德的高标准要求,自觉树立正确的职业观和价值观,增强责任感和使命感。案例中的李芳不仅个人技能突出,还注重团队合作,为团队赢得了荣誉。通过学习,学生将认识到团队合作的重要性,学会与他人协作、沟通、分享,提高团队协作能力。最终,我们期望学生们能够将这种民航精神内化为自己的行动准则,不仅在未来的职业生涯中展现出卓越的专业素养,更能够成为具有社会责任感和使命感的优秀民航人。

参考文献

[1] 中国民用航空局职业技能鉴定指导中心.民航客运员[M].北京:中国民航出版社,2015.

[2] 中国民用航空局职业技能鉴定指导中心.民航货运员[M].北京:中国民航出版社,2015.

[3] 中国民用航空局职业技能鉴定指导中心.民航售票员[M].北京:中国民航出版社,2015.

[4] 杜广文,郭飞跃.民爆器材安全管理[M].北京:北京理工大学出版社,2009.